"十四五"职业教育国家规划教材

会计电算化
（第4版）
（畅捷通T3—营改增Plus1版）

刘国中　主编

电子工业出版社
Publishing House of Electronics Industry
北京·BEIJING

内 容 简 介

本书以"畅捷通 T3—营改增 Plus1 版"为平台，以小企业会计准则和最新财税法规为依据，简明、系统地介绍了"畅捷通 T3—企业管理信息化软件行业专版—营改增 Plus1 版"的主要功能和基本业务操作。内容包括系统管理、基础档案设置、总账管理系统、财务报表管理系统、工资管理系统、固定资产管理系统和购销存管理系统。

本书适合作为中等职业学校会计事务专业教学用书，还可作为各种形式的会计培训教材，也可作为广大会计从业人员学习会计新知识、新技术的参考用书。

未经许可，不得以任何方式复制或抄袭本书之部分或全部内容。
版权所有，侵权必究。

图书在版编目（CIP）数据

会计电算化：畅捷通 T3—营改增 Plus1 版 / 刘国中主编．—4 版．—北京：电子工业出版社，2022.7
ISBN 978-7-121-43943-8

Ⅰ．①会… Ⅱ．①刘… Ⅲ．①会计电算化－中等专业学校－教材 Ⅳ．①F232

中国版本图书馆 CIP 数据核字（2022）第 119272 号

责任编辑：陈　虹
印　　刷：三河市良远印务有限公司
装　　订：三河市良远印务有限公司
出版发行：电子工业出版社
　　　　　北京市海淀区万寿路 173 信箱　邮编　100036
开　　本：880×1230　1/16　印张：15.5　字数：357 千字
版　　次：2013 年 8 月第 1 版
　　　　　2022 年 7 月第 4 版
印　　次：2024 年 6 月第 6 次印刷
定　　价：46.50 元

凡所购买电子工业出版社图书有缺损问题，请向购买书店调换。若书店售缺，请与本社发行部联系，联系及邮购电话：（010）88254888，88258888。
质量投诉请发邮件至 zlts@phei.com.cn，盗版侵权举报请发邮件至 dbqq@phei.com.cn。
本书咨询联系方式：chitty@phei.com.cn。

前　言

经济越发展，会计越重要。企业等社会组织是国民经济的细胞，会计属于企业的关键管理岗位。而能够很好地满足新时代社会经济发展要求的高素质会计从业人员，需要通过良好的教育教学进行培养。党的"二十大"报告中明确指出"培养什么人、怎样培养人、为谁培养人是教育的根本问题。育人的根本在于立德。全面贯彻党的教育方针，落实立德树人根本任务，培养德智体美劳全面发展的社会主义建设者和接班人。"

本书根据最新中等职业教育会计事务专业教学标准编写。编写中坚持"为党育人、为国育才"，坚持"以服务发展为宗旨，以促进就业为导向"的职业教育方针，力求突出以下特色：

（1）理念先进。本书以现代教育理念为指引，以现代教育技术为手段，实行"项目引领、任务驱动"的教学策略，采用案例教学、情境教学和仿真教学，强化学生会计职业技能的培养，提高学生会计实践的能力。

（2）立体设计。本书是线下线上结合使用的"立体式"教材，使用线下单机版畅捷通 T3 软件，或者使用畅捷教育云平台之畅课堂网络版 T3 软件，都可以进行学习。

（3）体例新颖。为促进人才培养模式的改革创新，激发学生的学习兴趣，提高教育教学效果，本书以项目教学为抓手，以目标引领、情境导入、任务描述、基本步骤、边学边练、小贴士、上机实训等环节为着眼点，将枯燥的学习任务结合生动的版面设计，呈现给读者十分新颖的教材体例。

（4）内容领先。本书以小企业会计准则和最新财税法规为依据，以仿真案例资料为载体，会计业务采用 13% 与 9% 的增值税最新税率，完整、系统地介绍了最新版"畅捷通 T3—企业管理信息化软件行业专版—营改增 Plus1 版"软件的基本功能和使用方法。

（5）知识实用。本书从中等职业学校会计课堂教学实际出发，以会计主体发生的经济业务为依托，本着"必需、够用、适用"的原则，把会计信息化的理论知识融入真实案例，简明、通俗地介绍了使用计算机和财务软件填制会计凭证、登记会计账簿、编制财务报表的工作流程和操作方法。

（6）强化技能。本书以培养技能型、实用型会计专业人才为目标，理论联系实际，通过"做中教、做中学"，将专业理论知识学习与业务技能操作相结合，实现会计课堂教学与会计工作岗位之间深度而有效的对接。

（7）理实一体。本书以会计软件为工具，以会计业务为主线，根据专业培养目标和会计职业岗位要求，为学生设计了一套科学、完整、实用的能够切实满足学习需要的会计业务案例，非常适合理实一体教学。

（8）资源丰富。书中的关键知识点和技能点配有微视频，读者可以扫描二维码进行自主学习；本书还提供教学课件、案例账套、电子教案等教学资源，读者可登录华信教育资源网注册后免费下载；读者登录新道教育云博课堂，可以进行在线实训。

本书共 7 个项目，针对本课程的特点，建议采用"一体化"的教学模式，边学边练。完成教学任务大约需要 108 学时，在教学过程中可以参考以下课时分配表。

教学项目	教学内容	课时分配		
		讲授	实训	合计
项目一	系统管理	4	4	8
项目二	基础档案设置	8	8	16
项目三	总账管理系统	10	10	20
项目四	财务报表管理系统	4	4	8
项目五	工资管理系统	6	6	12
项目六	固定资产管理系统	6	6	12
项目七	购销存管理系统	12	12	24
机动		4	4	8
课时总计		54	54	108

本书由河南省驻马店财经学校刘国中老师编写，驻马店职业技术学院周涛教授担任主审。在编写过程中，得到了河南省职业教育会计事务专业刘国中"双师型"名师工作室的老师们的大力支持和帮助，畅捷通信息技术股份有限公司孙雪玲编写在线实操题库，河南律信会计师事务所高级会计师孟丽参与设计教学案例。在此谨表诚挚的谢意。

由于时间仓促、作者水平有限，书中不足之处在所难免，敬请读者批评指正。

编　者

目　　录

项目一　系统管理 …………………………………………………………… 1
任务一　账套管理 …………………………………………………………… 1
一、注册系统 ………………………………………………………… 2
二、建立账套 ………………………………………………………… 3
三、修改账套 ………………………………………………………… 6
四、启用系统 ………………………………………………………… 8
五、备份账套 ………………………………………………………… 10
六、恢复账套 ………………………………………………………… 11
任务二　操作员设置 ………………………………………………………… 12
一、增加操作员 ……………………………………………………… 12
二、设置操作员权限 ………………………………………………… 14
上机实训一　系统管理 ……………………………………………………… 16

项目二　基础档案设置 ……………………………………………………… 18
任务一　机构档案设置 ……………………………………………………… 18
一、部门档案设置 …………………………………………………… 19
二、职员档案设置 …………………………………………………… 21
任务二　往来单位档案设置 ………………………………………………… 22
一、客户、供应商和地区分类设置 ………………………………… 22
二、客户和供应商档案设置 ………………………………………… 26
任务三　财务档案设置 ……………………………………………………… 29
一、外币种类设置 …………………………………………………… 29
二、会计科目设置 …………………………………………………… 30
三、项目目录设置 …………………………………………………… 38
四、凭证类别设置 …………………………………………………… 41
任务四　收付结算信息设置 ………………………………………………… 42
一、结算方式设置 …………………………………………………… 42
二、付款条件设置 …………………………………………………… 43
三、开户银行设置 …………………………………………………… 44

| 任务五　存货和购销存档案设置 | 45 |

　　一、存货分类设置 45
　　二、存货档案设置 46
　　三、仓库档案设置 47
　　四、收发类别设置 48
　　五、采购和销售类型设置 49
　　六、费用项目设置 50
　上机实训二　基础档案设置 51

项目三　总账管理系统 53

　任务一　总账管理系统初始设置 53
　　一、控制参数设置 53
　　二、总账期初余额录入 55
　任务二　总账日常业务处理 59
　　一、凭证处理 59
　　二、账簿查询 71
　　三、出纳管理 76
　任务三　总账管理系统期末处理 82
　　一、期末自动转账 82
　　二、期末对账 90
　　三、期末结账 91
　上机实训三　总账管理系统初始设置 93
　上机实训四　总账管理系统日常业务处理 94
　上机实训五　总账管理系统期末处理 95

项目四　财务报表管理系统 97

　任务一　自定义报表的编制 97
　　一、新建空白报表 98
　　二、报表基本格式设计 99
　　三、报表公式设置 105
　　四、报表的保存和自定义报表模板 111
　　五、会计报表生成 113
　　六、生成 Excel 表格 115
　任务二　利用模板编制财务报表 116
　　一、编制资产负债表 116
　　二、编制利润表 118
　上机实训六　编制自定义报表 120
　上机实训七　调用模板编制财务报表 121

项目五 工资管理系统 ……………………………………………………… 123

任务一 建立工资账套 …………………………………………………… 123
一、启用工资管理系统 …………………………………………………… 123
二、建立工资账套 ………………………………………………………… 124

任务二 工资管理系统初始设置 ………………………………………… 126
一、权限设置 ……………………………………………………………… 126
二、人员类别设置 ………………………………………………………… 127
三、工资项目设置 ………………………………………………………… 128
四、银行名称设置 ………………………………………………………… 129
五、人员档案设置 ………………………………………………………… 130
六、工资项目计算公式设置 ……………………………………………… 133
七、个人所得税税率表扣税基数设置 …………………………………… 136
八、工资分摊类型设置 …………………………………………………… 137

任务三 工资管理系统日常业务处理 …………………………………… 139
一、基础工资数据录入 …………………………………………………… 139
二、变动工资数据录入 …………………………………………………… 140
三、查看个人所得税扣缴申报表 ………………………………………… 141
四、工资分摊 ……………………………………………………………… 142
五、凭证与账表查询 ……………………………………………………… 144

任务四 工资管理系统期末处理 ………………………………………… 146
一、工资管理系统期末结账 ……………………………………………… 146
二、工资管理系统反结账 ………………………………………………… 148

上机实训八 工资管理系统初始设置 ……………………………………… 149
上机实训九 工资管理系统业务处理 ……………………………………… 150

项目六 固定资产管理系统 ……………………………………………… 151

任务一 建立固定资产账套 ……………………………………………… 151
一、启用固定资产管理系统 ……………………………………………… 151
二、建立固定资产账套 …………………………………………………… 152

任务二 固定资产管理系统基础设置 …………………………………… 155
一、选项参数设置 ………………………………………………………… 155
二、资产类别设置 ………………………………………………………… 156
三、资产增减方式对应科目设置 ………………………………………… 158
四、部门对应折旧科目设置 ……………………………………………… 159
五、原始卡片录入 ………………………………………………………… 160

任务三 固定资产管理系统日常业务处理 ……………………………… 162
一、卡片管理 ……………………………………………………………… 163
二、资产增加 ……………………………………………………………… 164

三、计提折旧 ·· 166
　　四、资产减少 ·· 167
任务四　固定资产管理系统期末处理 ·· 169
　　一、固定资产管理系统期末对账 ··· 169
　　二、固定资产管理系统期末结账 ··· 169
上机实训十　固定资产管理系统初始设置 ··· 170
上机实训十一　固定资产管理系统业务处理 ·· 171

项目七　购销存管理系统 ·· 173

任务一　购销存管理系统初始设置 ··· 173
　　一、购销存管理系统的启用 ··· 173
　　二、购销存管理系统业务参数设置 ··· 174
　　三、核算系统科目设置 ··· 176
　　四、购销存管理系统期初余额录入 ··· 179
任务二　采购业务处理 ·· 187
　　一、暂估入库业务的回冲处理 ··· 187
　　二、在途物资验收入库处理 ··· 189
　　三、现付业务处理 ··· 192
　　四、应付业务处理 ··· 199
　　五、预付业务处理 ··· 202
任务三　材料出库与产品入库业务处理 ··· 208
　　一、材料领用出库业务处理 ··· 209
　　二、产品完工入库业务处理 ··· 212
任务四　销售业务处理 ·· 217
　　一、现收业务处理 ··· 217
　　二、应收业务处理 ··· 222
　　三、预收业务处理 ··· 224
任务五　购销存管理系统期末处理 ··· 229
　　一、采购子系统期末结账 ·· 229
　　二、销售子系统期末结账 ·· 230
　　三、库存子系统期末结账 ·· 231
　　四、核算子系统期末处理和结账 ··· 231
上机实训十二　购销存管理系统初始设置 ··· 234
上机实训十三　采购业务处理 ··· 235
上机实训十四　材料出库与产品入库业务处理 ··· 236
上机实训十五　销售业务处理 ··· 237
上机实训十六　购销存管理系统期末处理 ··· 238

项目一

系统管理

（本项目操作微课）

🎯 目标引领

- ❖ 熟练掌握建立、修改、备份和恢复账套等账套管理的操作。
- ❖ 熟练掌握增加操作员，并为操作员设置权限的操作。

情境导入

中原电子科技有限公司属于工业企业，从事产品生产和销售业务，执行 2013 年《小企业会计准则》《会计基础工作规范》和现行财经法规。该公司为增值税一般纳税人，增值税税率为 13%，城建税税率为 7%，教育费附加征收率为 3%，地方教育费附加征收率为 2%，个人所得税免征额为每月 5 000 元，记账本位币为人民币。该企业计划从 2022 年 1 月 1 日起开始使用畅捷通 T3 系统进行会计核算及企业日常业务处理。畅捷通 T3 系统已安装完毕，但还未建立企业账套和设置拥有权限的操作员。

任务一　账套管理

系统管理是为畅捷通 T3 各个子系统提供的公共管理平台，用于对整个系统的公共任务进行统一的账套管理、操作员管理、系统安全控制等，而所有的系统管理工作都是从注册系统和建立账套开始的。账套是对存放会计核算对象的所有会计业务数据文件的总称。账套中包含的文件有会计科目、记账凭证、会计账簿、会计报表等。账套管理主要包括建立、修改、备份、删除、恢复账套等操作。

一、注册系统

任务描述

以系统管理员 admin 的身份在"畅捷通 T3—企业管理信息化软件行业专版—营改增 Plus1 版〖系统管理〗"窗口注册系统。

基本步骤

步骤 1：选择"开始"|"所有程序"|"T3—企业管理信息化软件行业专版"|"T3"|"系统管理"命令，打开"畅捷通 T3—企业管理信息化软件行业专版—营改增 Plus1 版〖系统管理〗"窗口（简称"系统管理"窗口），如图 1-1 所示。

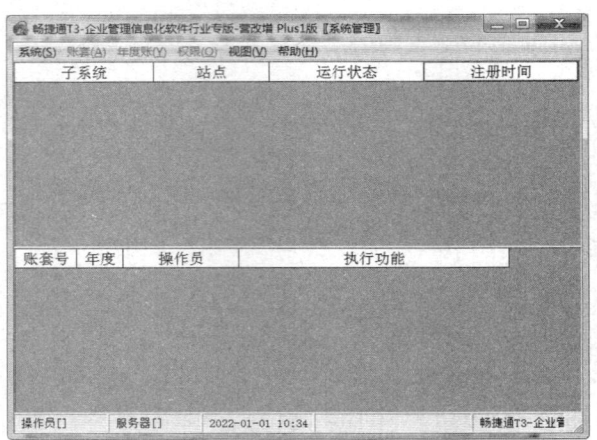

图 1-1

步骤 2：单击"系统"菜单，选择"注册"命令，打开"注册〖控制台〗"对话框，在"用户名"文本框中输入系统管理员"admin"，密码为空，如图 1-2 所示。

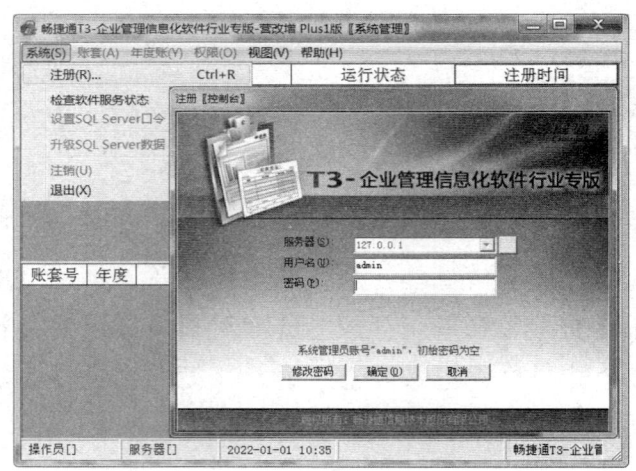

图 1-2

步骤 3：单击"确定"按钮，激活"账套"和"权限"菜单。

小贴士

- 只有以系统管理员（admin）和账套主管的身份才能注册并打开系统管理窗口。
- 系统管理员负责整个系统的维护工作，以其身份注册登录，可以进行账套管理（包括账套的建立、备份和恢复等操作），以及设置操作员及其权限等操作。
- 账套主管负责所选账套的维护工作。

二、建立账套

任务描述

中原电子科技有限公司的相关信息如下：简称中原电子，位于郑州市宏图路316号，法人代表高超，邮编为455000，电话与传真号均为0371-33337777，E-mail为zydzkj@126.com，企业纳税识别号为914100067838562031，于2022年1月开始使用计算机与畅捷通T3系统进行会计核算及企业日常业务处理，账套号为888，账套名称为"中原电子"。

该公司客户、供应商需分类管理，企业有外币业务，业务流程均使用标准流程。

基本信息编码方案是：科目编码级次为42222；客户分类编码级次为122；供应商分类编码级次为122；地区分类编码级次为122；部门编码级次为122；其余信息编码方案按系统默认设置。数据精度采用系统默认设置。888账套暂时只需要启用总账系统。

基本步骤

步骤1：在畅捷通T3的系统管理窗口中，以系统管理员admin的身份登录系统后，选择"账套"|"建立"命令，如图1-3所示，打开"账套信息"页面。

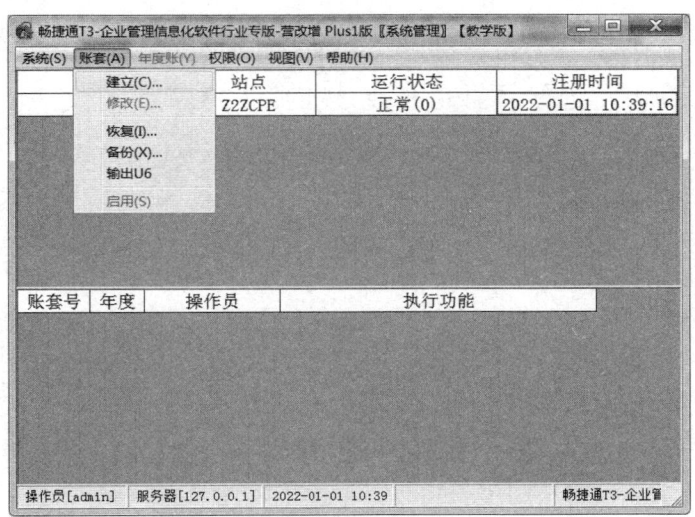

图 1-3

步骤2：输入账套信息，如图1-4所示。

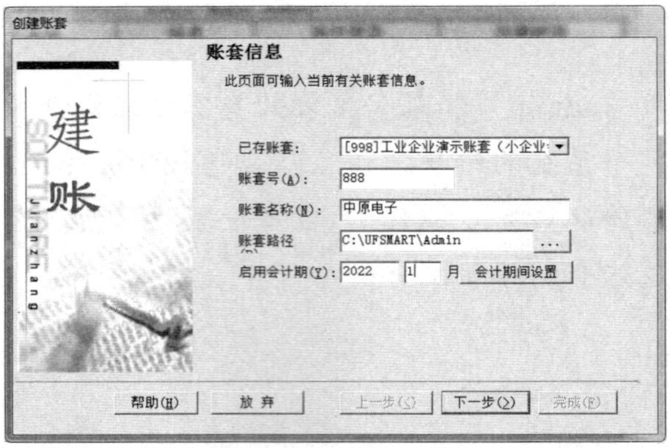

图 1-4

步骤 3：在如图 1-4 所示的"账套信息"页面中，单击"下一步"按钮，打开"单位信息"页面，输入单位信息，如图 1-5 所示。

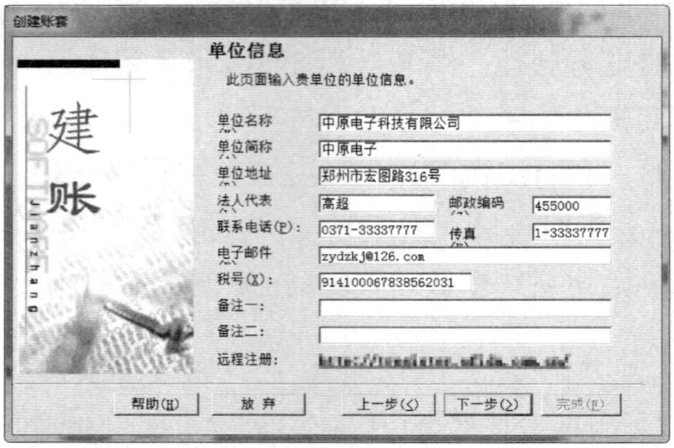

图 1-5

步骤 4：单击"下一步"按钮，打开"核算类型"页面，单击"行业性质"右侧的倒三角按钮，展开下拉列表，选择"小企业会计准则（2013 年）"选项，如图 1-6 所示。

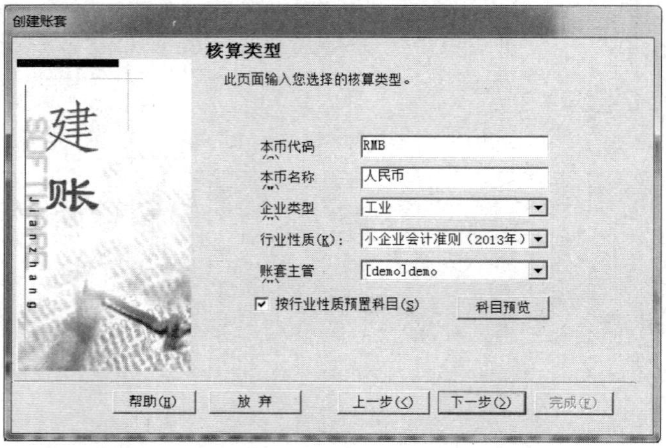

图 1-6

步骤 5：单击"下一步"按钮，打开"基础信息"页面，根据需要选中各项目之前的复选框，如图 1-7 所示。

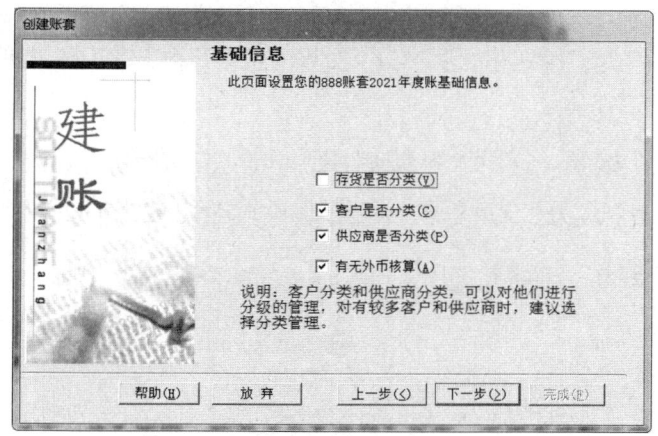

图 1-7

步骤 6：单击"下一步"按钮，打开"业务流程"页面，采用系统默认的标准流程，单击"完成"按钮，系统弹出提示框，询问"可以创建账套了么？"，如图 1-8 所示。

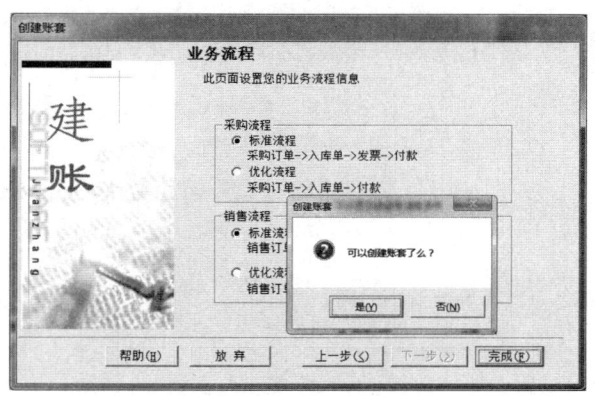

图 1-8

步骤 7：单击"是"按钮，打开"分类编码方案"对话框。按任务资料要求分别设置科目、客户分类、部门、地区分类、供应商分类等档案信息的编码级次，如图 1-9 所示。

步骤 8：单击"确认"按钮，打开"数据精度定义"对话框，采用系统默认的数据，如图 1-10 所示。

图 1-9

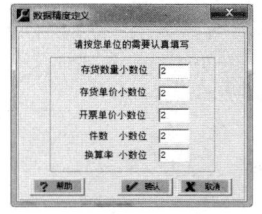

图 1-10

步骤9：单击"确认"按钮，系统弹出提示框，告知"创建账套｛中原电子：[888]｝成功。"，如图1-11所示。

步骤10：单击"确定"按钮，系统再次弹出提示框，询问"是否立即启用账套"，如图1-12所示。

步骤11：单击"是"按钮，打开"系统启用"对话框。在该对话框中选中系统编码"GL"前的复选框，系统弹出"日历"对话框，将日期设置为2022年1月1日，如图1-13所示。

图1-11

图1-12

图1-13

步骤12：单击"确定"按钮，系统弹出提示框，如图1-14所示，单击"是"按钮，则"总账"系统完成启用，如图1-15所示。

步骤13：单击"退出"按钮，关闭"系统启用"对话框。

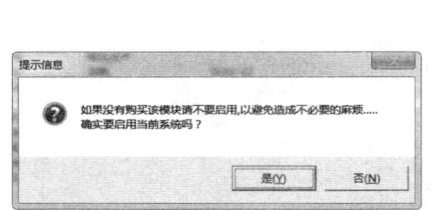
图1-14

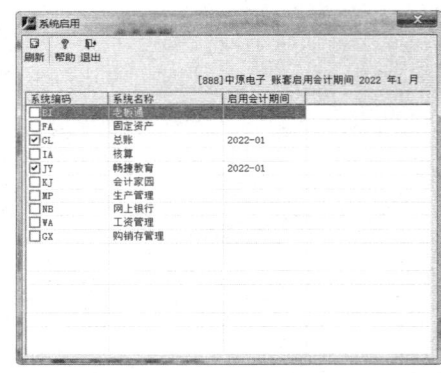
图1-15

小贴士

- 只有系统管理员才有权限创建账套。
- 账套号必须输入且唯一。
- 启用会计期不能在计算机系统日期之后。
- 企业类型、行业性质必须从下拉列表中选择输入。

三、修改账套

任务描述

中原电子科技有限公司需要对存货进行分类，但在建立账套时因操作员疏忽没有选中

"存货是否分类"前的复选框。存货分类编码级次为2222。以账套主管demo(密码也为demo)的身份登录系统对账套进行修改。

基本步骤

步骤1：在"注册〖控制台〗"对话框中，以账套主管demo的身份登录系统，如图1-16所示。

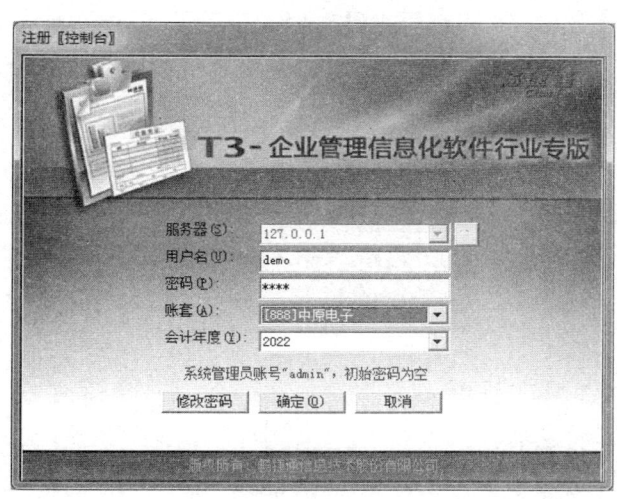

图1-16

步骤2：选择"账套"|"修改"命令，打开"账套信息"页面，如图1-17所示。

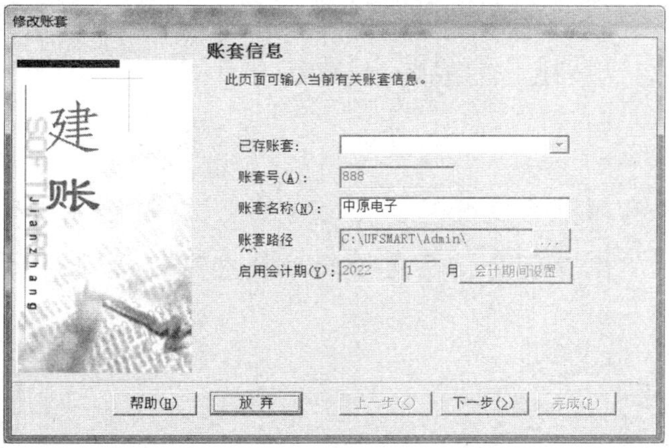

图1-17

步骤3：单击"下一步"按钮，打开"单位信息"页面；再单击"下一步"按钮，打开"核算类型"页面；最后单击"下一步"按钮，打开"基础信息"页面。

步骤4：选中"存货是否分类"前的复选框，单击"完成"按钮，系统弹出提示框，询问"确认修改账套了么？"，如图1-18所示。

步骤5：单击"是"按钮，打开"分类编码方案"对话框，修改存货分类编码级次为"2222"，如图1-19所示。

步骤6：单击"确认"按钮，打开"数据精度定义"对话框，再单击"确认"按钮，系统再次弹出提示框，告知"修改账套{中原电子：[888]}成功。"，如图1-20所示。

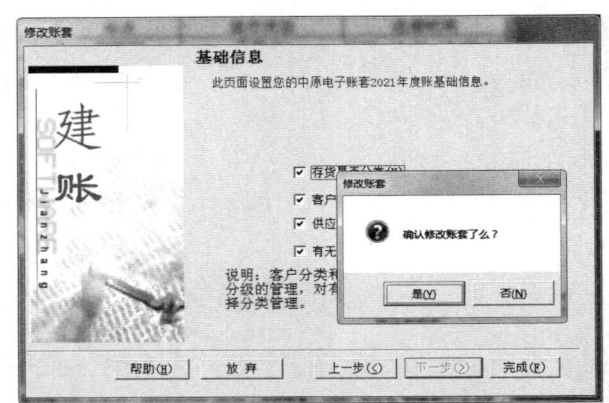

图 1-18

图 1-19

图 1-20

步骤 7：单击"确定"按钮，完成账套修改。

小贴士

- 只有账套主管才有权限修改账套。
- 建立完账套后，想检查账套信息是否正确，也可选择"修改账套"命令进行操作。

四、启用系统

任务描述

中原电子科技有限公司在建立账套时已由系统管理员 admin 启用了总账管理系统，现以系统预置的操作员 demo（建立账套时临时指定为账套主管）的身份启用老板通模块。

基本步骤

步骤 1：在"系统管理"窗口，打开"注册〖控制台〗"对话框，以账套主管 demo 的身份登录后，选择"账套"|"启用"命令，打开"系统启用"对话框，如图 1-21 所示。

步骤 2：选中系统编码"BI"前的复选框，打开"日历"对话框，设置为 2022 年 1 月 1 日，如图 1-22 所示。

步骤3：单击"确定"按钮，系统弹出提示框，告知注意事项，并询问"确实要启用当前系统吗？"，如图1-23所示。

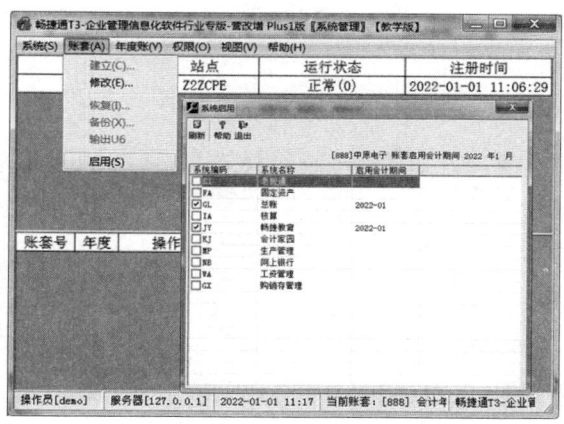

图1-21

图1-22

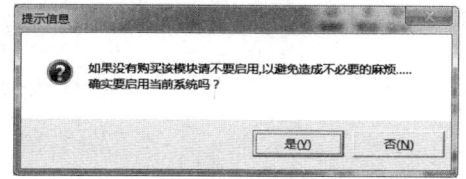

图1-23

步骤4：单击"是"按钮，"老板通"模块完成启用，如图1-24所示。

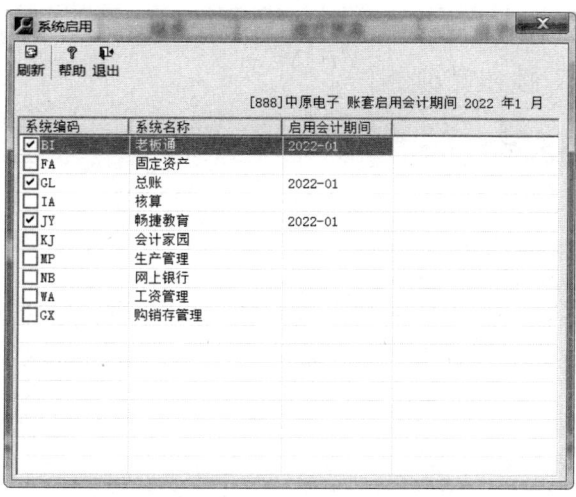

图1-24

小贴士

- 系统的启用方式有两种：一是在建立账套时由系统管理员admin直接启用，如本案例"总账"的启用；二是建立账套后，由账套主管启用。

- 各子系统的启用期间均必须大于或等于建立账套时启用的会计期间。

五、备份账套

任务描述

以系统管理员 admin 的身份将中原电子科技有限公司的账套备份在"e:\中原电子\系统管理\0101 任务一"文件夹中。

基本步骤

步骤 1：以系统管理员 admin 的身份登录系统后，在"系统管理"窗口选择"账套"|"备份"命令，打开"账套输出"对话框；单击"账套号"右侧的倒三角按钮，展开下拉列表，选中要备份的"[888]中原电子"，如图 1-25 所示。

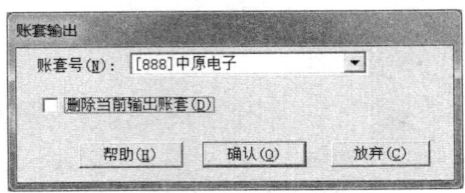

图 1-25

步骤 2：单击"确认"按钮，经过"复制进程"和"压缩进程"后，系统打开"选择备份目标："对话框，选择指定的路径，如图 1-26 所示。

步骤 3：单击"确认"按钮，系统弹出提示框，告知"硬盘备份完毕！"，如图 1-27 所示。

步骤 4：单击"确定"按钮完成操作。

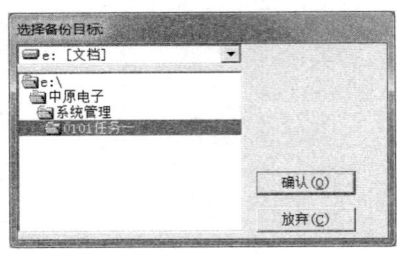   

图 1-26   图 1-27

小贴士

- 只有系统管理员才有权限备份（输出）账套。
- 如果选中如图 1-25 所示的"删除当前输出账套"复选框，则可将账套从系统中删除。

六、恢复账套

任务描述

以系统管理员 admin 的身份，将已备份在"e:\中原电子\系统管理\0101 任务一"文件夹中的中原电子科技有限公司的账套"[888]中原电子"恢复到系统中。

基本步骤

步骤 1：以系统管理员 admin 的身份登录系统后，选择"账套"|"恢复"命令，打开"恢复账套数据"对话框，选择"e:\中原电子\系统管理\0101 任务一"文件夹中的文件"UF2KAct"，如图 1-28 所示。

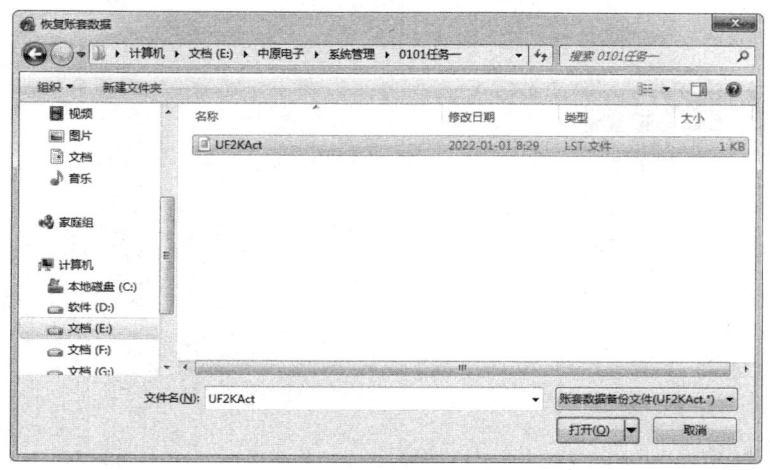

图 1-28

步骤 2：单击"打开"按钮，经过恢复和账套引入后，系统弹出提示框，告知"账套[888]恢复成功！"，如图 1-29 所示。

步骤 3：单击"确定"按钮完成操作。

小贴士

- 只有系统管理员才有权限恢复账套。
- 若将要恢复的账套与系统里已存在的相同编号的账套的 Lst 文件中的 iSysId 相同，则将要恢复的账套会覆盖系统的原有账套，此时系统会弹出如图 1-30 所示的提示框进行询问；若将要恢复的账套虽与系统里原本已存在的账套的编号相同，但两个账套的 Lst 文件中的 iSysId 并不相同，则被恢复的账套会另外生成一个新的编号恢复到系统中，此时系统会弹出如图 1-31 所示的提示框进行询问。两种情形的出现与账套名称和账套内容均无关。

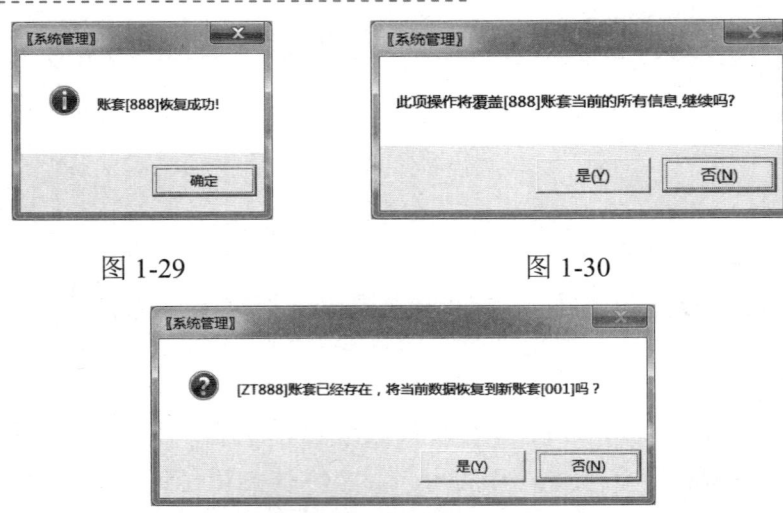

图 1-29　　　　　　图 1-30

图 1-31

任务二　操作员设置

操作员是指有权注册、登录系统，并通过对系统进行操作以实现系统管理、业务处理和会计核算的用户，畅捷通 T3 的操作员包括系统管理员、账套主管、财务人员、相关业务人员等。

一、增加操作员

任务描述

中原电子科技有限公司有权使用畅捷通 T3 的操作员及其工作职责见表 1-1，以系统管理员 admin 的身份在系统中增加这些操作员。

表 1-1　操作员及其工作职责

编号	姓名	部门	职务	权　限	工　作　职　责	口令
zy01	山清	财务部	账套主管	拥有账套的全部操作权限	负责基础档案设置、各子系统初始设置、各类凭证审核、报表编制等，并以 admin 的身份负责系统管理	空
zy02	水秀	财务部	会计	拥有总账（出纳签字、审核凭证除外）、项目管理、往来、工资管理、固定资产管理、核算、应收管理、应付管理、采购管理、销售管理、库存管理及公用目录设置权限	负责凭证处理（出纳签字、审核凭证除外）、账簿查询、打印，会计档案资料整理及各个子系统的相关业务处理等	空
zy03	云飞	财务部	出纳	拥有总账（出纳签字）和现金管理的权限	对收、付款凭证进行出纳签字；管理现金日记账、银行日记账、资金日报、银行对账及支票登记簿等	空

基本步骤

步骤1：在"系统管理"窗口，以系统管理员admin的身份登录后，选择"权限"|"操作员"命令，打开"操作员管理"对话框，如图1-32所示。

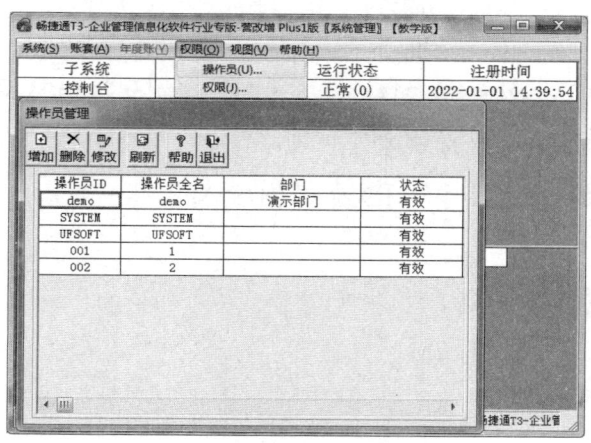

图 1-32

步骤2：单击对话框左上角的"增加"按钮，打开"增加操作员"对话框。输入编号"zy01"、姓名"山清"和所属部门"财务部"，如图1-33所示。

步骤3：单击"增加"按钮，则编号"zy01"、姓名"山清"的操作员信息将被保存，此时"增加操作员"对话框各文本框中的信息将变为空白，处于可继续增加其他操作员状态。此时若退出"增加操作员"对话框，则"操作员管理"对话框中将显示所有已增加的操作员信息，如图1-34所示。

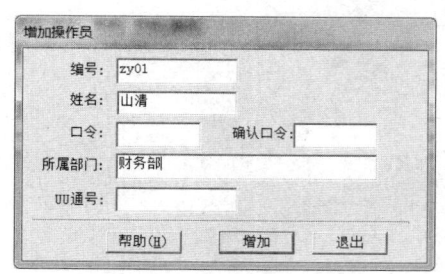

图 1-33　　　　　　　　　　　　　　图 1-34

步骤4：重复上述步骤，继续增加其他操作员，完成后单击"退出"按钮。

边学边练

以系统管理员admin的身份添加账套"[888]中原电子"的其余两个操作员。

小贴士

- 用户一旦被引用，便不能被修改和删除。
- 只有"系统管理员"才有权限设置操作员，且"系统管理员"必须以用户名 admin 注册系统进行操作。
- 在进行口令输入时，要保证"口令"和"确认口令"栏目中输入的内容一致。实务操作中，操作员口令不应为"空"。
- 操作员姓名必须输入，操作员 ID 也必须输入且唯一。

二、设置操作员权限

（一）设置账套主管

任务描述

以系统管理员 admin 的身份登录系统，根据表 1-1 提供的资料设置操作员山清（zy01）为账套"[888]中原电子"的账套主管。

基本步骤

步骤 1：以系统管理员 admin 的身份登录后，在"系统管理"窗口中选择"权限"|"权限"命令，打开"操作员权限"对话框，选中操作员"zy01""山清"所在的行，单击"账套主管"复选框右侧的倒三角按钮，展开下拉列表，选中"[888]中原电子"项，然后选中"账套主管"复选框，系统弹出提示框，询问"设置操作员：[zy01]账套主管权限吗？"，如图 1-35 所示。

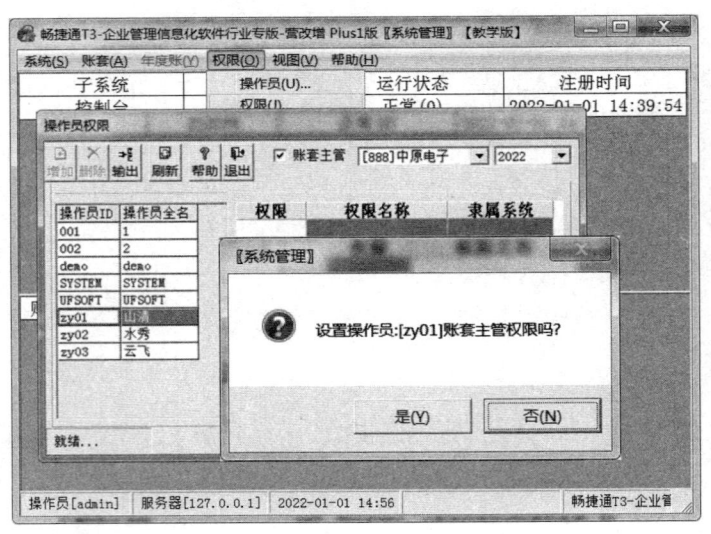

图 1-35

步骤 2：单击"是"按钮，"操作员权限"对话框将以列表形式显示出作为账套主管的操作员 zy01 山清拥有的具体权限，如图 1-36 所示。

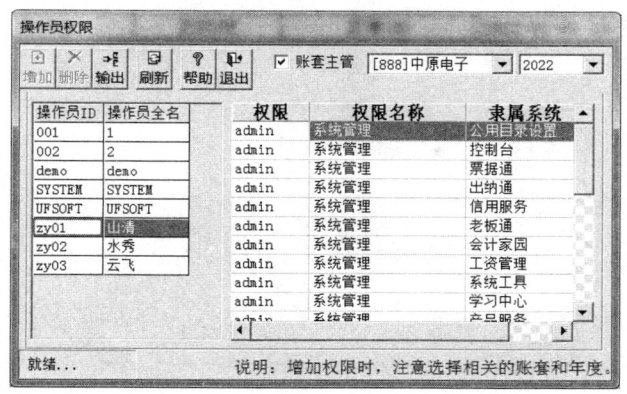

图 1-36

边学边练

以系统管理员 admin 的身份登录系统，取消建立"[888]中原电子"账套过程中临时指定的账套主管 demo。

小贴士

- 只有系统管理员才有权限进行账套主管的设定与取消操作。
- 账套主管拥有账套的全部权限。
- 畅捷通 T3 系统在技术上支持设置多个账套主管，但从企业管理层面上建议一个账套只设置一个账套主管。

（二）设置其他操作员权限

任务描述

操作员水秀（zy02）为账套"[888]中原电子"的会计，以系统管理员 admin 的身份根据表 1-1 提供的资料设置其所拥有的权限。

基本步骤

步骤 1：在"操作员权限"对话框中，选中操作员"zy02""水秀"所在的行。单击"增加"按钮，打开"增加权限—[zy02]"对话框。双击左侧列表框"产品分类选择"中的"总账"选项，系统在右侧列表框"明细权限选择"中显示已增加的权限，其中"出纳签字"和"审核凭证"两项明细权限因不能向该操作员授权，故通过双击操作将这两项取消，如图 1-37 所示。

步骤 2：再分别双击选中左侧列表框"产品分类选择"中的"往来""项目管理""工资管理""固定资产""核算""应付管理""应收管理""采购管理""销售管理""库存管理""公用目录设置"等选项。

步骤 3：单击"确定"按钮。

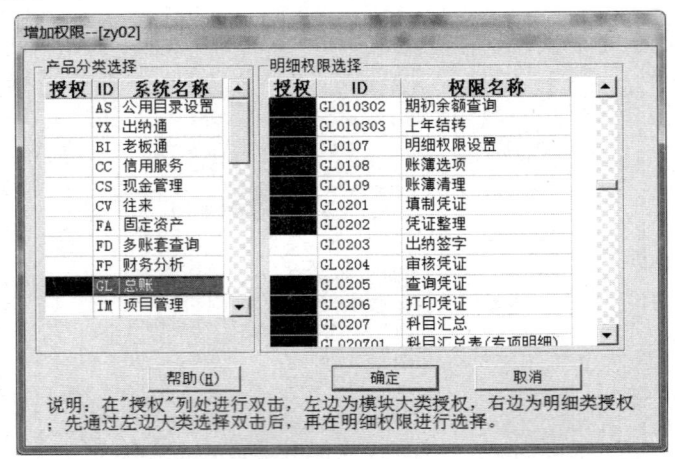

图 1-37

边学边练

以系统管理员 admin 的身份登录系统，完成对账套"[888]中原电子"的操作员云飞（zy03）的权限设置。

小贴士

- 账套主管以外的操作员权限设置可以由系统管理员完成，也可以由账套主管完成。
- 用户以账套主管的身份注册登录时，"操作员权限"对话框不显示账套主管，只显示其他操作员。

上机实训一 系统管理

一、实训目的

通过学生上机实训，巩固本项目学习效果，达到能够熟练完成上机操作的目的。

二、实训任务

通过上机操作，完成以下实训任务：

（1）建立企业账套。

（2）备份和恢复账套。

（3）增加操作员。

（4）设置操作员权限。

三、实训资料

账套信息、操作员及其权限见本项目相关案例资料。

四、实训要求

（1）根据案例资料建立企业账套。账套号可根据学生上机时的机器号结合其他信息由教师进行分配。

如张三是 2020 级 1 班学生，上机时用 01 号机器，则该生账套号可指定为 101；李四是 2020 级 2 班学生，上机时也用 01 号机器，则其账套号可指定为 201。

（2）根据案例资料设置操作员及其权限。案例中账套主管、会计、出纳等操作员的姓名和编号也可由教师重新规定。如张三上机实训时,在其所建立的101号账套中,账套主管、会计、出纳3个操作员的姓名和编号可分别设置为张三01(zs01)、张三02(zs02)和张三03(zs03)。

(3)启用总账管理系统,启用日期为2022年1月1日。

(4)以系统管理员admin的身份备份账套,保存在学生本人建立的名为"上机实训一 系统管理"的文件夹中,以备下次上机时恢复。

五、实训评价

评价主体	评价结果			
	优　点	不　足	成　绩	
			分值比例	得　分
学生本人			10%	
学习小组			30%	
任课教师			60%	
总评			100%	

项目二

基础档案设置

（本项目操作微课）

🎯 目标引领

- ❖ 了解在畅捷通 T3 条件下进行会计电算化业务处理需要设置的各类基础档案信息。
- ❖ 熟练掌握机构档案、客商档案、财务档案、收付结算信息、存货和购销存档案等基础档案设置的上机操作。

🏛 情境导入

中原电子科技有限公司已经在畅捷通 T3 系统建立了企业账套"[888] 中原电子"，并为该账套增加了会计岗位的操作员，也为各个操作员根据业务分工和岗位职责设置了相应的权限。但企业仍不能使用畅捷通 T3 系统处理日常会计业务，因为该账套中还缺少处理日常业务所需要的机构档案、客商档案、财务档案、收付结算信息、存货和购销存档案等基础档案信息。现在需要账套主管将这些信息输入到系统中，以作为日常业务处理的基础数据。

任务一 机构档案设置

机构档案主要包括企业内设部门档案和职员档案两个方面。其中部门是为了方便企业会计核算和业务处理而设置的相关职能单位，并不一定与企业的实际部门完全一致。职员即企业的员工，包括管理人员、财务人员、采购人员、销售人员、生产工人等。设置部门和职员档案的目的是方便企业使用 T3 系统进行有关数据的计算、汇总和分析。

一、部门档案设置

任务描述

中原电子科技有限公司的部门档案设置见表 2-1，以账套主管山清的身份注册畅捷通 T3 系统完成这些部门档案的设置。

表 2-1 部门档案

部门编码	部门名称	部门属性	负责人
1	企管部	综合管理	高超
2	财务部	财务管理	山清
3	供应部	物资采购	赵亮
4	营销部	市场营销	刘明
5	仓储部	物资保管	张力
6	生产部	产品生产	王聪
600	车间办	车间管理	王聪
601	甲生产线	生产甲产品	王聪
602	乙生产线	生产乙产品	王聪

基本步骤

步骤 1：选择"开始"|"畅捷通 T3—企业管理信息化软件行业专版"命令，打开"注册〖控制台〗"对话框。

步骤 2：输入用户名"zy01"，密码为空，账套选择"〖888〗中原电子"选项，操作日期为 2022-01-01，如图 2-1 所示。

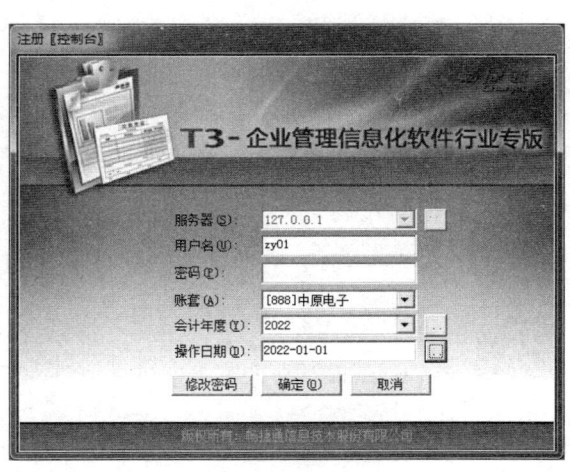

图 2-1

步骤 3：单击"确定"按钮，打开"畅捷通 T3—企业管理信息化软件行业专版—营改增 Plus1 版"窗口（简称"畅捷通 T3 主窗口"），如图 2-2 所示。

步骤4：选择"基础设置"|"机构设置"|"部门档案"命令，打开"部门档案"对话框，如图2-3所示。

图2-2

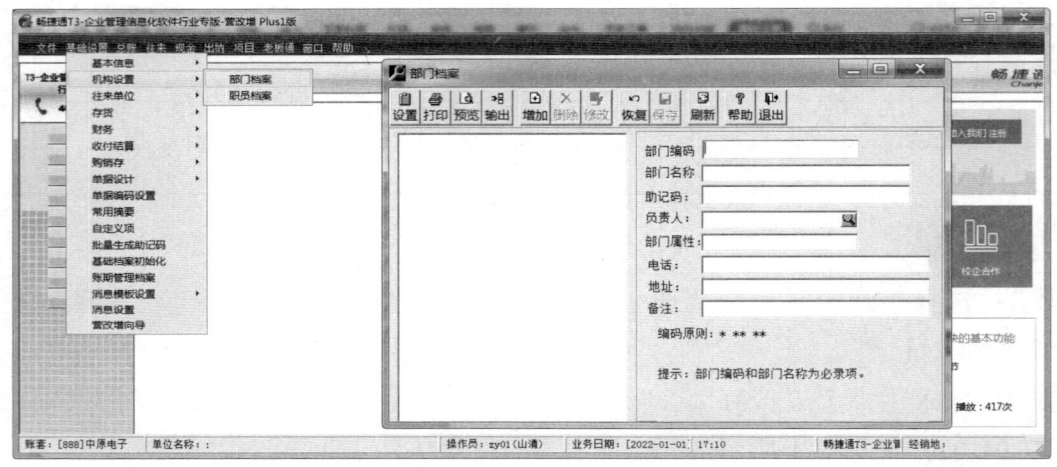

图2-3

步骤5：单击对话框左上角的"增加"按钮，"部门编码"输入"1"，"部门名称"输入"企管部"，"部门属性："输入"综合管理"，如图2-4所示。单击"保存"按钮，则所增加的"企管部"将出现在左侧列表中，如图2-5所示。

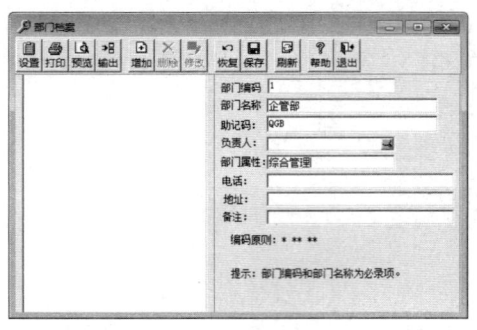

图2-4

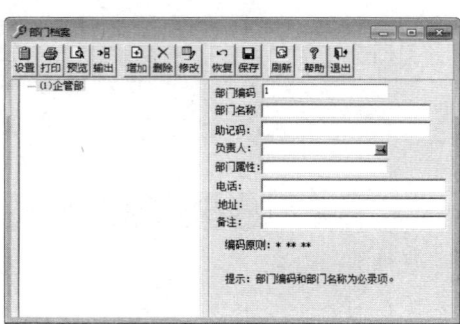

图2-5

边学边练

以账套主管山清的身份继续增加中原电子科技有限公司其他部门的档案信息,并在完成职员档案设置之后,对"负责人"项目信息进行补充。

小贴士

- 部门编码应符合部门编码级次原则。
- 部门编码和名称为必须输入项,且必须唯一。
- 在未建立职员档案前,不能选择输入负责人信息。待职员档案设置完成后,再回到"部门档案"对话框,通过"修改"功能来补充输入负责人信息。
- 部门被使用后则不能删除,若要删除已被使用过的部门,应先将该部门还原为未使用状态。

二、职员档案设置

任务描述

中原电子科技有限公司的职员档案信息见表 2-2,以账套主管山清的身份完成职员档案的设置。

表 2-2 职员档案

编 号	姓 名	部 门	职员属性
101	高超	企管部	经理
201	山清	财务部	主管
202	水秀	财务部	会计
203	云飞	财务部	出纳
301	赵亮	供应部	经理
401	刘明	营销部	经理
501	张力	仓储部	经理
502	李阳	仓储部	仓管
601	王聪	车间办	主任
602	陈盼	甲生产线	工人
603	林倩	乙生产线	工人

基本步骤

步骤1:在畅捷通 T3 主窗口,选择"基础设置"|"机构设置"|"职员档案"命令,打开"职员档案"对话框。

步骤2:"职员编号"输入"101","职员名称"输入"高超",自动生成职员助记码"GC";双击"所属部门",出现放大镜按钮,单击该按钮后,将打开"部门参照"对话框,选择

"企管部","职员属性"输入"经理"。

步骤 3：单击"经理"之外任意处，激活"增加"按钮。单击"增加"按钮，继续输入职员编码"201"，职员名称"山清"等信息，如图2-6所示。

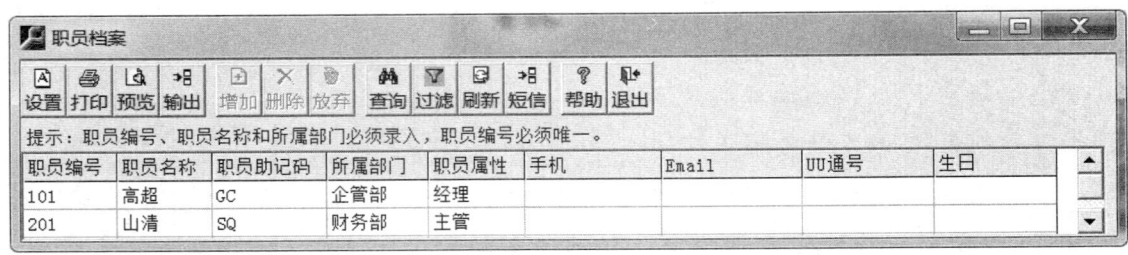

图 2-6

边学边练

以账套主管山清的身份将中原电子科技有限公司其他职员的档案信息输入到系统中。

小贴士

- 职员编号、职员名称和所属部门为必须输入项。
- 如果要保存已输入的内容，必须再单击"增加"按钮（或按回车键）增加新的空白行后才能保存；最后一名职员输入完毕后还需增加一个空行，该职员信息才能被保存。
- 职员档案资料一旦被使用，将不能修改或删除。要删除已被使用过的职员时，须先将该职员还原为未使用状态。

任务二 往来单位档案设置

往来单位档案涉及客户分类、客户档案、供应商分类、供应商档案和地区分类5个方面。当企业的往来客商较多时，可以按照适当的分类标准对客商进行分类管理。同时，根据企业管理的实际需要，还可以考虑按客商的地区分布进行分类。

一、客户、供应商和地区分类设置

（一）客户分类设置

任务描述

中原电子科技有限公司的客户较多，建账时选择了"客户分类"，具体分类情况见表2-3。以账套主管山清的身份在系统中完成客户分类设置。

表 2-3 客户分类

客户分类编码	客户分类名称
1	批发商
2	零售商
3	其他

基本步骤

步骤 1：选择"基础设置"|"往来单位"|"客户分类"命令，打开"客户分类"窗口。在窗口右侧的"类别编码："文本框中输入"1"，"类别名称："文本框中输入"批发商"，如图 2-7 所示。

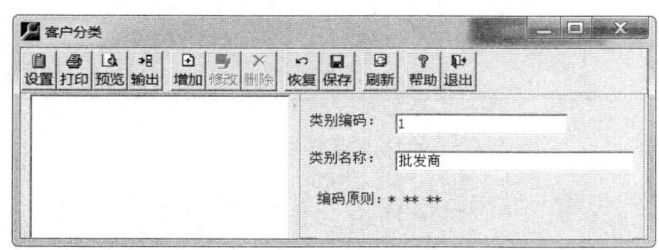

图 2-7

步骤 2：单击窗口上方的"保存"按钮，在窗口左侧将出现保存的结果，如图 2-8 所示。

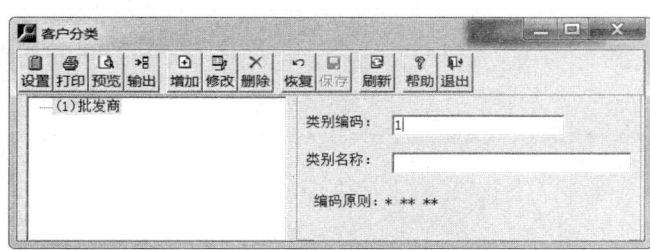

图 2-8

边学边练

以账套主管山清的身份完成中原电子科技有限公司其余客户分类的设置。

小贴士

- 如果在新建账套时选择了客户分类，则必须进行客户分类的设置，然后才能增加客户档案；若在新建账套时没有进行客户分类，则不需要进行客户分类的设置，直接增加客户档案即可。
- 客户分类被使用后就不能删除，要删除已被使用过的客户分类时，必须先将该客户分类还原为未使用状态。

（二）供应商分类设置

任务描述

中原电子科技有限公司的供应商较多，建账时选择了"供应商分类"，具体分类情况见表 2-4。以账套主管山清的身份在系统中完成供应商分类设置。

表 2-4 供应商分类

供应商分类编码	供应商分类名称
1	工业
2	商业
201	实体店
202	网店
3	其他

基本步骤

步骤 1：选择"基础设置"|"往来单位"|"供应商分类"命令，打开"供应商分类"窗口。在窗口右侧的"类别编码："文本框中输入"1"，"类别名称："文本框中输入"工业"，如图 2-9 所示。

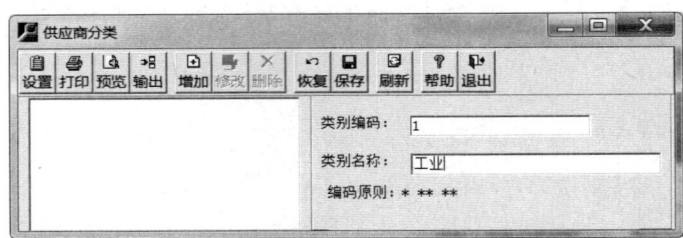

图 2-9

步骤 2：单击窗口上方的"保存"按钮，在窗口左侧将出现保存的结果，如图 2-10 所示。

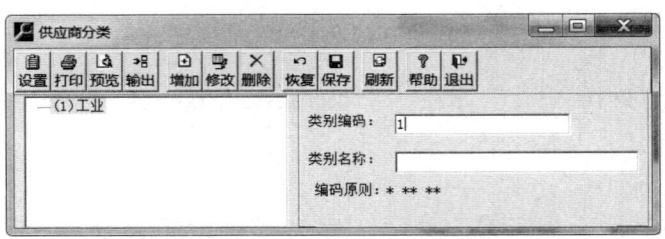

图 2-10

边学边练

以账套主管山清的身份完成中原电子科技有限公司其余供应商分类的设置。

🔖 小贴士

- 如果在新建账套时选择了供应商分类，则必须进行供应商分类的设置，然后才能增加供应商档案；否则不需要进行供应商分类的设置，直接增加供应商档案即可。
- 当供应商分类已被使用后就不能删除；若要删除已使用过的供应商分类，则须先将其还原为未使用状态。

（三）地区分类设置

🧒 任务描述

中原电子科技有限公司出于管理的需要，要对其客户和供应商的地区分布进行分类，见表2-5。以账套主管山清的身份完成地区分类设置。

表2-5 地区分类

地区分类编码	地区分类名称
1	河南省
101	郑州市
102	其他地市
2	其他省
201	北方
202	南方

🍀 基本步骤

步骤1：选择"基础设置"|"往来单位"|"地区分类"命令，打开"地区分类"窗口。在窗口右侧的"类别编码："文本框中输入"1"，"类别名称："文本框中输入"河南省"，如图2-11所示。

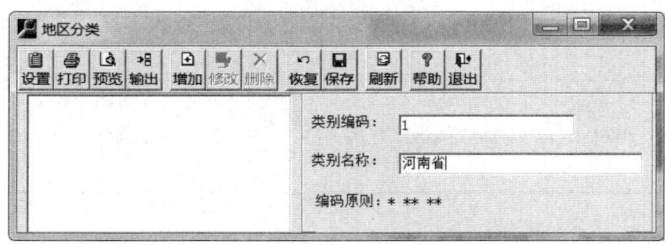

图2-11

步骤2：单击窗口上方的"保存"按钮，在窗口左侧将出现保存的结果，如图2-12所示。

🧒 边学边练

以账套主管山清的身份完成中原电子科技有限公司其他地区分类信息的设置。

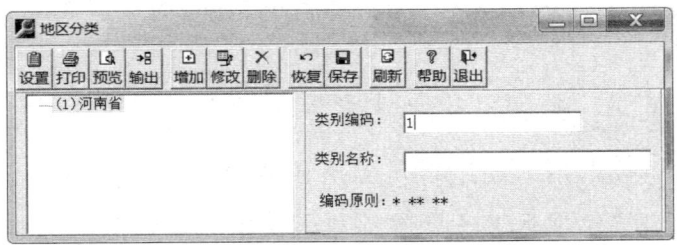

图 2-12

小贴士

- 如果企业需要对供应商或客户按地区进行统计,就应该建立地区分类体系。
- 地区分类最多有五级,企业可以根据实际需要进行分类。有下级分类码的地区分类前会出现带框的+号,单击+号或双击该分类码时,会展开下级分类信息。
- 地区分类一经使用则不能删除,非末级地区分类不能删除。

二、客户和供应商档案设置

(一)客户档案设置

任务描述

中原电子科技有限公司的客户档案信息见表 2-6,以账套主管山清的身份登录系统完成客户档案设置。

表 2-6　客户档案

客户编号	客户名称	客户简称	所属分类码	所属地区分类码	税　号	开户银行	账　号	分管部门	专营业务员	发展日期
001	郑州二七科技有限公司	郑州二七	2	101	914000613579024680	中行二七支行	248532487624	营销部	刘明	2020-12-01
002	广州五羊商贸有限公司	广州五羊	1	202	914000624680135790	工行越秀支行	3602010200804560016	营销部	刘明	2020-06-01

基本步骤

步骤 1:选择"基础设置"|"往来单位"|"客户档案"命令,打开"客户档案"窗口。

步骤 2:在"客户档案"窗口左侧的列表中选择"2 零售商",单击"增加"按钮,打开"客户档案卡片"对话框。

步骤 3:在"客户编号"文本框中输入"001",在"客户名称"文本框中输入"郑州二七科技有限公司",在"客户简称"文本框中输入"郑州二七"后,客户助记码将自动生成,再按表 2-6 的资料输入其他相关信息,如图 2-13 所示。

步骤4：单击"其他"选项卡，按资料要求通过放大镜 按钮选择"分管部门"为"营销部"，"专营业务员"为"刘明"，"发展日期"为"2020-12-01"，然后单击"保存"按钮，如图2-14所示。

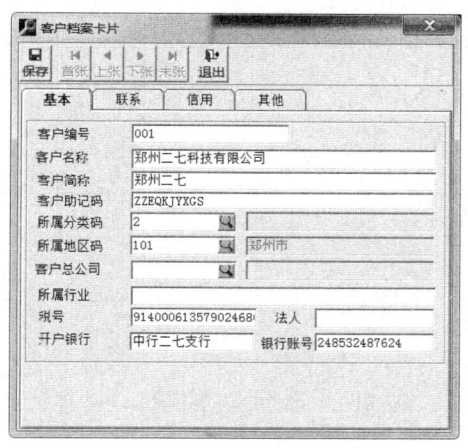
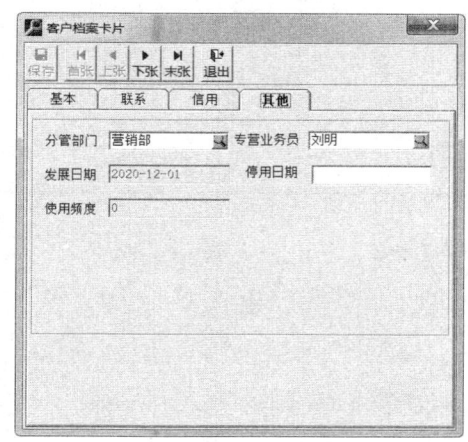

图 2-13　　　　　　　　　　　　　图 2-14

边学边练

以账套主管山清的身份完成中原电子科技有限公司其他客户档案的设置。

小贴士

- 客户编号必须输入且唯一，可用数字或字母表示，一经保存便不能修改。
- 客户简称可以是汉字或英文字母，必须输入，可以修改。
- 所属分类码，系统根据增加客户前所选择的客户分类自动填写，也可以手工输入。
- 分管部门用于输入该客户归属分管的销售部门，专营业务员用于设置与该客户联系的业务员。
- 发展日期用于设置与客户建立供货关系的起始时间。

（二）供应商档案设置

任务描述

中原电子科技有限公司的供应商档案信息见表2-7，以账套主管山清的身份登录系统完成设置。

表 2-7　供应商档案

供应商编号	供应商名称	供应商简称	所属分类码	所属地区分类码	税　号	开户银行	账　号	分管部门	分管业务员	发展日期
001	郑州黄河电子有限公司	郑州黄河	1	101	91400006 0123456789	建行黄河支行	41001020005431114561	供应部	赵亮	2020-12-5

续表

供应商编号	供应商名称	供应商简称	所属分类码	所属地区分类码	税号	开户银行	账号	分管部门	分管业务员	发展日期
002	北京长城有限公司	北京长城	201	201	914000069876543210	农行长城支行	111190521235647824	供应部	赵亮	2020-12-10
003	中原长通物流公司	中原长通	3	101	914000061234567891	工行中原支行	6212036970212321001	供应部	赵亮	2020-12-15

基本步骤

步骤1：选择"基础设置"｜"往来单位"｜"供应商档案"命令，打开"供应商档案"窗口。

步骤2：在窗口左侧的列表中选择"1 工业"，单击"增加"按钮，打开"供应商档案卡片"对话框。

步骤3：在对话框的"供应商编号"文本框中输入"001"，在"供应商名称"文本框中输入"郑州黄河电子有限公司"，在"供应商简称"文本框中输入"郑州黄河"后，供应商助记码将自动生成，再按表2-7的资料输入其他相关信息，如图2-15所示。

步骤4：单击"其他"选项卡，按资料要求通过 按钮选择"分管部门"为"供应部"，"专营业务员"为"赵亮"，"发展日期"为"2020-12-05"，然后单击"保存"按钮，如图2-16所示。

图2-15

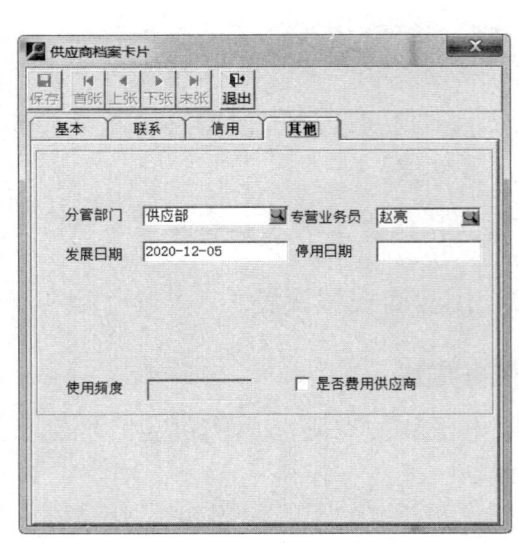

图2-16

边学边练

以账套主管山清的身份完成中原电子科技有限公司其他供应商的档案设置。

小贴士

- 供应商编号必须唯一，可以用数字或字母表示，最多可输入 12 位字符。
- 供应商简称用于业务单据和账表的屏幕显示，如销售发货单的供应商栏目中显示的内容为供应商简称。
- 税号指供应商的纳税识别号，用于采购发票的税号栏内容的屏幕显示和打印输出。

任务三　财务档案设置

财务档案设置主要包括外币种类、会计科目、项目目录和凭证类别设置等。

一、外币种类设置

任务描述

中原电子科技有限公司在日常经营中会涉及美元（$）和欧元（€）等外币业务，公司采用固定汇率对所有外币进行核算。假设 2022 年 1 月初两种外币的汇率分别为$1＝¥6.467 20，€1＝¥7.839 70。以账套主管山清的身份完成外币种类设置。

基本步骤

步骤 1：选择"基础设置"|"财务"|"外币种类"命令，打开"外币设置"对话框。

步骤 2：在相应文本框中输入币符"$"、币名"美元"，其他项目采用默认值。单击右下角的"确认"按钮，则"美元"出现在对话框左侧，此时对话框右侧呈现可编辑表格。

步骤 3：输入 2022 年 1 月初的记账汇率为 6.467 20，按回车键确认，如图 2-17 所示。

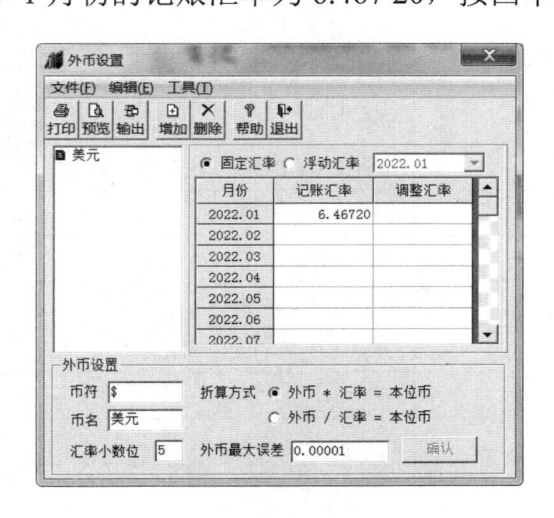

图 2-17

边学边练

以中原电子科技有限公司账套主管山清的身份完成欧元的信息设置。

小贴士

- 在英文状态下，按 Shift+4 组合键，即可输入符号$；在中文状态下，按 Shift+4 组合键，即可输入符号¥。欧元货币符号€可通过 Alt 键加数字键盘的 0128 键输入。
- 这里的汇率管理只提供输入汇率的功能，制单时使用固定汇率还是浮动汇率，取决于总账管理系统选项参数的定义。
- 如果使用固定汇率，则应在每月月初输入记账汇率（即期初汇率），月末计算汇兑损益时输入调整汇率（即期末汇率）；如果使用浮动汇率，则应在外币业务发生当天及时输入当天的汇率。

二、会计科目设置

会计科目设置包括增加会计科目、修改会计科目、删除会计科目、指定会计科目等内容。

（一）增加会计科目

任务描述

中原电子科技有限公司需要增加的会计科目主要是相关的明细科目，见表 2-8。以账套主管山清的身份登录系统，并完成增加相关明细科目的任务。

表 2-8　中原电子科技有限公司常用的会计科目

科目编号及名称	辅助项	方向	备注
库存现金（1001）	日记账	借	指定：现金总账科目
银行存款（1002）	银行账、日记账	借	指定：银行总账科目
建行存款（100201）	银行账、日记账	借	增加
人民币户（10020101）	银行账、日记账	借	增加
美元户（10020102）	银行账、日记账	借	增加，币别：美元
欧元户（10020103）	银行账、日记账	借	增加，币别：欧元
应收票据（1121）	客户往来、受控应收系统	借	修改
应收账款（1122）	客户往来、受控应收系统	借	修改
预付账款（1123）	供应商往来、受控应付系统	借	修改
其他应收款（1221）		借	
备用金（122101）	部门核算	借	增加
应收职工个人款（122102）	个人往来	借	增加
其他应收及暂付款（122103）		借	增加
原材料（1403）		借	

续表

科目编号及名称	辅 助 项	方 向	备注
A材料（140301）	数量核算	借	增加，数量单位：千克
B材料（140302）	数量核算	借	增加，数量单位：米
库存商品（1405）		借	
甲产品（140501）	数量核算	借	增加，数量单位：件
乙产品（140502）	数量核算	借	增加，数量单位：件
周转材料（1411）		借	
包装物（141101）		借	增加
甲产品包装箱（14110101）	数量核算	借	增加，数量单位：套
乙产品包装箱（14110102）	数量核算	借	增加，数量单位：套
待处理财产损溢（1901）		借	
待处理流动资产损溢（190101）		借	增加
待处理非流动资产损溢（190102）		借	增加
应付票据（2201）	供应商往来、受控应付系统	贷	修改
应付账款（2202）		贷	
应付购货款（220201）	供应商往来、受控应付系统	贷	增加
暂估应付款（220202）	供应商往来、无受控系统	贷	增加
预收账款（2203）	客户往来、受控应收系统	贷	修改
应付职工薪酬（2211）		贷	
应付职工工资（221101）		贷	系统自带
应付福利费（221103）		贷	系统自带
应付社会保险费（221104）		贷	系统自带
基本养老保险（22110401）		贷	增加
基本医疗保险（22110402）		贷	增加
失业保险（22110403）		贷	增加
工伤保险（22110404）		贷	增加
生育保险（22110405）		贷	增加
应付住房公积金（221105）		贷	系统自带
应付工会经费（221106）		贷	系统自带
应付职工教育经费（221107）		贷	系统自带，修改
应交税费（2221）		贷	
应交增值税（222101）		贷	系统自带
进项税额（22210101）		贷	系统自带
已交税金（22210102）		贷	增加
转出未交增值税（22210103）		贷	增加
销项税额（22210106）		贷	系统自带
进项税额转出（22210107）		贷	系统自带

续表

科目编号及名称	辅助项	方向	备注
转出多交增值税（22210108）		贷	增加
未交增值税（222102）		贷	系统自带
应交企业所得税（222106）		贷	系统自带，修改
应交城市维护建设税（222108）		贷	系统自带
应交个人所得税（222112）		贷	系统自带
应交教育费附加（222113）		贷	系统自带，修改
应交地方教育费附加（222118）		贷	增加
生产成本（4001）		借	
直接材料（400101）	项目核算	借	增加
直接人工（400102）	项目核算	借	增加
制造费用（400103）	项目核算	借	增加
制造费用（4101）		借	
人工费（410101）		借	增加
办公费（410102）		借	增加
折旧费（410103）		借	增加
其他费用（410104）		借	增加
制造费用结转（410105）		借	增加
主营业务收入（5001）		贷	
甲产品（500101）	数量核算	贷	增加，数量单位：件
乙产品（500102）	数量核算	贷	增加，数量单位：件
营业外收入（5301）		贷	
汇兑收益（530103）		贷	系统自带
捐赠收益（530105）		贷	增加
主营业务成本（5401）		借	
甲产品（540101）	数量核算	借	增加，数量单位：件
乙产品（540102）	数量核算	借	增加，数量单位：件
税金及附加（5403）		借	系统自带，修改
销售费用（5601）		借	
广告费（560102）		借	系统自带
员工工资（560107）		借	系统自带
职工福利费（560108）		借	增加
工会经费（560109）		借	增加
职工教育经费（560110）		借	增加
社会保险费（560111）		借	增加
基本医疗保险（56011101）		借	增加
基本养老保险（56011102）		借	增加
失业保险（56011103）		借	增加

续表

科目编号及名称	辅 助 项	方 向	备注
工伤保险（56011104）		借	增加
生育保险（56011105）		借	增加
住房公积金（560112）		借	增加
折旧费（560113）		借	增加
办公费（560114）		借	增加
差旅费（560115）		借	增加
水电费（560116）		借	增加
其他费用（560117）		借	增加
管理费用（5602）		借	
业务招待费（560202）		借	系统自带
水电费（560206）		借	系统自带
员工工资（560209）		借	系统自带
折旧费（560210）		借	系统自带，修改
职工福利费（560212）		借	增加
工会经费（560213）		借	增加
职工教育经费（560214）		借	增加
社会保险费（560215）		借	增加
基本医疗保险（56021501）		借	增加
基本养老保险（56021502）		借	增加
失业保险（56021503）		借	增加
工伤保险（56021504）		借	增加
生育保险（56021505）		借	增加
住房公积金（560216）		借	增加
办公费（560217）		借	增加
差旅费（560218）		借	增加
其他费用（560219）		借	增加
财务费用（5603）		借	
利息费用（560301）		借	系统自带
手续费用（560302）		借	系统自带
现金折扣（560303）		借	系统自带
汇兑损失（560304）		借	系统自带
营业外支出（5711）		借	
处置固定资产损失（571106）		借	增加

基本步骤

1. 增加一般会计科目

步骤1：选择"基础设置"|"财务"|"会计科目"命令，打开"会计科目"对话框。

步骤2：单击"增加"按钮，打开"会计科目_新增"对话框。

步骤3：输入"科目编码"为"100201"，"科目中文名称"为"建行存款"，如图2-18所示。最后，单击"确定"按钮进行保存。

步骤4：继续在"会计科目_新增"对话框中，输入"科目编码"为"10020101"，"科目中文名称"为"人民币户"，最后，单击"确定"按钮进行保存。

步骤5：根据资料增加其他一般会计科目。

2．增加有外币核算的科目

步骤1：在"会计科目_新增"对话框中，输入"科目编码"为"10020102"，"科目中文名称"为"美元户"，选中"外币核算"复选框，"币种"选择"美元 $"，如图2-19所示。最后，单击"确定"按钮进行保存。

步骤2：继续增加"欧元户"等外币核算科目。

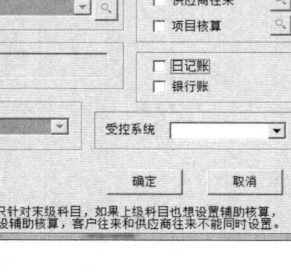

图2-18　　　　　　　　　　　图2-19

3．增加有数量核算的科目

步骤1：在"会计科目_新增"对话框中，输入"科目编码"为"140301"，"科目中文名称"为"A材料"，"账页格式"选择"数量金额式"，选中"数量核算"复选框，在"计量单位"文本框中输入"千克"，如图2-20所示。最后，单击"确定"按钮进行保存。

步骤2：继续增加"B材料"等有数量核算的科目。

4．增加有辅助核算项的科目

步骤1：在"会计科目_新增"对话框中，输入"科目编码"为"122101"，"科目中文名称"为"备用金"，选中"辅助核算"选项组中的"部门核算"复选框，如图2-21所示。然后，单击"确定"按钮进行保存。

步骤 2：继续增加其他有部门核算、个人往来、客户往来、供应商往来和项目核算等辅助核算的科目。

图 2-20

图 2-21

5. 成批复制会计科目

步骤 1：在"会计科目"对话框中，选择"编辑"|"成批复制"命令，打开"成批复制"对话框。

步骤 2：输入复制源"科目编码"为"1405"，目标"科目编码"为"5001"，选中"数量核算"复选框，如图 2-22 所示。

步骤 3：单击"确认"按钮，系统自动将 1405 科目下的会计科目复制到 5001 科目下，如图 2-23 所示。

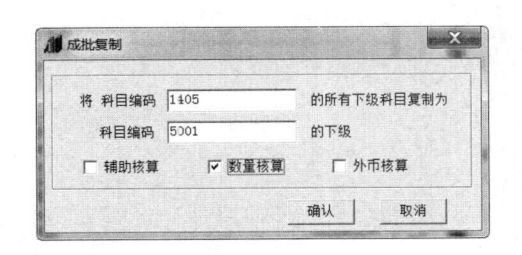

图 2-22

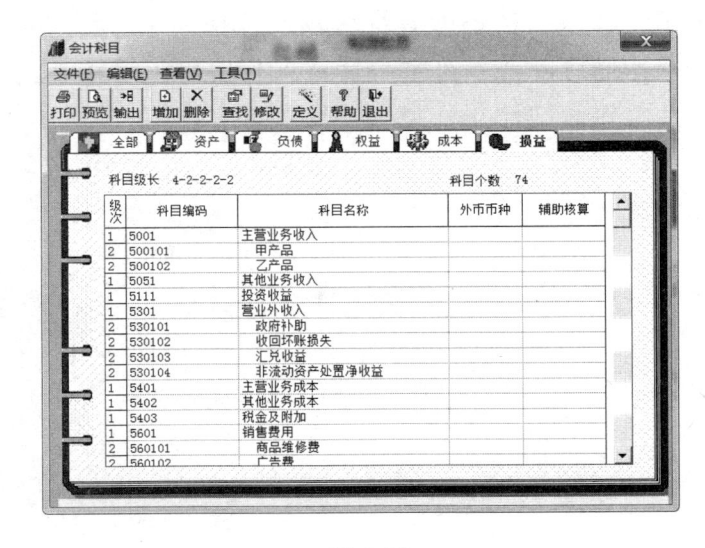

图 2-23

边学边练

以中原电子科技有限公司账套主管山清的身份完成表 2-8 所列其他明细科目的增加任

务，其中，主营业务成本的明细科目可以通过成批复制库存商品的明细科目完成；管理费用中的社会保险费（560215）下的三级明细科目可成批复制销售费用中的社会保险费（560111）下的三级明细科目而完成。

小贴士

- 增加会计科目时，必须先增加上级科目后才能增加下级科目。
- 增加会计科目时，编码长度必须符合建立账套时所设定的规则。
- 增加明细科目时，明细科目的"科目类型"及"科目性质（余额方向）"自动跟随上级科目，并且不可以修改。
- 增加会计科目时，科目编码必须唯一。
- 在新增外币核算会计科目时，如果建立账套时没有选择外币核算，那么外币核算属性为灰色显示，不可以选择币种。
- 通过成批复制功能增加会计科目时必须注意：源科目与目标科目的级次必须相同。源科目的级次必须是非末级，目标科目的级次在复制之前必须为末级。

（二）修改会计科目

任务描述

以中原电子科技有限公司账套主管山清的身份完成表 2-8 所列的应收账款、预付账款、应付票据、预收账款、税金及附加等科目的修改工作。

基本步骤

步骤 1：在"会计科目"对话框中，选中需要修改的科目（如"1122""应收账款"），单击"修改"按钮或者直接双击该科目，打开"会计科目_修改"对话框。

步骤 2：选中"客户往来"复选框，受控系统按默认选择"应收"，如图 2-24 所示。然后，单击"确定"按钮进行保存。

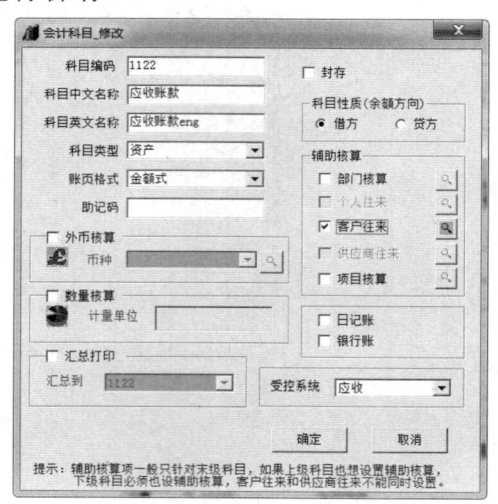

图 2-24

边学边练

以账套主管山清的身份完成表 2-8 所示的中原电子科技有限公司其他相关科目的信息修改工作。

小贴士

- 没有会计科目设置权的操作员只能浏览科目，不能对科目进行修改。
- 若已有下级科目，则不能修改其编码，应遵循"自下而上"的原则，即先删除下级科目后，再对上级科目进行修改。
- 对已有数据的会计科目，必须先删除本级及其下级科目的数据后，才能修改该科目。

（三）指定会计科目

任务描述

以中原电子科技有限公司账套主管山清的身份指定库存现金（1001）为现金总账科目、银行存款（1002）为银行总账科目。

基本步骤

步骤1：在"会计科目"对话框，选择"编辑"|"指定科目"命令，打开"指定科目"对话框。

步骤2：选中"现金总账科目"单选按钮，从"待选科目"列表框中选择"1001 库存现金"科目，单击"＞"按钮，将现金科目添加到"已选科目"列表框中，如图 2-25 所示。然后，单击"确认"按钮进行保存。

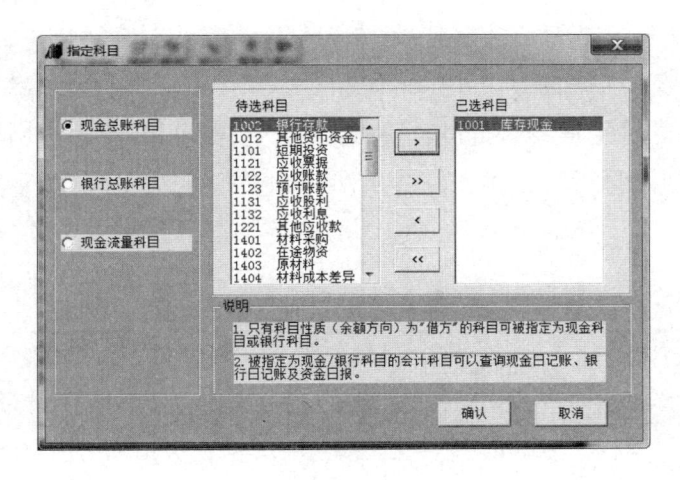

图 2-25

边学边练

以中原电子科技有限公司账套主管山清的身份指定"银行存款（1002）"科目为"银行总账科目"。

小贴士

- 指定科目是指通过指定科目功能来明确出纳负责的科目，以便执行出纳签字，查询现金和银行存款日记账，进行银行对账，在制单中进行支票控制和资金赤字控制等功能。
- 指定会计科目后，库存现金将自动被设置为"日记账"，银行存款将自动被设置为"日记账"和"银行账"，其明细科目自动继承。
- 在"会计科目_新增"（如图2-18所示）或"会计科目_修改"（如图2-24所示）对话框中选中"日记账"复选框，而不指定现金总账和银行总账科目，则库存现金和银行存款科目只能登记"总账"菜单中的日记账，"现金"菜单的功能无法使用，其中出纳专管的日记账也无法查询；如果只指定现金总账和银行总账科目，而没有先行选中"会计科目_新增"或"会计科目_修改"对话框中的"日记账"复选框，则"现金"菜单的功能可正常使用，其中出纳专管的日记账可以查询，但"总账"菜单中的日记账将无记录。
- 库存现金和银行存款以外的其他科目若需要登记日记账，可通过选中"会计科目_新增"或"会计科目_修改"对话框中的"日记账"复选框实现。
- 若指定现金流量科目，则可满足编制现金流量表时函数取值使用，在录入凭证时，对指定的现金流量科目系统会自动打开窗口要求指定当前录入分录的现金流量项目。

三、项目目录设置

任务描述

中原电子科技有限公司所生产的产品更新换代较快，为了减少"生产成本"科目下挂的明细科目数量，公司对生产成本的具体对象实行项目辅助核算，用项目目录替代以产品的品种、规格命名的明细科目。根据表2-9所提供的信息，以账套主管山清的身份完成项目目录的设置工作。

表2-9 项目目录

项目大类	核算科目			项目分类		项目目录	
				编号	名称	编号	名称
产品生产	直接材料（400101）	直接人工（400102）	制造费用（400103）	1	电子产品生产	01	甲产品
						02	乙产品

基本步骤

步骤1：选择"基础设置"|"财务"|"项目目录"命令，打开"项目档案"对话框。

步骤2：单击"增加"按钮，打开"项目大类定义_增加"对话框。

步骤3：在"项目大类名称"页面输入"新项目大类名称"为"产品生产"，选中新增项目大类的"普通项目"属性单选按钮,如图 2-26 所示。

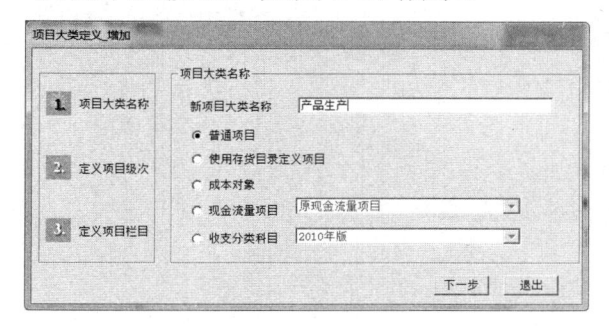

图 2-26

步骤 4:单击"下一步"按钮,在打开的"定义项目级次"页面,项目级次按系统默认值设置:一级为 1(1 位数),其余均为 0,如图 2-27 所示。

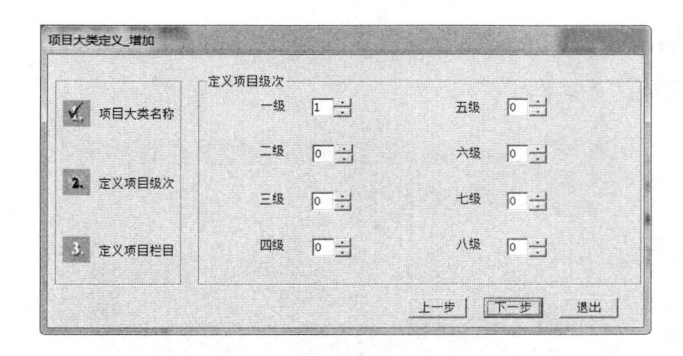

图 2-27

步骤 5:单击"下一步"按钮,打开"定义项目栏目"页面,如图 2-28 所示。这里采用系统默认设置,不做修改。然后,单击"完成"按钮,返回"项目档案"对话框。

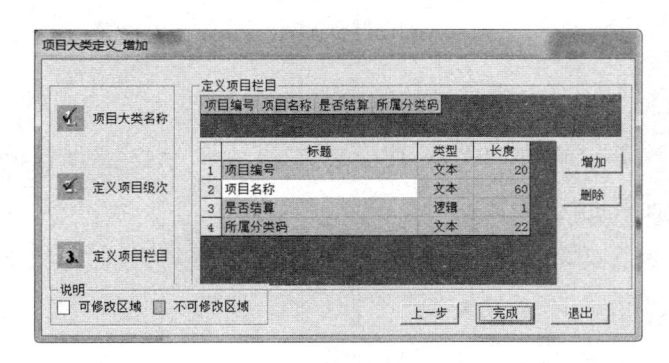

图 2-28

步骤 6:从"项目大类"下拉列表中选择"产品生产"项目,再选中"核算科目"单选按钮,单击 按钮,将全部"待选科目"项移至"已选科目"列表框中,如图 2-29 所示,然后,单击"确定"按钮进行保存,系统弹出提示框,告知"保存成功!"。

步骤 7:选中"项目分类定义"单选按钮,在"分类编码"文本框中输入"1",在"分类名称"文本框中输入"电子产品生产",单击"确定"按钮后,页面显示如图 2-30 所示。

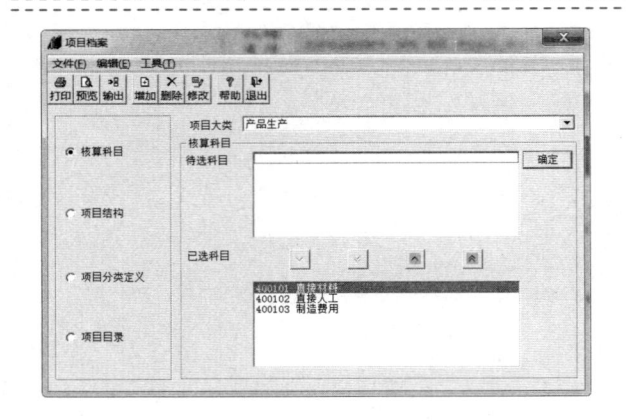

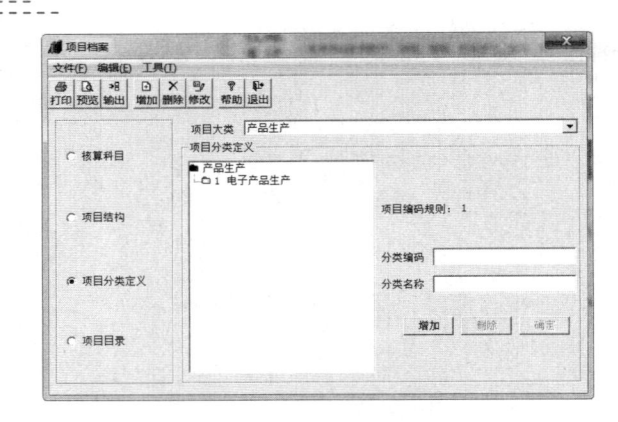

图 2-29　　　　　　　　　　　　　　图 2-30

步骤 8：选中"项目目录"单选按钮，单击"维护"按钮，打开"项目目录维护"对话框。单击"增加"按钮，按照资料输入项目目录信息。按回车键或单击增加按钮增加一个空行进行保存。然后，单击"退出"按钮退出项目目录维护，如图 2-31 所示。最后，单击"退出"按钮退出项目档案对话框。

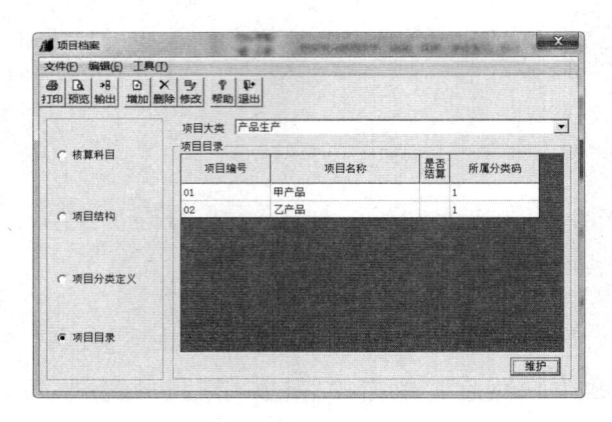

图 2-31

小贴士

- 实行项目辅助核算，既可以为企业管理及相关各方提供详细的会计信息资料，又不会造成会计科目表过于庞大。
- 实行项目辅助核算的科目必须事先在科目表中进行相应的辅助核算设置；从理论上讲，项目核算适用于所有的科目。
- 项目分类编码必须符合项目编码原则。
- 项目目录内容未输入完毕而需要退出时，无法正常退出，需要按 Esc 键放弃当前已定义操作，再正常退出。
- 若某项目分类下已有定义项目则不能删除，也不能定义下级分类，必须先删除项目，再删除该项目分类或定义下级分类，不能删除非末级项目分类。
- 如果使用存货核算系统，可以在这里选择存货系统中已定义好的存货目录作为项目，系统可自动将存货分类设置为项目分类，并将存货目录设置为项目目录。

- 如果需要进行成本核算，可将成本对象定义为项目，选择项目大类为"成本对象"即可。
- 如果需要编制现金流量表，使用现金流量表的取数函数，可预置"现金流量表项目"，并指定现金流量科目。

四、凭证类别设置

任务描述

中原电子科技有限公司的凭证类别信息见表2-10，以账套主管山清的身份完成凭证类别的设置。

表2-10　凭证类别

类别字	类别名称	限制类型	限制科目
记	记账凭证	无限制	无限制

基本步骤

步骤1：选择"基础设置"|"财务"|"凭证类别"命令，直接打开"凭证类别"对话框，显示系统已预置了所需要的凭证类别"记账凭证"，并且因系统预置了常用记账凭证，故显示该凭证类别"已使用"，如图2-32所示。

步骤2：选择"总账"|"凭证"|"常用凭证"命令，打开"常用凭证"对话框，可以浏览系统预置的常用记账凭证，这些常用记账凭证可在账务处理过程调用，如图2-33所示。

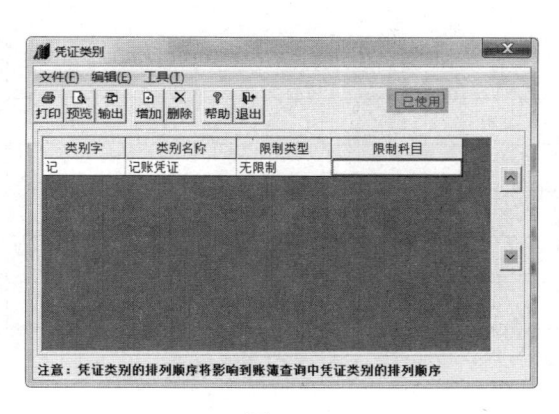

图2-32 　　　　　　　　　　　图2-33

小贴士

- 在小企业会计准则条件下，虽然T3系统中已预置了通用"记账凭证"，我们仍可以在保留该凭证类别的情况下，直接增加收款凭证、付款凭证和转账凭证等类别。
- 若选有科目限制，则至少要输入一个限制科目，可以是任意级次的科目，科目之间用英文逗号隔开，数量不限，可参照输入，但不能重复输入。若限制类型选"无限制"，则不能输入限制科目。
- 若限制科目为非末级科目，则在制单时，其所有下级科目都将受到同样的限制。
- 已使用的凭证类别不能删除，也不能修改类别字。
- 列表右侧的上下箭头可以调整凭证类别的前后顺序，它将决定明细账中凭证的排列顺序。

任务四　收付结算信息设置

收付结算信息设置主要包括结算方式设置、付款条件设置和开户银行设置等。

一、结算方式设置

任务描述

中原电子科技有限公司在日常经营中用到的结算方式信息见表2-11，以账套主管山清的身份完成这些结算方式的设置工作。

表 2-11　结算方式

结算方式编码	结算方式名称	票 据 管 理
1	现金结算	否
2	支票结算	否
201	现金支票	是
202	转账支票	是
3	银行汇票	否
4	汇兑	否
401	电汇	否
402	信汇	否
5	网银结算	否

基本步骤

步骤1：选择"基础设置"|"收付结算"|"结算方式"命令，打开"结算方式"窗口。

步骤2：单击"增加"按钮，按要求输入企业常用的结算方式，再单击"保存"按钮保存。若需要进行票据管理，则选中"票据管理方式"复选框，如图2-34所示。

边学边练

以账套主管山清的身份完成表2-11所列的中原电子科技有限公司其他结算方式的设置。

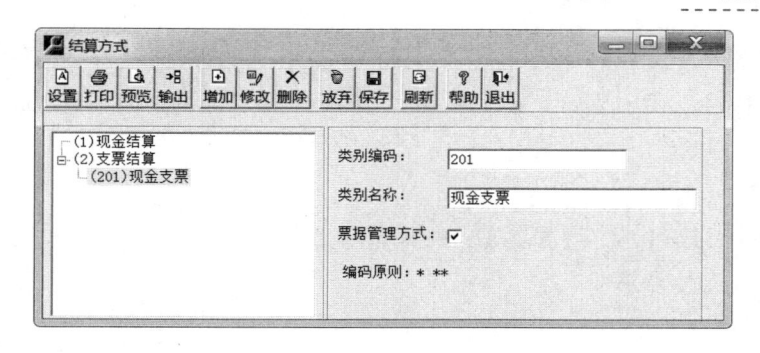

图 2-34

小贴士

- 结算方式编码必须符合创建账套时设定的结算方式的编码原则。
- 票据管理是为了方便出纳人员对银行结算票据进行管理而设置的功能,选择票据管理的目的是方便支票登记簿的登记。
- 结算方式一旦被引用,便不能修改和删除。

二、付款条件设置

任务描述

中原电子科技有限公司在日常购销业务中常用到如表 2-12 所列的付款条件（即现金折扣条件），以账套主管山清的身份完成这些付款条件的设置。

表 2-12　付款条件

编码	信用天数	优惠天数 1	优惠率 1(%)	优惠天数 2	优惠率 2(%)	优惠天数 3	优惠率 3(%)
01	30	5	3	15	2		
02	45	5	3	20	2	35	1
03	60	5	3	30	2	45	1

基本步骤

步骤 1：选择"基础设置"|"收付结算"|"付款条件"命令，打开"付款条件"窗口。

步骤 2：按照表 2-12 所列的资料输入第一种付款条件信息。之后单击"增加"按钮至下一行，继续输入第二种付款条件信息，如图 2-35 所示。

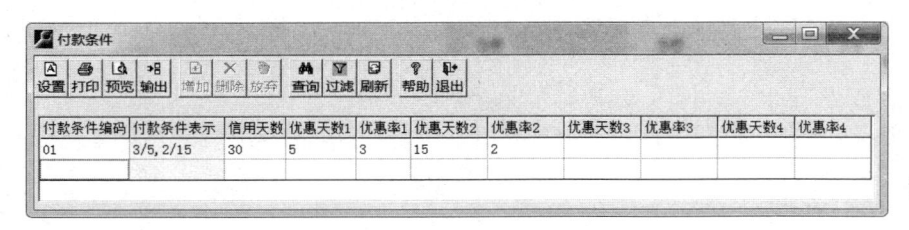

图 2-35

步骤3：全部输入完毕后，增加一个空行对信息进行保存，单击"刷新"按钮，然后单击"退出"按钮退出。

边学边练

以账套主管山清的身份，增加其他付款条件信息。

小贴士

- 付款条件也叫现金折扣条件，是企业为了鼓励客户偿还欠款而允诺在一定期限内给予的折扣优惠。系统最多同时支持4个时间段的折扣。
- 付款条件将主要在采购订单、采购发票、付款结算、销售订单、销售发票、销售发货单和收款结算中被引用。
- 付款条件设置后需增加空行才能得以保存，单击"刷新"按钮即可显示已设置的全部付款条件。
- 在要修改的栏目上双击，可直接进行修改。付款条件一旦被引用，便不能修改和删除。

三、开户银行设置

任务描述

中原电子科技有限公司的开户银行信息是："编号"为"01"，"开户银行"为"中国建设银行郑州市中原支行"，"银行账号"为"41001020005145613411"，"暂封标志"为"否"。以账套主管山清的身份完成这些信息的设置。

基本步骤

步骤1：选择"基础设置"|"收付结算"|"开户银行"命令，打开"开户银行"窗口。

步骤2：按资料输入开户银行信息，单击"增加"按钮保存，如图2-36所示。然后单击"退出"按钮退出。

图2-36

小贴士

- 系统支持多个开户行及账号的情况。开户银行名称和账号必须输入，名称可重复但账号必须唯一。

- 暂封标志：用来标记账号的使用状态。如果这个账号临时不用时，可单击设置暂封标志为"是"。
- 开户银行信息设置后需增加一个空行后才能保存。

任务五　存货和购销存档案设置

存货档案设置包括存货分类和存货档案两项设置，购销存档案设置包括仓库档案设置、存货收发类别设置、采购类型设置、销售类型设置、费用项目设置等。

一、存货分类设置

任务描述

中原电子科技有限公司存货类别见表 2-13，以账套主管山清的身份完成存货分类的设置。

表 2-13　存货类别

存货类别编码	存货类别名称
01	原材料
02	周转材料
03	产成品
04	劳务费用

基本步骤

步骤 1：选择"基础设置"|"存货"|"存货分类"命令，打开"存货分类"窗口。

步骤 2：单击"增加"按钮，在"类别编码："文本框输入"01"，在"类别名称："文本框输入"原材料"后，单击"保存"按钮，则"（01）原材料"将显示在窗口左侧，如图 2-37 所示。

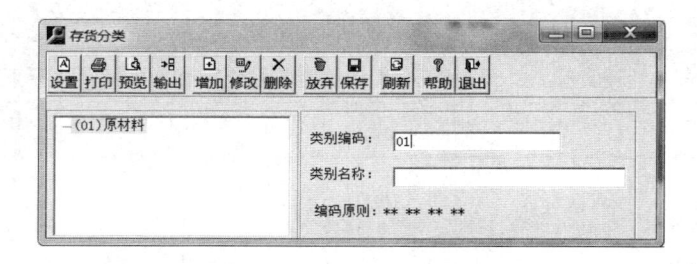

图 2-37

边学边练

以账套主管山清的身份录入其他存货分类的信息。

小贴士

- 分类编码必须与"编码原则"中设定的编码级次结构相符，分类编码必须唯一。
- 除了一级存货分类，新增的存货分类的分类编码必须前缀上级分类编码。存货分类必须逐级增加。
- 一经使用，存货分类则不能删除，非末级存货分类不能删除。

二、存货档案设置

任务描述

中原电子科技有限公司的存货档案见表 2-14，以账套主管山清的身份完成存货档案设置。

表 2-14 存货档案

编码	存货名称	规格型号	计量单位	所属分类	税率	存货属性	参考成本/元
101	A 材料	A-CL001	千克	01	13%	外购、生产耗用	50
102	B 材料	B-CL002	米	01	13%	外购、生产耗用	48
201	甲产品包装箱	J-BZ001	套	02	13%	外购、生产耗用	4
202	乙产品包装箱	Y-BZ002	套	02	13%	外购、生产耗用	3
301	甲产品	J-CP001	件	03	13%	自制、销售	330
302	乙产品	Y-CP002	件	03	13%	自制、销售	325
401	运费		元	04	9%	劳务费用	

基本步骤

步骤 1：选择"基础设置"|"存货"|"存货档案"命令，打开"存货档案"窗口，如图 2-38 所示。

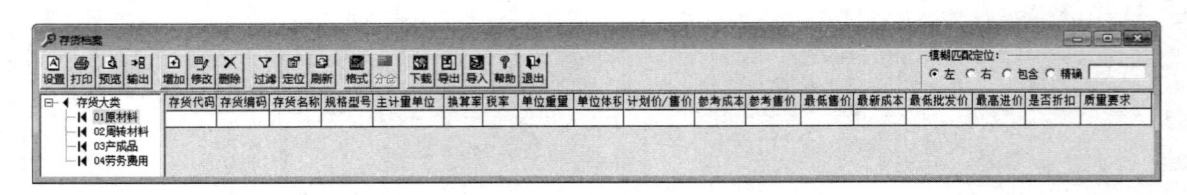

图 2-38

步骤 2：选中存货类别的末级编码和名称"01 原材料"，单击"增加"按钮，打开"存货档案卡片"对话框。

步骤 3：选择"基本"选项卡，根据表 2-14 所列的资料，依次输入"存货编号"为"101"，

"存货名称"为"A 材料","规格型号"为"A-CL001","计量单位"为"千克","所属分类码"为"01","税率"为"13","存货属性"选择"外购"和"生产耗用",如图 2-39 所示。再选择"成本"选项卡,输入"参考成本"为"50"。最后,单击"保存"按钮。

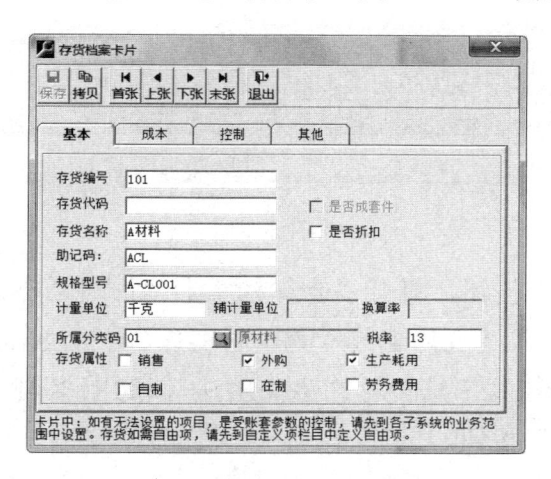

图 2-39

边学边练

以账套主管山清的身份增加其他存货的档案信息。

小贴士

- 存货编号和存货代码都必须唯一。
- 换算率:指辅计量单位和主计量单位之间的换算比率。
- 销售的存货应设置为销售属性,否则录入销售发票时无法参照。外购的存货应设置为外购属性,否则录入采购发票时无法参照。外购的存货直接对外销售的,则既要设置为外购属性,同时又要设置为销售属性。运费应设置为劳务费用属性,否则录入运费发票时无法参照。
- 一经使用的存货档案不能被删除。

三、仓库档案设置

任务描述

中原电子科技有限公司仓库档案见表 2-15,以账套主管山清的身份完成仓库档案的设置。

表 2-15 仓库档案

仓库编码	仓库名称	所属部门	负责人	计价方式
1	材料库	仓储部	张力	先进先出法
2	成品库	仓储部	李阳	全月平均法

基本步骤

步骤1：选择"基础设置"|"购销存"|"仓库档案"命令，打开"仓库档案"窗口，如图2-40所示。

图2-40

步骤2：单击"增加"按钮，打开"仓库档案卡片"对话框，根据表2-15所列资料依次输入"仓库编码"为"1"，"仓库名称"为"材料库"，"所属部门"选择"仓储部"，"负责人"为"张力"，"计价方式"选择"先进先出法"，如图2-41所示。

步骤3：单击"保存"按钮。

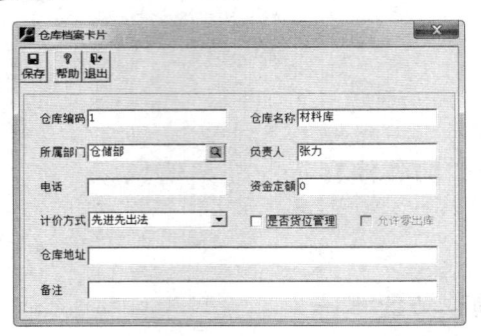

图2-41

边学边练

以账套主管山清的身份增加成品库档案信息。

小贴士

- 仓库编码、仓库名称必须输入，且仓库编码必须唯一。
- 当存货核算系统选择"按部门核算"时，则所属部门必须输入。
- 每个仓库必须选择一种计价方式。
- 仓库一经使用，只可修改负责人、电话、资金定额、仓库地址、备注等项目。仓库一经使用，则不可删除。

四、收发类别设置

任务描述

中原电子科技有限公司收发类别见表2-16，以账套主管山清的身份完成收发类别的设置。

表 2-16　收发类别

收发类别编码	收发类别名称	收发标志	收发类别编码	收发类别名称	收发标志
1	入库类别	收	2	出库类别	发
11	采购入库	收	21	销售出库	发
12	产成品入库	收	22	材料领用出库	发

基本步骤

步骤1：选择"基础设置"|"购销存"|"收发类别"命令，打开"收发类别"窗口。

步骤2：由于系统已预置了常用的收发类别，且表2-16所列入库类别和出库类别已全部包含在系统预置的收发类别中，如图2-42所示，所以无须再进行增加。

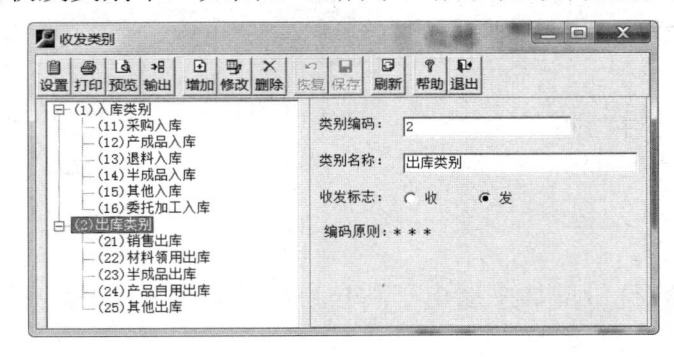

图 2-42

小贴士

- 收发类别用于对存货的出入库情况进行分类汇总统计。
- 系统规定收发类别最多可分三级，最大位数为5位。定义下级编码之前必须先定义上级编码。
- 收发类别只能修改名称，不能修改编码。收发类别一经使用便不可删除。

五、采购和销售类型设置

任务描述

中原电子科技有限公司采购、销售类型见表2-17，以账套主管山清的身份完成采购、销售类型的设置。

表 2-17　采购、销售类型

采购类型编码	采购类型名称	入库类型	是否默认值	销售类型编码	销售类型名称	出库类型	是否默认值
1	材料采购	采购入库	是	1	批发	销售出库	是
2	商品采购	采购入库	否	2	零售	销售出库	否

基本步骤

步骤1：选择"基础设置"|"购销存"|"采购类型"命令，打开"采购类型"窗口，如图 2-43 所示。

步骤2：将系统自带的采购类型编码"00"修改为"1"；采购类型名称"普通采购"修改为"材料采购"；入库类别"采购入库"不变；"是否默认值"修改为"是"，如图 2-44 所示。

步骤3：单击"增加"按钮。

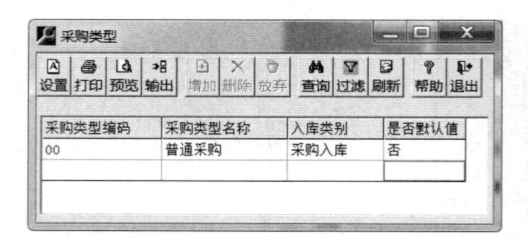

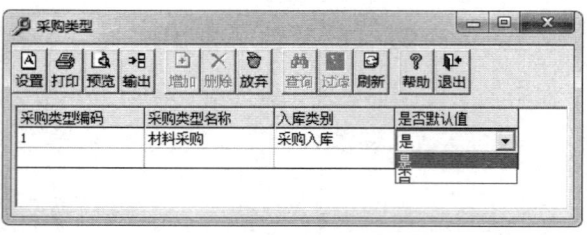

图 2-43   图 2-44

边学边练

以账套主管山清的身份增加中原电子科技有限公司其他采购、销售类型信息。

小贴士

- 设置采购类型和销售类型的目的是企业需要按类型对采购、销售业务数据进行统计和分析。
- 采购类型和销售类型不分级次，名称和编码必须输入，且编码最大长度只有两位字长，可以是数字或英文字母。
- 采购类型和销售类型一经使用便不能修改和删除。

六、费用项目设置

任务描述

中原电子科技有限公司在购销过程中经常发生的费用项目见表 2-18，以账套主管山清的身份完成费用项目的设置。

表 2-18　常用费用项目

费用项目编号	费用项目名称	备注
01	装卸费	
02	运输费	
03	包装费	
04	保险费	
05	过路费	

基本步骤

步骤1：选择"基础设置"|"购销存"|"费用项目"命令，打开"费用项目"窗口，如图2-45所示。

步骤2：分别在"费用项目编号"和"费用项目名称"中输入"01"和"装卸费"，再单击"装卸费"外任意处，激活"增加"按钮，单击"刷新"按钮，显示已录入费用项目信息，如图2-46所示。

步骤3：继续录入其他费用项目信息，最后单击"刷新"按钮，窗口显示已录入的全部费用项目信息。

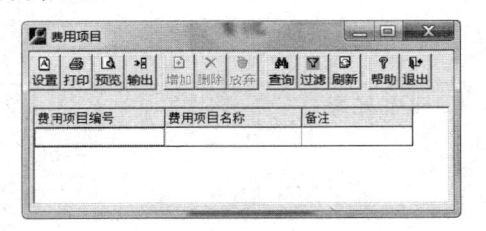

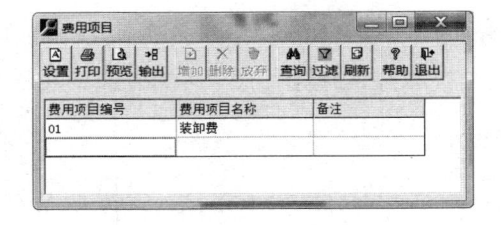

图 2-45　　　　　　　　　　图 2-46

边学边练

以账套主管山清的身份完成中原电子科技有限公司其他费用项目的设置。

小贴士

- 在处理销售业务中的代垫费用、销售支出费用时，应先设置费用项目。
- 费用项目名称和编码必须输入，输入后需另增加空行方可保存所设置项目。
- 已使用的费用项目不能删除。

上机实训二　基础档案设置

一、实训目的

通过学生上机实训，巩固本项目学习效果，达到能够熟练完成上机操作的目的。

二、实训任务

通过上机操作，完成以下实训任务：

（1）部门档案和职员档案的设置。

（2）客户分类、供应商分类、地区分类、客户档案、供应商档案的设置。

（3）外币种类、会计科目、项目目录和凭证类别的设置。

（4）结算方式、付款条件和开户银行的设置。

（5）存货分类、存货档案、仓库档案、存货收发类别、采购类型、销售类型和费用项目的设置。

三、实训资料

需要设置的各类基础档案信息,见本项目相关案例资料。

四、实训要求

(1)以系统管理员 admin 的身份从文件夹"上机实训一　系统管理"中恢复学生本人之前所备份的账套。

(2)以账套主管的身份登录系统,按照案例资料逐一设置中原电子科技有限公司的基础档案信息。

(3)以系统管理员 admin 的身份备份账套,保存在学生本人建立的名为"上机实训二　基础档案设置"的文件夹中,以备下次上机时恢复。

五、实训评价

评价主体	评价结果		成　绩	
	优　点	不　足	分值比例	得　分
学生本人			10%	
学习小组			30%	
任课教师			60%	
总评			100%	

项目三

总账管理系统

（本项目操作微课）

🎯 目标引领

❖ 了解总账管理系统初始设置、日常业务处理及期末处理的功能、内容和方法。

❖ 熟练掌握总账参数设置、总账期初余额录入、凭证处理、记账与查账、各种辅助核算、银行对账、期末自动转账、期末对账与结账的上机操作。

🏛 情境导入

中原电子科技有限公司在畅捷通T3中已经建立了企业账套"[888]中原电子"，增加了会计岗位的操作员，并为他们在该账套中设置了相应的权限，已完成了电算化条件下处理业务所需要的机构档案、客商档案、财务档案、收付结算信息、存货和购销存档案等基础档案信息设置。企业要开展日常会计核算工作，还需要进一步完成总账管理系统的初始设置工作。

任务一　总账管理系统初始设置

总账管理系统是畅捷通T3的核心子系统，其初始设置主要包括控制参数设置、明细权限设置、总账期初余额录入和总账套打工具等。

一、控制参数设置

👦 任务描述

中原电子科技有限公司的畅捷通T3总账管理系统各项控制参数见表3-1，以账套主管山清的身份登录系统，并完成这些参数的设置。

表 3-1　总账控制参数

选项卡	参数设置
凭证	制单序时控制，支票控制，资金及往来赤字控制，不允许修改、作废他人填制的凭证，可以使用其他系统的受控科目，打印凭证页脚姓名，出纳凭证必须经出纳签字，凭证编号由系统编号，外币核算采用固定汇率
账簿	账簿打印位数、每页打印行数按软件默认的标准，明细账打印按年排页
会计日历	会计日历为 1 月 1 日—12 月 31 日
其他	数量小数位设为 2 位，单价小数位设为 2 位，部门、个人、项目按编码方式排序

基本步骤

步骤 1：以账套主管山清的身份登录系统，打开畅捷通 T3 主窗口。

步骤 2：选择"总账"|"设置"|"选项"命令，打开"选项"对话框，如图 3-1 所示。

步骤 3：在"选项"对话框中，选择"凭证"选项卡，按要求勾选或取消相关选项，比如，单击"允许修改、作废他人填制的凭证"复选框，系统弹出提示框，如图 3-2 所示。单击"确定"按钮，可取消复选框中的"√"。

步骤 4：凭证选项卡未做要求的参数按系统默认。然后用类似的方法，完成其他 3 个选项卡相关参数的设置。完成后，单击"确定"按钮。

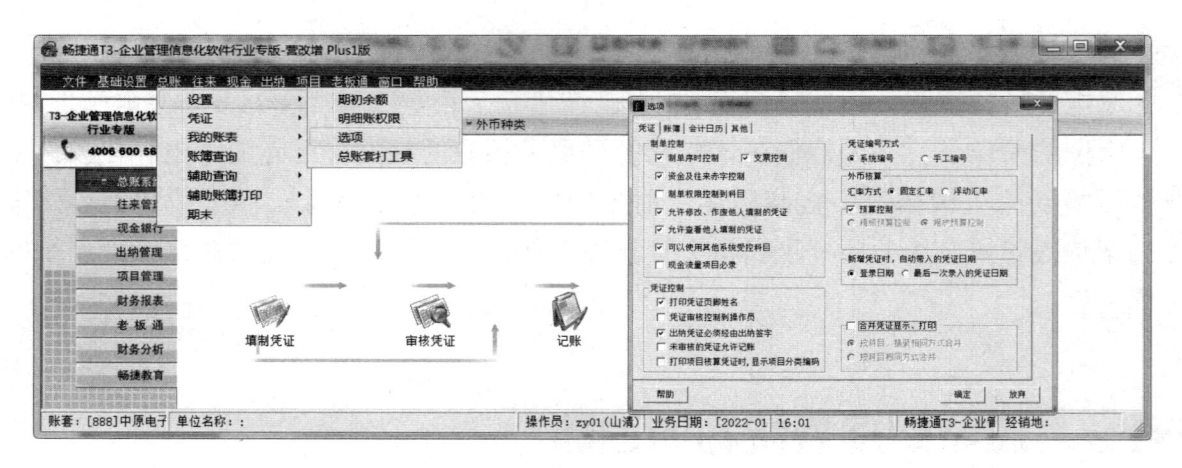

图 3-1

图 3-2

边学边练

以账套主管山清的身份完成"账簿""会计日历""其他"选项卡的参数设置。

小贴士

- 提示框给出了各个控制参数设置、取消设置的意义及对后续操作所产生的影响。
- 数量小数位和单价小数位虽在"基础设置"|"基本信息"|"数据精度"|"数据精度定义"中已设置为2位，但在此处还需再次设置。

二、总账期初余额录入

任务描述

中原电子科技有限公司2022年1月科目期初余额见表3-2，客户往来辅助核算科目"应收账款（1122）"期初余额明细资料见表3-3，供应商往来辅助核算科目"应付账款（2202）"期初余额明细资料见表3-4，个人往来辅助核算科目"应收职工个人款（122102）"期初余额明细资料见表3-5。以账套主管山清的身份完成期初余额的录入。

表3-2　2022年1月科目期初余额

科目编号及名称	辅助项	方向	币别/计量	期初余额（元）
库存现金（1001）	日记账	借		3 000.00
银行存款（1002）	银行账、日记账	借		541 096.00
建行存款（100201）	银行账、日记账	借		541 096.00
人民币户（10020101）	银行账、日记账	借		520 321.90
美元户（10020102）	银行账、日记账	借		12 934.40
	外币核算	借	美元	2 000.00
欧元户（10020103）	银行账、日记账	借		7 839.70
	外币核算	借	欧元	1 000.00
应收账款（1122）	客户往来、受控应收系统	借		33 900.00
其他应收款（1221）		借		6 000.00
应收职工个人款（122102）	个人往来	借		6 000.00
在途物资（1402）		借		25 000.00
原材料（1403）		借		46 000.00
A材料（140301）		借		27 000.00
	数量核算	借	千克	540.00
B材料（140302）		借		19 000.00
	数量核算	借	米	400.00
库存商品（1405）		借		197 000.00
甲产品（140501）		借		132 000.00
	数量核算	借	件	400.00
乙产品（140502）		借		65 000.00
	数量核算	借	件	200.00

续表

科目编号及名称	辅助项	方向	币别/计量	期初余额（元）
固定资产（1601）		借		4 228 000.00
累计折旧（1602）		贷		1 065 525.98
短期借款（2001）		贷		300 000.00
应付账款（2202）		贷		67 450.00
应付购货款（220201）	供应商往来、受控应付系统	贷		56 500.00
暂估应付款（220202）	供应商往来、无受控系统	贷		10 950.00
应交税费（2221）		贷		9 354.00
未交增值税（222102）		贷		3 700.00
应交企业所得税（222106）		贷		5 210.00
应交城市维护建设税（222108）		贷		259.00
应交教育费附加（222113）		贷		111.00
应交地方教育费附加（222118）		贷		74.00
实收资本（3001）		贷		2 680 000.00
盈余公积（3101）		贷		182 446.82
法定盈余公积		贷		121 631.21
任意盈余公积		贷		60 815.61
利润分配（3104）		贷		775 219.20
未分配利润（310415）		贷		775 219.20

表3-3 "应收账款（1122）"期初余额明细资料

日期	凭证号	客户	摘要	方向	期初余额（元）	业务员	发票号
2021-12-01	记—2	郑州二七	销售产品	借	33 900.00	刘明	2021120101

表3-4 "应付账款（2202）"期初余额明细资料

日期	凭证号	供应商	摘要	方向	期初余额（元）	业务员	发票号
2021-12-28	记—31	郑州黄河	采购材料	贷	56 500.00	赵亮	2021122801
2021-12-30	记—32	北京长城	暂估应付款	贷	10 950.00	赵亮	

表3-5 "应收职工个人款（122102）"期初余额明细资料

日期	凭证号	部门	个人	摘要	方向	期初余额（元）
2021-12-25	记—23	企管部	高超	出差借款	借	6000.00

基本步骤

（一）基本科目余额的录入

步骤1：选择"总账"|"设置"|"期初余额"命令，打开"期初余额录入"对话框。

步骤2：录入"库存现金（1001）"科目的期初余额"3 000.00"，按回车键确认。

步骤3：录入科目"人民币户（10020101）"的余额"520 321.90"，按回车键确认，则其上级科目"建行存款（100201）"和总账科目"银行存款（1002）"的余额将自动计算并填列。

步骤4：录入科目"美元户（10020102）"的本币余额"12 934.40"，按回车键确认，再录入外币"2 000.00"。

步骤5：录入科目"A材料（140301）"余额"27 000.00"，按回车键确认，再录入A材料的数量"540.00"，如图3-3所示。

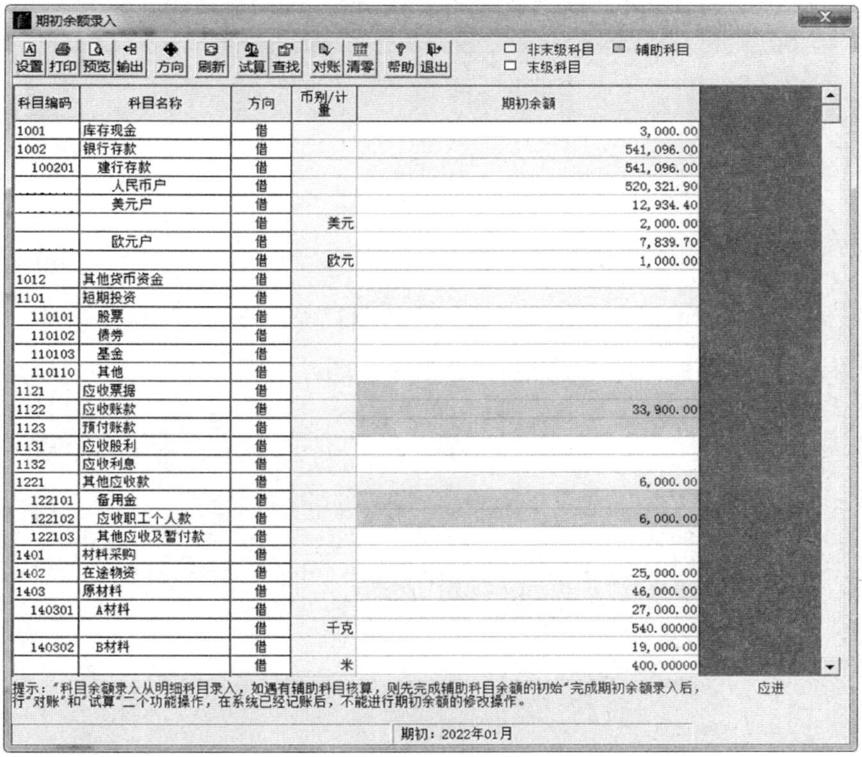

图 3-3

步骤6：用同样的方法，录入表3-2中其他总账基本科目的期初余额。

（二）辅助核算科目余额的录入

步骤1：在"期初余额录入"对话框中，双击"应收账款（1122）"期初余额栏，打开"客户往来期初"窗口。

步骤2：单击上方的"增加"按钮，增加可编辑行，录入表3-3中的"应收账款（1122）"期初余额明细资料，如图3-4所示。

步骤3：单击"退出"按钮，则"应收账款"科目的期初余额自动填充到余额表中，如图3-3所示。

步骤4：用同样的方法，录入表3-4和表3-5中辅助核算科目的期初余额。

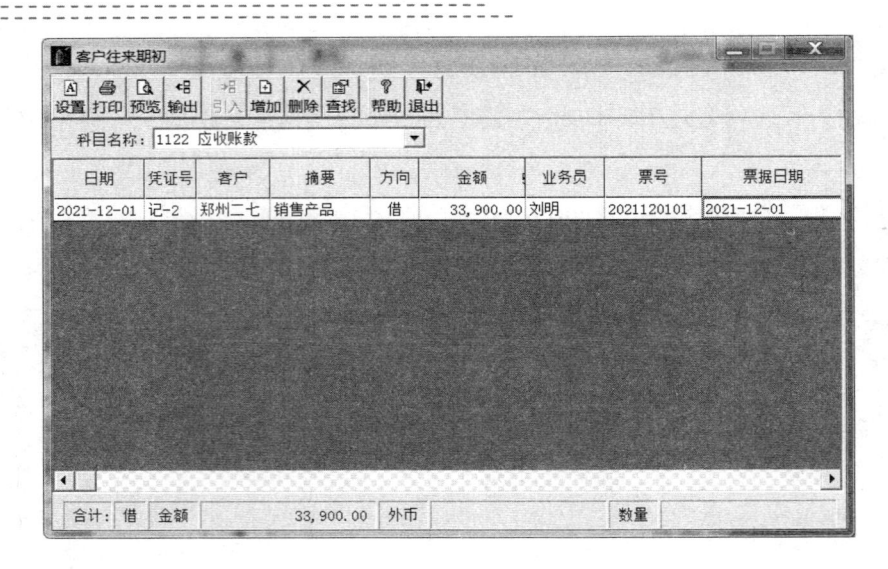

图 3-4

(三) 期初余额试算平衡

步骤 1：所有科目的余额录入完毕后，在"期初余额录入"对话框中，单击"试算"按钮，打开"期初试算平衡表"对话框，如图 3-5 所示。

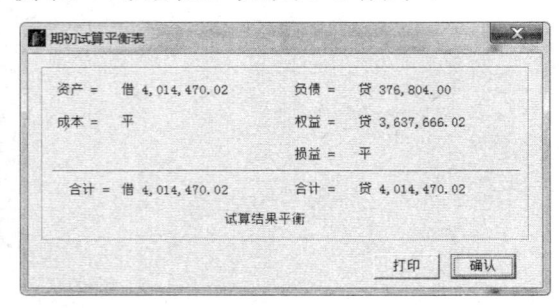

图 3-5

步骤 2：单击"确认"按钮。

边学边练

以账套主管山清的身份完成其他科目期初余额的录入，并进行试算平衡，检查录入结果的正确性。

小贴士

- 期初余额只能在末级明细科目输入，上级科目的期初余额将自动计算并填列。
- 如果某科目为数量、外币核算，应输入期初数量、外币余额，而且必须先输入本币余额，再输入数量、外币余额。
- 出现红字余额用负号输入。
- 修改余额时，直接输入正确数据即可，然后单击"刷新"按钮进行刷新。
- 凭证记账后，期初余额将变为浏览只读状态，不能再修改。

- 只要求输入末级科目的累计发生数，上级科目的累计发生数由系统自动计算。
- 辅助核算科目的期初余额在辅助项中输入，但借贷方累计发生额直接输入。
- 当不想输入某项内容而系统又提示必须输入时，可按 Esc 键取消输入。
- 若期初余额试算不平衡，将不能记账，但可以填制凭证。

任务二　总账日常业务处理

总账管理系统的日常业务处理主要包括凭证处理、账簿查询和出纳管理等。其中，凭证处理是各项日常业务的基础，它又包括填制凭证、复核凭证、记账、修改凭证、删除凭证、冲销凭证、查询凭证等。账簿管理主要包括账簿查询和输出等。出纳管理主要涉及票据管理、日记账查询与输出、银行对账等。

一、凭证处理

（一）填制凭证

任务描述

中原电子科技有限公司在 2022 年 1 月发生的部分经济业务如下所述，由会计水秀在总账管理系统填制记账凭证。

（1）5 日，供应部赵亮从黄河电子有限公司购入 A 材料 350 千克，单价 50.00 元；B 材料 400 米，单价 47.50 元，增值税税率为 13%，价税款 41 245.00 元，开出转账支票（票号：22010501）支付，材料均已验收入库，发票与货同行。

（2）6 日，供应部赵亮 2021 年 12 月 25 日从北京长城有限公司所购材料均已到货，包括：A 材料 204 千克，单价 50.00 元；B 材料 250 米，单价 48.00 元；甲产品包装箱 400 套，单价 4.00 元；乙产品包装箱 400 套，单价 3.00 元。验收结果与上月收到的发票完全相符，入材料库保管。

（3）7 日，生产部王聪从仓库领取 A 材料 960 千克，单价 50.00 元。其中：300 千克用于加工甲产品，660 千克用于加工乙产品；B 材料 1 000 米（其中 800 米的单价是 47.50 元，另 200 米的单价是 48.00 元），其中，360 米用于加工甲产品，640 米用于加工乙产品。

（4）8 日，企管部高超报销差旅费 5 800.00 元，余款 200.00 元现金交回出纳处。

（5）10 日，通过网上银行电子支付系统，缴纳 2021 年 12 月增值税 3 700.00 元、城市维护建设税 259.00 元、教育费附加 111.00 元、地方教育费附加 74.00 元和企业所得税 5 210.00 元（票号：22011001）。

（6）15 日，收到郑州二七科技有限公司签发的 33 900.00 元转账支票一张（22011501），系付 2021 年 12 月 1 日所欠本公司货款，已办妥进账。

（7）20 日，生产部王聪从仓库领用甲产品包装箱 150 套，单价 4.00 元；乙产品包装箱 250 套，单价 3.00 元。

（8）25 日，营销部刘明向电视台支付产品促销广告费 5 000.00 元，增值税税率为 6%，价税款 5 300.00 元，签发转账支票一张（22012501）。

（9）26 日，营销部刘明销售给广州五羊商贸有限公司甲产品 500 件、乙产品 400 件，甲产品每件售价 550.00 元，乙产品每件售价 530.00，增值税税率为 13%，价税款 550 310.00 元。货已发出，并向对方开具增值税专用发票（发票号：22012601）。另用现金代垫运输费 800.00 元，价税款及代垫运输费暂未收到。

（10）31 日，结算当月应付工资，其中甲产品生产工人 7 616.96 元，乙产品生产工人 7 749.14 元，车间管理人员 9 054.00 元，管理人员（含采购人员）50 104.96 元，销售人员 7 400.71 元。

（11）31 日，计提当月企业负担的各项社会保险费用、住房公积金及其他工资附加费用，见表 3-6。

表 3-6 中原电子科技有限公司 2022 年 1 月工资附加费用计算表

2022 年 1 月 31 日　　　　　　　　　　　　　　　　　　　　　　　　单位：元

序号	人员类别	应付工资	工会经费 2%	职工教育经费 4%	养老保险 16%	医疗保险 8%	失业保险 0.7%	工伤保险 1%	生育保险 1%	住房公积金 12%	备注
1	甲产品生产工人	7 616.96	152.34	304.68	1 218.71	609.36	53.32	76.17	76.17	914.04	
2	乙产品生产工人	7 749.14	154.98	309.97	1 239.86	619.93	54.24	77.49	77.49	929.90	
3	车间管理人员	9 054.00	181.08	362.16	1 448.64	724.32	63.38	90.54	90.54	1 086.48	
4	企业管理人员	50 104.96	1 002.10	2 004.20	8 016.79	4 008.40	350.73	501.05	501.05	6 012.60	含采购人员
5	销售人员	7 400.71	148.01	296.03	1 184.11	592.06	51.80	74.01	74.01	888.09	
	合计	81 925.77	1 638.51	3 277.04	13 108.11	6 554.07	573.47	819.26	819.26	9 831.11	

（12）31 日，计提当月固定资产折旧，各部门所使用固定资产的折旧费分别为：管理部门（含采购部门）5 925.60 元，销售部门 714.50 元，生产车间 5 729.95 元。

（13）31 日，对上年度实现的净利润 600 000.00 元进行分配：按 10% 提取法定盈余公积，按 5% 提取任意盈余公积，按 30% 向股东分配现金股利。

基本步骤

步骤 1：以会计水秀（zy02）的身份，选择"总账"|"凭证"|"填制凭证"命令，打开"填制凭证"窗口，如图 3-6 所示。

步骤 2：单击左上角的"增加"按钮，增加一张空白凭证。

步骤 3：输入制单日期"2022.01.05"；输入附单据数"4"。

步骤 4：输入摘要"采购材料"；输入科目名称"原材料/A 材料"，按回车键，打开"辅助项"对话框，在"数量"栏输入"350"，在"单价"栏输入"50"，如图 3-7 所示。单击"确认"按钮，填入借方金额 17 500.00 元。

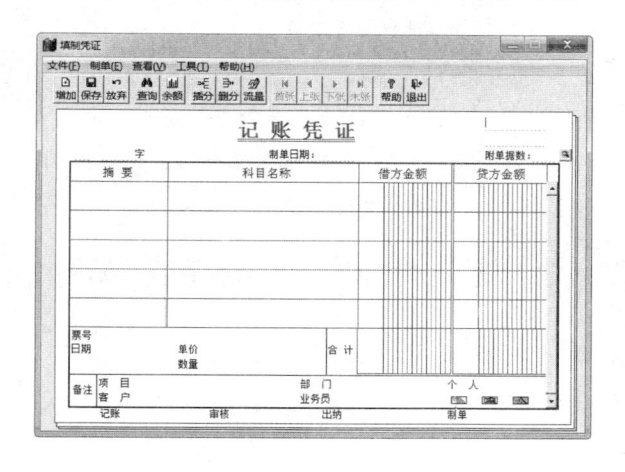

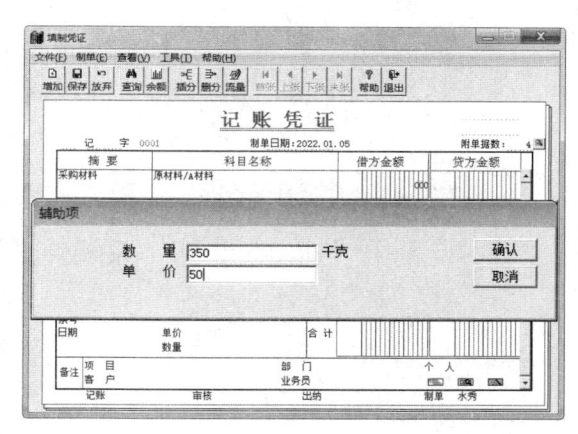

图 3-6

图 3-7

步骤 5：按回车键，摘要"采购材料"自动填入下一行，输入科目名称"原材料/B 材料"，按回车键，在打开的"辅助项"对话框的"数量"栏输入"400"，在"单价"栏输入"47.5"，单击"确认"按钮，凭证填入借方金额 19 000.00 元。

步骤 6：按回车键，在第 3 行输入会计科目"应交税费/应交增值税/进项税额"，按 F9 键，调出计算器，用当前借方金额合计数 36 500.00 乘以 0.13 计算出进项税额 4745 元，如图 3-8 所示。单击"确认"按钮。

步骤 7：按回车键，在第 4 行参照输入科目名称"银行存款/建行存款/人民币户"，按回车键，打开"辅助项"对话框，单击结算方式右侧按钮，选择"202"，票号输入"22010501"，系统自动填入发生日期为"2022.01.05"，如图 3-9 所示，单击"确认"按钮。按回车键，光标移到贷方金额栏，按"="号键自动输入贷方金额。

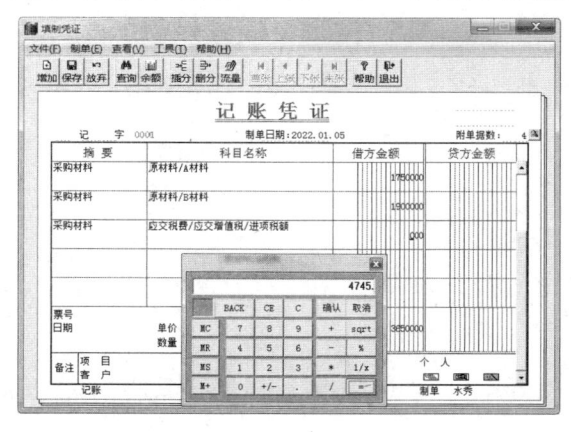

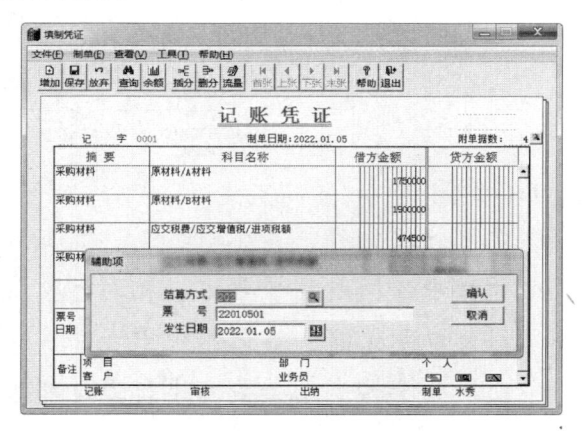

图 3-8

图 3-9

步骤 8：单击"保存"按钮，系统弹出提示框，询问支票是否登记，如图 3-10 所示。单击"是"按钮，打开"票号登记"对话框，输入相关信息，如图 3-11 所示。

图 3-10　　　　　　　　　　　　　　　图 3-11

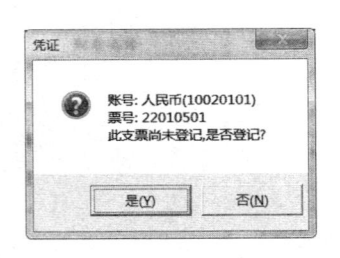

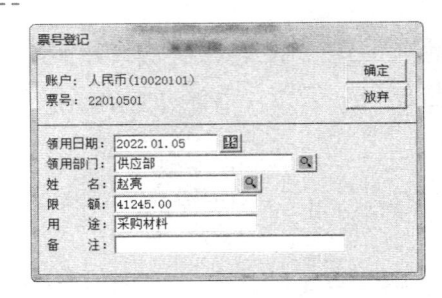

步骤 9：单击"确定"按钮，系统弹出提示框，提示"凭证已成功保存！"，如图 3-12 所示。

步骤 10：单击"确定"按钮。

边学边练

以会计水秀的身份填制中原电子科技有限公司 2022 年 1 月份发生的其余经济业务的记账凭证。

小贴士

- 采用序时控制时，第一张凭证日期应大于等于启用日期，后面的凭证日期应大于等于上一张凭证的日期。

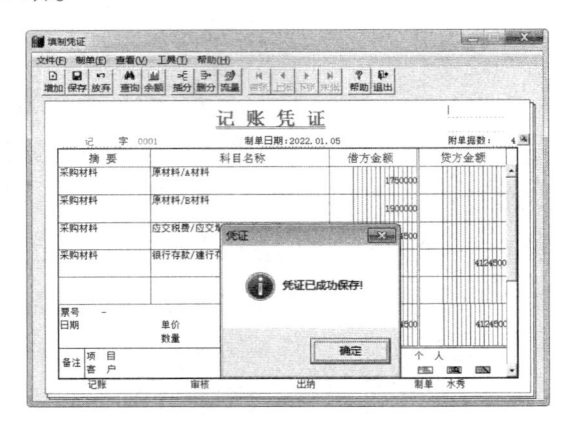

图 3-12

- 凭证一旦保存，其凭证类别、凭证编号不能修改。
- 凭证中不同行的摘要可以相同也可以不同，但不能为空。每行摘要将随相应的会计科目在明细账、日记账中出现。
- 使用频率较高的摘要可事先通过"基础设置"|"常用摘要"设置，需要时单击 按钮选择输入。
- 科目编码必须是末级编码，既可以手工直接输入，也可利用右侧的 按钮选择输入。
- 金额不能为"零"；红字金额通过在数字前输"－"号实现。
- 在键盘英文输入状态下，可按"="键，将当前凭证借贷方金额的差额自动填充到当前光标位置。

- 凭证上的辅助项包括数量、外币、结算信息和辅助核算明细等信息。

（二）复核凭证

1. 出纳签字

任务描述

中原电子科技有限公司 2022 年 1 月发生的部分经济业务涉及现金和银行存款的收付，以出纳云飞的身份对会计水秀所填制的出纳凭证进行复核并签字。

基本步骤

步骤 1：2022 年 1 月 5 日，单击主窗口的"文件"菜单，以出纳云飞的身份重新注册。

步骤 2：选择"总账"|"凭证"|"出纳签字"命令，打开"出纳签字"对话框，输入查询条件，也可采用默认值，如图 3-13 所示。

步骤 3：单击"确认"按钮，打开"出纳签字"对话框，如图 3-14 所示。

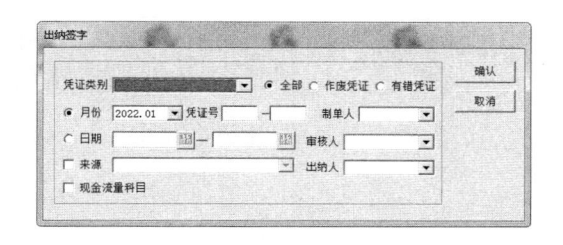

图 3-13

图 3-14

步骤 4：单击"确定"按钮，打开"出纳签字"窗口，选择"出纳"|"签字"命令或单击"签字"按钮，凭证底部的"出纳"处将自动签上出纳人员的姓名，如图 3-15 所示。单击"退出"按钮。

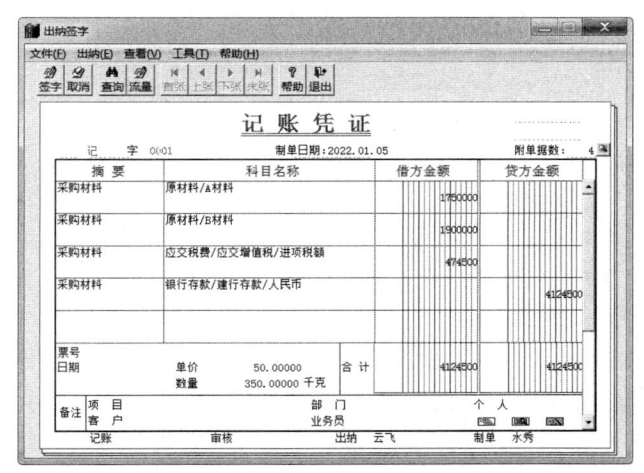

图 3-15

边学边练

待中原电子科技有限公司 2022 年 1 月发生的其他出纳凭证填制之后,以出纳云飞的身份及时进行出纳签字。

小贴士

- 涉及指定为现金科目和银行科目的凭证才需出纳签字,没有指定科目则无法完成签字。
- 无权限的操作员不能对出纳凭证进行签字。
- 凭证一经签字,就不能被修改或删除,只有取消签字后才可以修改或删除,取消签字只能由出纳本人完成。
- 若在设置总账参数时,不选中"出纳凭证必须经由出纳签字"复选框,则可以不执行"出纳签字"功能。
- 可以执行"成批出纳签字"功能对所有出纳凭证进行集中签字。但按照库存现金和银行存款日记账"逐日逐笔序时登记"的要求,涉及收款和付款的记账凭证应于当日及时复核并登记入账。

2. 审核凭证

任务描述

按照中原电子科技有限公司财务制度的规定,会计所填制的记账凭证须经主管审核后方可登记入账,以会计主管山清的身份对 2022 年 1 月会计水秀所填制的记账凭证进行审核签字。

基本步骤

步骤 1:2022 年 1 月 5 日,单击主窗口的"文件"菜单,以主管山清的身份重新注册。

步骤 2:选择"总账"|"凭证"|"凭证审核"命令,打开"凭证审核"对话框,输入查询条件,也可采用默认值,如图 3-16 所示。

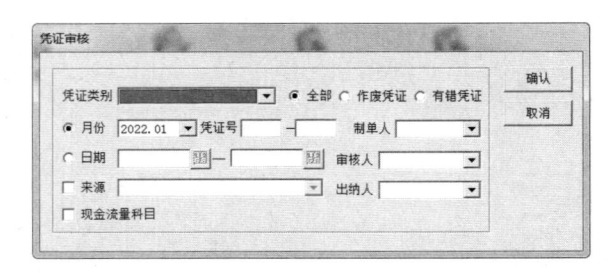

图 3-16

步骤 3:单击"确认"按钮,打开"凭证审核"对话框,如图 3-17 所示。

步骤 4:双击某张要审核的凭证或者单击"确定"按钮,打开"审核凭证"窗口,选择"审核"|"凭证审核"命令或单击"审核"按钮,凭证底部的"审核"处将自动签上审核人员姓名,如图 3-18 所示。

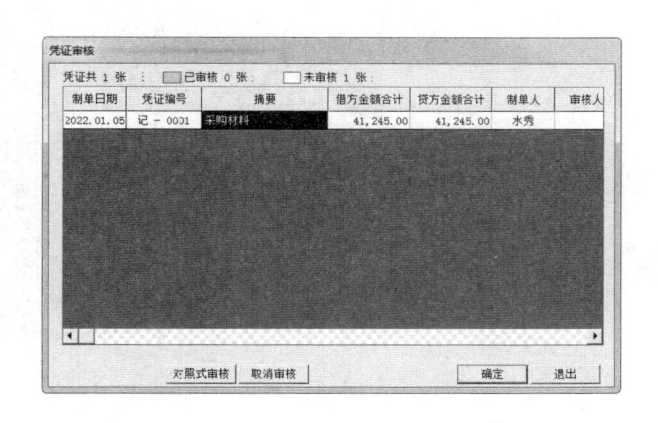

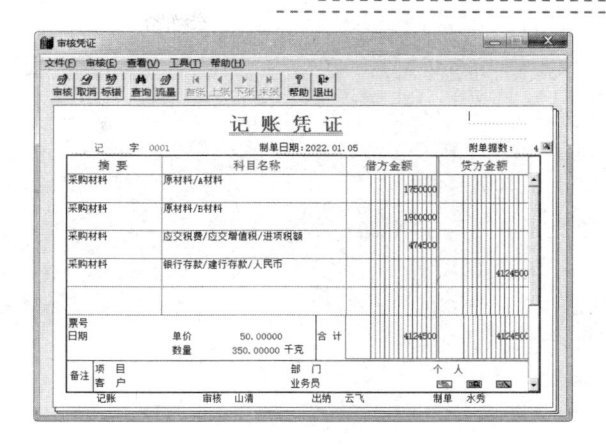

图 3-17　　　　　　　　　　　　　　　图 3-18

边学边练

待中原电子科技有限公司 2022 年 1 月发生的其他经济业务完成制单后，以会计主管山清的身份及时完成相应记账凭证的审核。

小贴士

- 审核人员必须具有审核权，当通过"凭证审核权限"设置了明细审核权限后，还需要有对制单人所填制凭证的审核权。
- 未经审核通过的凭证不签字，可暂对该凭证进行"标错"处理。
- 作废凭证不能被审核，也不能被标错。
- 审核人和制单人不能是同一个人。
- 凭证一经审核，就不能被修改或删除，只有取消审核签字后才可修改或删除。
- 系统提供了成批审核凭证功能，根据需要可以一次性审核多张凭证。

（三）记账

任务描述

中原电子科技有限公司 1 月 5 日填制的记字 0001 号记账凭证，经过复核完全正确，可据以登记各种账簿。以会计水秀的身份完成记账。

基本步骤

步骤 1：2022 年 1 月 5 日，选择"总账"|"凭证"|"记账"命令，打开"记账"对话框，单击"全选"按钮，选择记账的凭证范围，如图 3-19 所示。

步骤 2：单击"下一步"按钮，显示记账报告信息，如图 3-20 所示。

步骤 3：单击"下一步"按钮，提示"记账"，如图 3-21 所示。

步骤 4：单击"记账"按钮，因为是本月第一次记账，打开"期初试算平衡表"对话框，如图 3-22 所示。

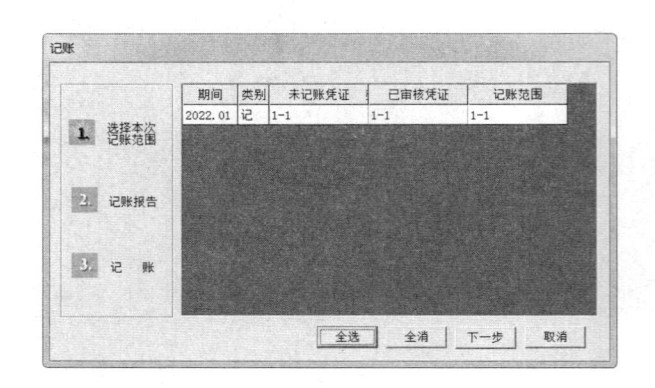

图 3-19

图 3-20

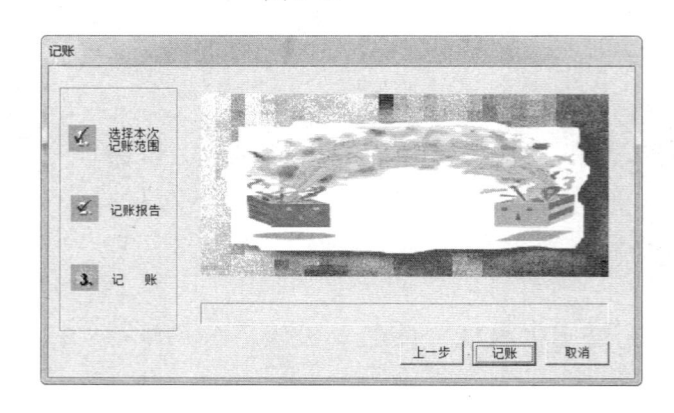

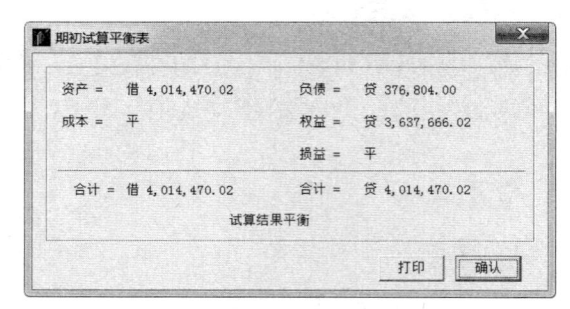

图 3-21

图 3-22

步骤5：单击"确认"按钮，开始记账，完成后系统弹出提示框，显示"记账完毕！"，如图3-23所示。

步骤6：单击"确定"按钮，关闭"记账"对话框。

图 3-23

边学边练

以中原电子科技有限公司会计主管山清的身份取消记账。

小贴士

- 第一次记账若期初余额试算不平衡，则不能记账。
- 上月未记账，本月不能记账。

- 未审核凭证不能记账，记账范围应小于等于已审核范围。

（四）修改凭证

任务描述

中原电子科技有限公司 2022 年 1 月 10 日所填制的记字 0005 号凭证已完成出纳和主管复核签字，尚未记账。之后经进一步复核后，发现用错了会计科目：缴纳上月增值税应借记"应交税费——未交增值税"科目，结果误记入了"应交税费——应交增值税——已交税金"科目，现在予以更正。

基本步骤

步骤 1：2022 年 1 月 10 日，以主管山清的身份登录系统，选择"总账"|"凭证"|"审核凭证"命令，打开"凭证审核"对话框。选中"记-0005"凭证（当列表中只有一张凭证时，则系统自动选中），单击"取消审核"按钮，则该凭证的审核签字被取消，如图 3-24 所示。单击"确定"按钮，打开"审核凭证"窗口，单击"标错"按钮，则该张凭证被标注"有错"，如图 3-25 所示。

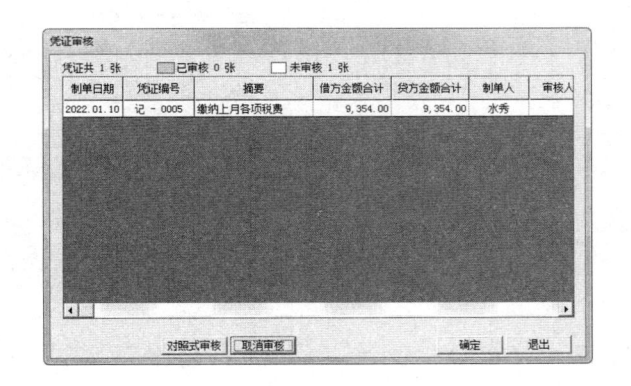

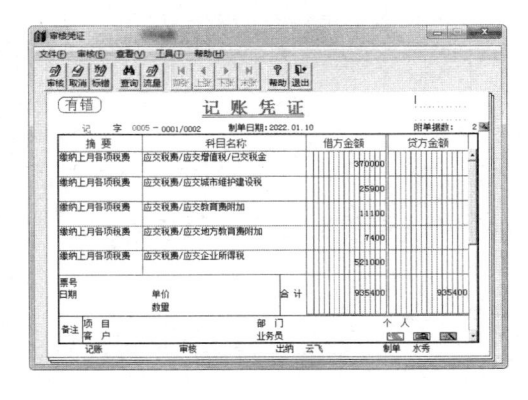

图 3-24　　　　　　　　　　　　图 3-25

步骤 2：以出纳云飞的身份重新登录系统，选择"总账"|"凭证"|"出纳签字"命令，打开"出纳签字"对话框，勾选"有错凭证"进行查询。在打开的"出纳签字"对话框列表中选中"记-0005"凭证（当列表中只有一张凭证时，系统自动选中），如图 3-26 所示。单击"确定"按钮，打开"出纳签字"窗口，单击"取消"按钮，则该张凭证的出纳签字被取消，如图 3-27 所示。

步骤 3：以会计水秀的身份重新登录系统，选择"总账"|"凭证"|"填制凭证"命令，打开"填制凭证"窗口。若未经复核的凭证有多张，且"填制凭证"窗口显现的首张不是要修改的凭证，则单击"查询"按钮，打开"凭证查询"对话框，选中"有错凭证"单选按钮，如图 3-28 所示。单击"确认"按钮，调出需要修改的凭证。若未经复核的凭证就一张，则不必查询，需要修改的凭证将直接被系统呈现。

步骤 4：将用错的科目编码"22210103（已交税金）"修改为"222106（未交增值税）"。

单击"保存"按钮，系统弹出提示框，如图 3-29 所示。单击"确定"按钮。

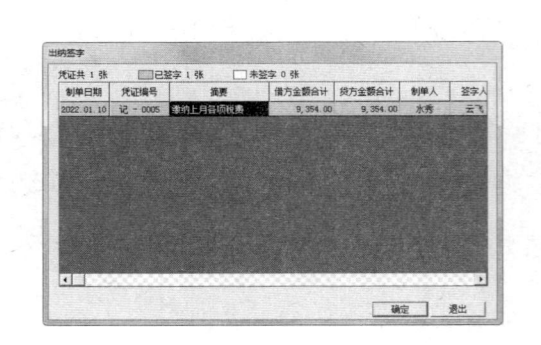

图 3-26

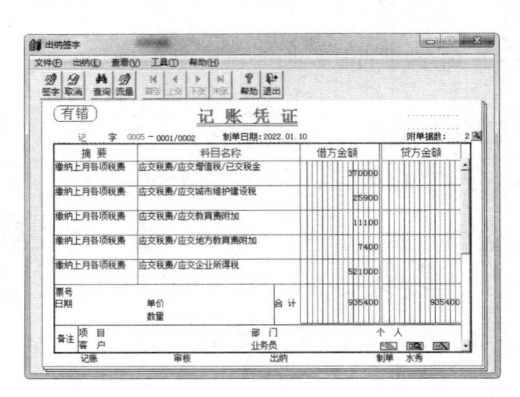

图 3-27

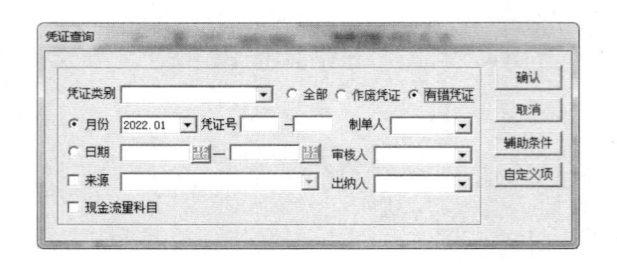

图 3-28

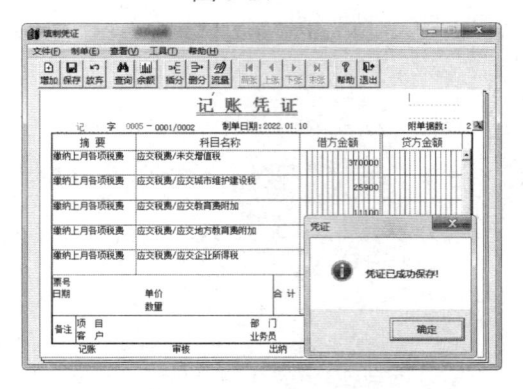

图 3-29

步骤 5：重新对凭证进行复核并记账。

小贴士

- 未经复核的错误凭证可通过"填制凭证"功能直接修改；已复核的凭证应先取消复核，再进行修改。
- 要修改凭证的辅助项信息，首先选中辅助核算科目行，然后将光标置于备注栏辅助项，待鼠标变成钢笔形状时双击，打开"辅助项"对话框，在对话框中修改相关信息。
- 若已采用制单序时控制，则在修改制单日期时，不能在上一张凭证的制单日期之前。
- 若选择了"不允许修改或作废他人填制的凭证"权限控制，则不能修改或作废他人填制的凭证。
- 修改他人填制的凭证后，凭证上的"制单"签字姓名将更改成修改人的姓名。
- 如果涉及银行科目的分录已输入支票信息，并对该支票进行过报销处理，修改凭证的操作将不影响"支票登记簿"中的内容。
- 外部系统传递过来的凭证不能在总账系统中进行修改，只能在生成该凭证的其他子系统中进行修改。

（五）删除凭证

中原电子科技有限公司会计水秀2022年1月31日水秀所填制的记字22号凭证，在主管审核时，又仔细检查一遍，发现与分配上年利润的记字20号凭证的内容相同，是工作不细心造成的重复制单。这张凭证尚未记账，需要将其从系统中删除。

基本步骤

步骤1：在"填制凭证"窗口，先查询到要作废的凭证。
步骤2：选择"制单"|"作废/恢复"命令。
步骤3：凭证的左上角显示"作废"，表示该凭证已作废。
步骤4：选择"制单"|"整理"命令，打开"选择凭证期间"对话框。
步骤5：选择要整理的"月份"。
步骤6：单击"确定"按钮，打开"作废凭证表"对话框。
步骤7：选择真正要删除的作废凭证。
步骤8：单击"确定"按钮，系统提醒"是否还需整理凭证断号？"，用户根据情况进行选择，凭证将从数据库中删除。

小贴士

- 作废凭证仍保留凭证内容及编号，显示"作废"字样；作废凭证不能被修改或审核。
- 若当前凭证已作废，可选择"制单"|"作废/恢复"命令，取消作废标记，并将当前凭证恢复为有效凭证。
- 删除已记账凭证，应先取消记账。但在实务中按照有关规定不允许取消记账，所以已记账的凭证如果有错误，最好通过红字冲销等错账更正法进行更正。

（六）冲销凭证

中原电子科技有限公司会计水秀2022年1月31日所填制的记字21号凭证，在记账之后，主管山清才发现与计提固定资产折旧的记字19号凭证内容相同，是工作不细心重复填制的一张凭证。按照有关制度规定，已经登记入账的错误凭证，需要进行红字冲销处理。

基本步骤

步骤1：在"填制凭证"窗口，选择"制单"|"冲销凭证"命令，打开"冲销凭证"对话框。
步骤2：输入"月份""凭证类别""凭证号"等信息。
步骤3：单击"确定"按钮，系统自动生成一张红字冲销凭证。

小贴士

- 只有已记账的凭证才需要填制红字冲销凭证。该红字冲销凭证视同正常凭证进行保存和管理。
- 填制红字冲销凭证将错误凭证冲销后，需要再填制正确的蓝字凭证重新记账。

（七）查询凭证

任务描述

2022年1月31日，中原电子科技有限公司当月已完成日常经济业务的凭证处理工作，以会计水秀的身份查询本月上旬、中旬和下旬填制的凭证各有多少张。

基本步骤

步骤1：选择"总账"｜"凭证"｜"查询凭证"命令，打开"凭证查询"对话框。

步骤2：设置查询条件，勾选"已记账凭证"和"未记账凭证"、凭证类别选择"记 记账凭证"、日期设置为2022.01.01—2022.01.10，如图3-30所示。

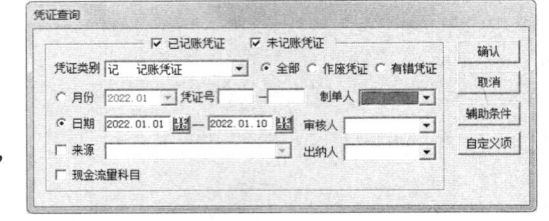

步骤3：单击"确认"按钮，打开"查询凭证"对话框，显示出记账凭证共5张，如图3-31所示。

步骤4：双击某张凭证或选中某张凭证，然后单击"确定"按钮，则显示出该张凭证，如图3-32所示。

步骤5：单击"下张"按钮，继续查询其他符合条件的凭证。

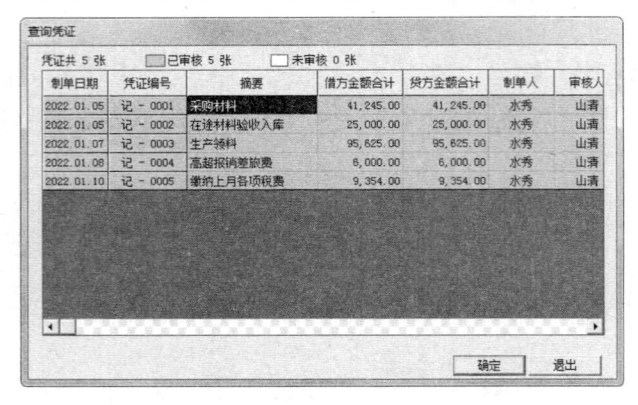

图 3-30

图 3-31 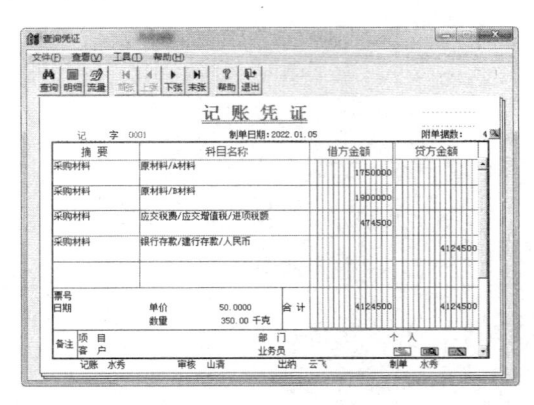　　　　　　　　　　图 3-32

边学边练

以中原电子科技有限公司会计水秀的身份查询2022年1月中旬和下旬所填制的记账凭证的情况。

小贴士

- 单击凭证查询对话框的"辅助条件"按钮输入辅助查询条件，可进行更加有针对性的查询。
- 输入查询凭证的条件后，屏幕显示凭证一览表。在凭证一览表中用鼠标双击某张凭证，则屏幕显示此张凭证。
- 查询记账凭证时，单击"明细"按钮，可查询凭证上具体科目的明细账簿。

二、账簿查询

（一）基本账簿查询

1. 总账查询

任务描述

2022年1月31日，中原电子科技有限公司的会计水秀需要在日常业务处理之后对各总账账户进行查询，以便进一步检查各账户记录正确与否，为期末自动转账、结账、账簿打印输出等工作做好准备。

基本步骤

步骤1：选择"总账"|"账簿查询"|"总账"命令，打开"总账查询条件"对话框，输入要查询的科目，如图3-33所示。

步骤2：单击"确认"按钮，打开要查询的总账账户，如图3-34所示。

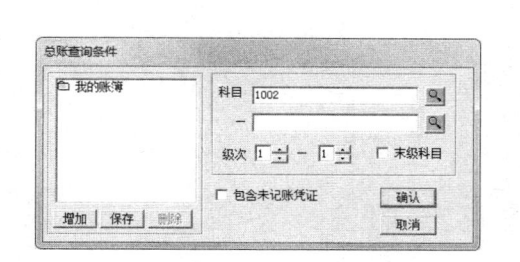

图3-33　　　　　　　　　　　　图3-34

边学边练

以会计水秀的身份查询中原电子科技有限公司2022年1月其余总账账户。

小贴士

- 科目范围为空时，系统默认为所有科目。
- 确定科目范围后，可以按该范围内的某级科目，如将科目级次输入为1-1，则只查询一级科目，如将科目级次输入为1-3，则只查询一至三级科目。如需查询所有末级科目，选中"末级科目"复选框即可。
- 除库存现金和银行存款两个科目外，在总账账户界面，选中"当前合计"或"当前累计"行双击或单击"明细"按钮，可以联查相应科目的明细账。

2. 发生额及余额表的查询

任务描述

2022年1月31日，中原电子科技有限公司会计水秀在公司完成日常业务的会计处理后，对全部总账账户的发生额及余额表进行查询。

基本步骤

步骤1：选择"总账"|"账簿查询"|"余额表"命令，打开"发生额及余额查询条件"对话框，输入要查询的条件，如图3-35所示。

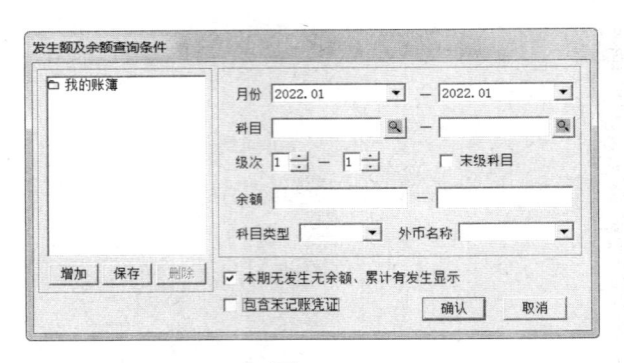

图3-35

步骤2：单击"确认"按钮，打开"发生额及余额表"窗口。

步骤3：单击上方的"累计"按钮，表格将自动增加借方、贷方累计发生额两列，如图3-36所示。

科目编码	科目名称	期初余额		本期发生		累计发生		期末余额	
		借方	贷方	借方	贷方	借方	贷方	借方	贷方
1001	库存现金	3,000.00		200.00	800.00	200.00	800.00	2,400.00	
1002	银行存款	541,096.00		33,900.00	55,899.00	33,900.00	55,899.00	519,097.00	
1122	应收账款	33,900.00		551,110.00	33,900.00	551,110.00	33,900.00	551,110.00	
1221	其他应收款	6,000.00			6,000.00		6,000.00		
1402	在途物资	25,000.00			25,000.00		25,000.00		
1403	原材料	46,000.00		58,700.00	95,600.00	58,700.00	95,600.00	9,100.00	
1405	库存商品	197,000.00						197,000.00	
1411	周转材料			2,800.00	1,350.00	2,800.00	1,350.00	1,450.00	
1601	固定资产	4,228,000.00						4,228,000.00	
1602	累计折旧		1,065,525.98		12,370.05		12,370.05		1,077,896.03
资产小计		5,079,996.00	1,065,525.98	646,710.00	230,919.05	646,710.00	230,919.05	5,508,157.00	1,077,896.03
2001	短期借款		300,000.00						300,000.00
2202	应付账款		67,450.00						67,450.00
2211	应付职工薪酬				118,546.60		118,546.60		118,546.60
2221	应交税费		9,354.00	63,310.00	14,399.00	63,310.00	14,399.00		58,265.00
2232	应付利润				180,000.00		180,000.00		180,000.00
负债小计			376,804.00	14,399.00	361,856.60	14,399.00	361,856.60		724,261.60
3001	实收资本		2,680,000.00						2,680,000.00
3101	盈余公积		182,446.82		90,000.00		90,000.00		272,446.82
3104	利润分配		775,219.20	270,000.00		270,000.00			505,219.20
权益小计			3,637,666.02	270,000.00	90,000.00	270,000.00	90,000.00		3,457,666.02
4001	生产成本			119,184.75		119,184.75		119,184.75	
4101	制造费用			18,831.09		18,831.09		18,831.09	
成本小计				138,015.84		138,015.84		138,015.84	
5001	主营业务收入				487,000.00		487,000.00		487,000.00
5601	销售费用			16,423.33		16,423.33		16,423.33	
5602	管理费用			84,227.48		84,227.48		84,227.48	
损益小计				100,650.81	487,000.00	100,650.81	487,000.00	100,650.81	487,000.00
合计		5,079,996.00	5,079,996.00	1,169,775.65	1,169,775.65	1,169,775.65	1,169,775.65	5,746,823.65	5,746,823.65

图3-36

边学边练

以会计水秀的身份在2022年1月期末各类转账业务登记入账之后，再一次查询发生额及余额表。

小贴士

- 发生额及余额表可查询、输出某月或某几个月的所有总账科目及明细科目的期初余额、本期发生额、累计发生额、期末余额。
- 科目范围为空时，系统默认是所有科目。

3．明细账的查询

（1）三栏式、数量金额式、外币金额式明细账查询。

任务描述

2022 年 1 月 31 日，中原电子科技有限公司会计水秀在公司完成日常业务的会计处理后，对包括三栏式、数量金额式、外币金额式等在内的明细账户进行查询。

基本步骤

步骤 1：选择“总账”|“账簿查询”|“明细账”命令，打开“明细账查询条件”对话框，输入要查询的科目（1403）。

步骤 2：单击“确认”按钮，打开原材料“明细账”窗口，如图 3-37 所示。

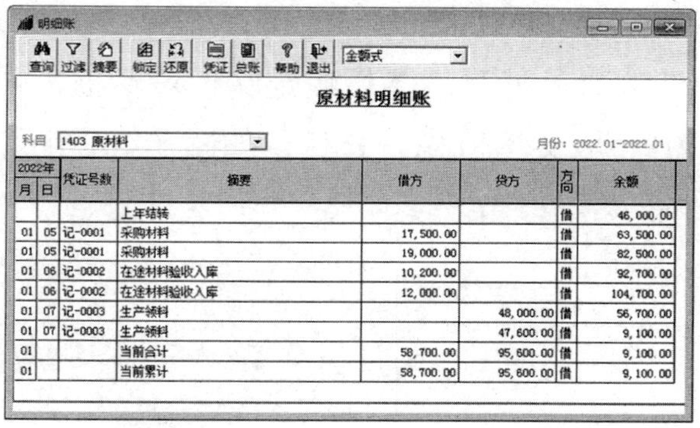

2022年 月	日	凭证号数	摘要	借方	贷方	方向	余额
			上年结转			借	46,000.00
01	05	记-0001	采购材料	17,500.00		借	63,500.00
01	05	记-0001	采购材料	19,000.00		借	82,500.00
01	06	记-0002	在途材料验收入库	10,200.00		借	92,700.00
01	06	记-0002	在途材料验收入库	12,000.00		借	104,700.00
01	07	记-0003	生产领料		48,000.00	借	56,700.00
01	07	记-0003	生产领料		47,600.00	借	9,100.00
01			当前合计	58,700.00	95,600.00	借	9,100.00
01			当前累计	58,700.00	95,600.00	借	9,100.00

图 3-37

步骤 3：展开科目下拉列表，选择“A 材料”，因科目“A 材料”设置了数量核算，通过“账页格式”下列表单选择“数量金额式”，则可查询数量金额式明细账，如图 3-38 所示。

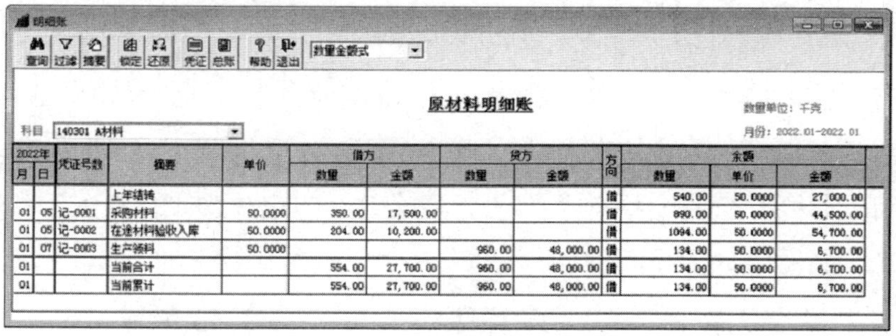

2022年		凭证号数	摘要	单价	借方		贷方		方向	余额		
月	日				数量	金额	数量	金额		数量	单价	金额
			上年结转						借	540.00	50.0000	27,000.00
01	05	记-0001	采购材料	50.0000	350.00	17,500.00			借	890.00	50.0000	44,500.00
01	05	记-0002	在途材料验收入库	50.0000	204.00	10,200.00			借	1094.00	50.0000	54,700.00
01	07	记-0003	生产领料	50.0000			960.00	48,000.00	借	134.00	50.0000	6,700.00
01			当前合计		554.00	27,700.00	960.00	48,000.00	借	134.00	50.0000	6,700.00
01			当前累计		554.00	27,700.00	960.00	48,000.00	借	134.00	50.0000	6,700.00

图 3-38

边学边练

以会计水秀的身份查询 2022 年 1 月中原电子科技有限公司所发生的经济业务涉及的其他明细账。

小贴士

- 若"明细账查询条件"对话框中的"会计科目"空置，则系统默认从 1003 号科目"其他货币资金（1012）"开始查询。
- 只有会计科目设置数量核算或外币核算后，才可查询数量金额式和外币金额式明细账；查询外币金额式明细账的方法与查询数量金额式明细账的方法相同。
- "明细账"可联查总账和凭证。

（2）多栏式明细账查询。

任务描述

2022 年 1 月 31 日，中原电子科技有限公司会计水秀在公司完成日常业务的会计处理后，对应交增值税等多栏式明细账户进行查询。

基本步骤

步骤 1：选择"总账"|"账簿查询"|"多栏账"命令，打开"多栏账"对话框，如图 3-39 所示。

步骤 2：单击"增加"按钮，打开"多栏账定义"对话框，单击"核算科目"下拉列表，选择要查询的"222101 应交增值税"科目，如图 3-40 所示。

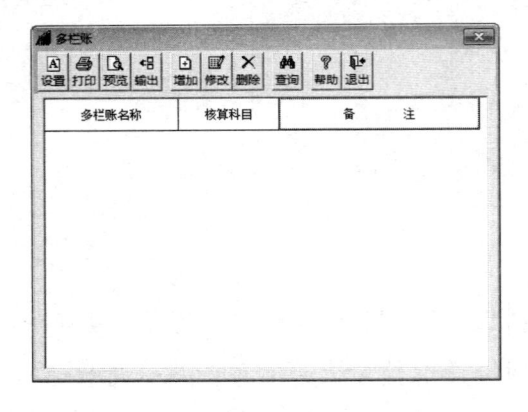

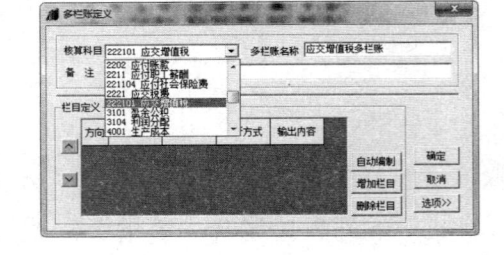

图 3-39

图 3-40

步骤 3：单击"自动编制"按钮，激活"栏目定义"区，显示如图 3-41 所示的内容。

步骤 4：单击"选项"按钮，在"多栏账定义"对话框显示更多内容。选中"分析栏目前置"单选按钮，并将"进项税额""已交税金""转出未交增值税"等借方明细科目的方向修改为"借"，如图 3-42 所示。

步骤 5：单击"确定"按钮，完成多栏账定义，如图 3-43 所示。

步骤 6：单击"查询"按钮，打开"多栏账查询"对话框，如图 3-44 所示。

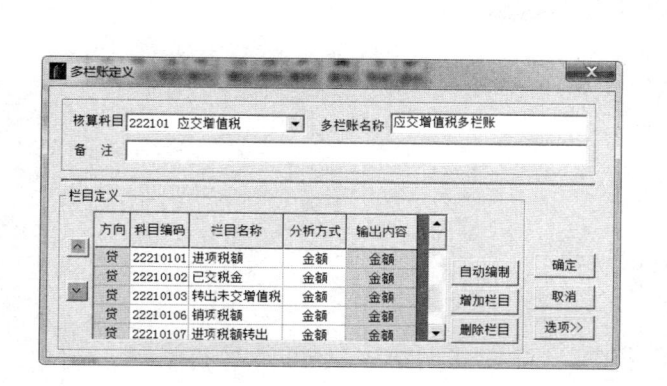

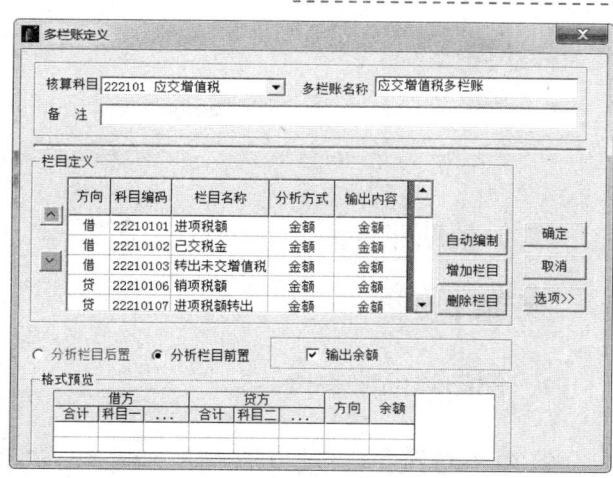

图 3-41

图 3-42

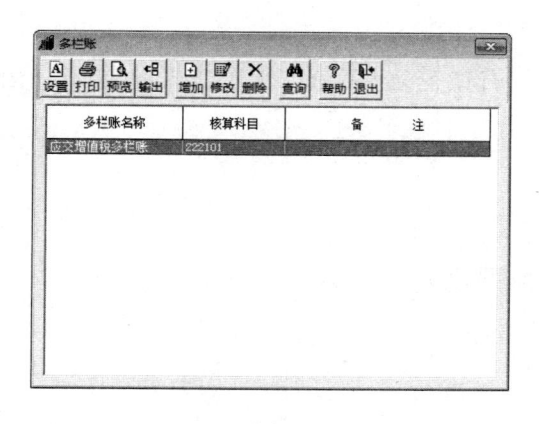

图 3-43

图 3-44

步骤 7：单击"确认"按钮，打开要查询的账户，如图 3-45 所示。

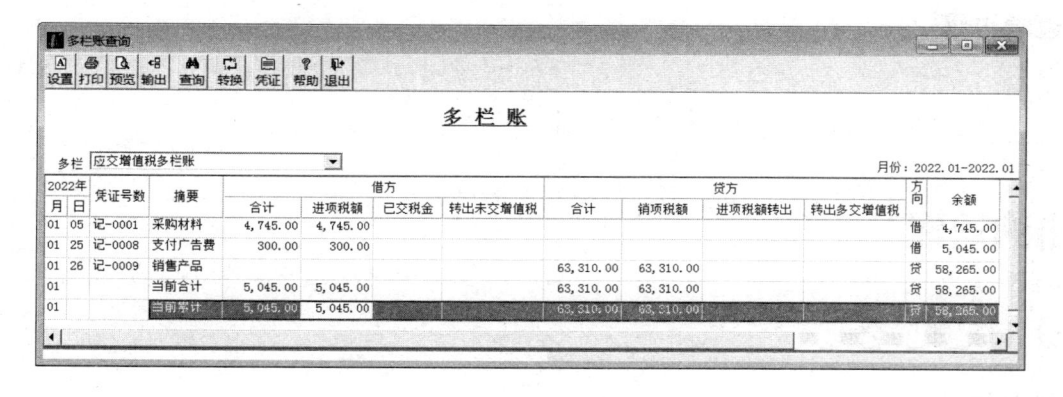

图 3-45

边学边练

2022 年 1 月月末，待本月全部经济业务处理完毕后，以会计水秀的身份查询 2022 年 1 月中原电子科技有限公司的应交增值税、生产成本、制造费用等多栏式明细账。

小贴士

- 设置了明细科目的总账科目都可查询多栏式明细账。
- 多栏账只能联查凭证,不能联查总账。

(二)辅助账查询

基本步骤

1. 部门辅助账查询

选择"总账"|"辅助查询"命令,然后根据需要查询部门总账、部门明细账等。

2. 个人往来辅助账查询

选择"总账"|"辅助查询"命令,然后根据需要查询个人往来余额表、个人往来明细账等。

3. 客商往来辅助账查询

选择"往来"|"账簿"命令,然后根据需要查询客户余额表、客户往来明细账、供应商余额表、供应商往来明细账等。

4. 项目辅助账查询

选择"项目"|"账簿"命令,然后根据需要查询项目总账、项目明细账等。

边学边练

2022年1月月末,待本月全部经济业务处理完毕后,以会计水秀的身份查询1月份中原电子科技有限公司所登记的各种辅助账簿。

三、出纳管理

(一)日记账的查询

任务描述

2022年1月31日,中原电子科技有限公司的出纳云飞在结账前再次对现金日记账和银行存款日记账进行查询,目的是为现金清查、银行对账、结账、账簿打印输出、编制报表和会计档案资料整理等工作做好准备。

基本步骤

步骤1:以出纳云飞的身份登录系统,选择"现金"|"现金管理"|"日记账"|"现金

日记账"命令，打开"现金日记账查询条件"对话框，选中"是否按对方科目展开"和"包含未记账凭证"两个复选框，再选中"名称+编码"和"末级"两个单选按钮，其余为系统默认，如图3-46所示。

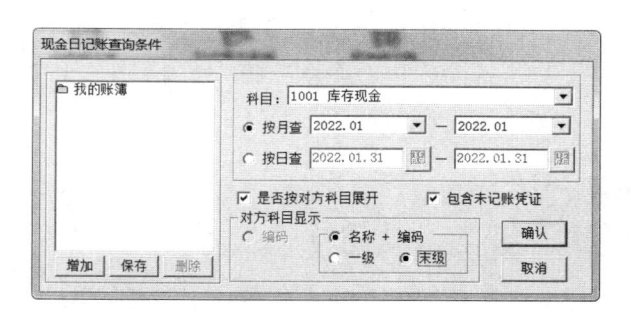

图 3-46

步骤2：单击"确认"按钮，打开要查询的账户，如图3-47所示。

图 3-47

边学边练

以出纳云飞的身份查询中原电子科技有限公司2022年1月的银行存款日记账。

小贴士

- 库存现金和银行存款科目必须先在"会计科目"功能下的"指定科目"中预先指定，才可查询日记账。
- 双击某行或单击"凭证"按钮，可联查凭证。单击"总账"按钮可联查总账。

（二）票据管理

任务描述

中原电子科技有限公司的出纳云飞对单位的支票进行专管，平时支票的领用要在支票登记簿上进行记录，2022年1月31日，云飞对本月登记的支票登记簿进行查询，核查本月领用支票的实际情况。

基本步骤

步骤1：选择"现金"|"票据管理"|"支票登记簿"命令，打开"银行科目选择"对话框，选择要查询的科目"人民币（10020101）"，如图3-48所示。

步骤2：单击"确定"按钮，打开"支票登记"窗口，如图3-49所示。

图3-48

图3-49

小贴士

- "支票登记"窗口详细登记了支票领用日期、领用部门、领用人、用途、报销日期等情况。
- 只有同时满足以下3个条件：在"会计科目"设置时，指定了"银行总账科目"，设置"结算方式"时选中了"票据管理方式"，设置总账"选项"时选中了"支票控制"，才可使用支票登记簿。

（三）银行对账

任务描述

为掌握本公司银行存款的实际情况，中原电子科技有限公司出纳云飞按照规定于2022年1月31日与开户行中国建设银行郑州市中原支行核对本公司人民币存款账目。

基本步骤

1. 银行对账期初数据的录入

中原电子科技有限公司银行账的启用日期为2022年1月1日，公司的建行人民币存款日记账调整前的期初余额520 321.90元，银行对账单余额463 821.90元，未达账项一笔56 500.00元，是银行2021年12月31日通过网银支付黄河电子有限公司的货款，企业至今尚未收到相关付款结算单据。

步骤1：选择"现金"|"设置"|"银行期初输入"命令，打开"银行科目选择"对话框，选择科目"人民币（10020101）"，如图3-50所示。

步骤 2：单击"确定"按钮，打开"银行对账期初"对话框。单击"方向"按钮，系统弹出提示框，询问"是否改变银行对账单的余额方向？"，如图 3-51 所示。单击"是"按钮。

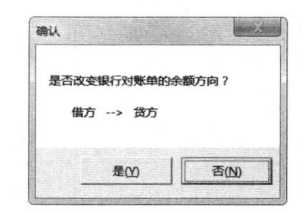

图 3-50

图 3-51

步骤 3：启用日期设为 2022.01.01，输入单位日记账调整前余额 520 321.90 和银行对账单调整前余额 463 821.90。

步骤 4：单击"对账单期初未达账项"按钮，打开"银行方期初"窗口，单击"增加"按钮，输入日期为"2021.12.31"、结算方式为"401"、借方金额为"56 500.00"等信息，单击"保存"按钮，如图 3-52 所示。

图 3-52

步骤 5：单击"退出"按钮，返回"银行对账期初"对话框，显示经过调整，期初余额已平衡，如图 3-53 所示。

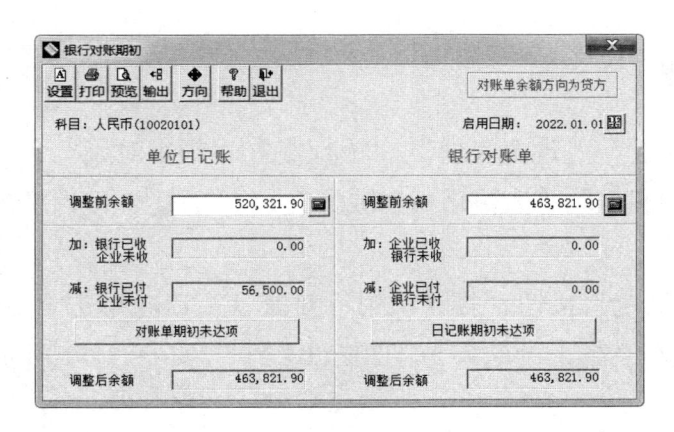

图 3-53

2．银行对账单录入

开户银行为中原电子科技有限公司提供的 2022 年 1 月的银行对账单见表 3-7，出纳云飞将其录入系统。

表 3-7 中国建设银行客户存款对账单

网点号：0520　　币种：人民币（本位币）单位：元

账号：41001020005145613411　　户名：中原电子科技有限公司　　上页余额：463 821.90

日 期	交易类型	对方户名	摘 要	借方发生额	贷方发生额	余 额
1月5日	联行	郑州黄河	采购材料_转账支票_22010501	41 245.00		422 576.90
1月10日	转账	税务局	缴纳上月税款_网银结算_22011001	9 354.00		413 222.90
1月15日	跨行	郑州二七	收回前欠货款_转账支票_22011501		33 900.00	447 122.90
1月25日	转账	电视台	支付广告费_转账支票_22012501	5 300.00		441 822.90

截至2022年1月31日，账户余额：441 822.90　　保留余额：0.00　　冻结余额：0.00　　透支余额：0.00

步骤1：选择"现金"|"现金管理"|"银行账"|"银行对账单"命令，打开"银行科目选择"对话框。选择"科目"为"人民币（10020101）"、"月份"设为"2022.01—2022.01"，如图3-54所示。

步骤2：单击"确定"按钮，打开"银行对账单"窗口。单击"增加"按钮，输入银行对账单信息，然后单击"保存"按钮，如图3-55所示。

图 3-54

图 3-55

3．进行银行对账

步骤1：选择"现金"|"现金管理"|"银行账"|"银行对账"命令，打开"银行科目选择"对话框。选择"科目"为"人民币（10020101）"、"月份"设为"2022.01—2022.01"，如图3-56所示。

步骤2：单击"确定"按钮，打开"银行对账"窗口。单击"对账"按钮，打开"自动对账"对话框，输入"截止日期"为"2022.01.31"，如图3-57所示。

图 3-56 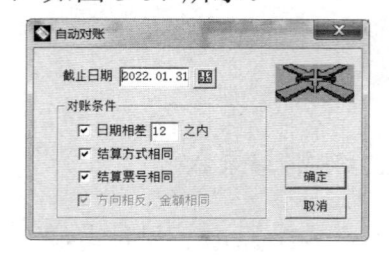　　　　　　图 3-57

步骤3：单击"确定"按钮，打开"银行对账"窗口，单击"对账"按钮，则单位日记账和银行对账单的"两清"栏显示自动对账结果，如图3-58所示。

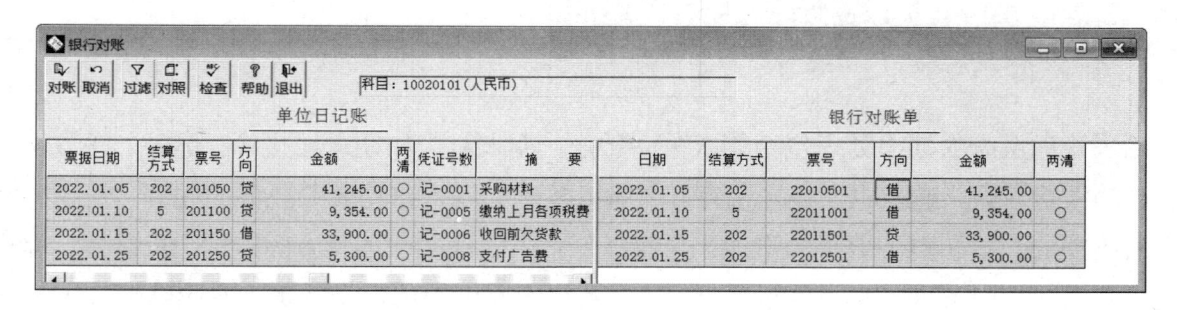

图 3-58

4．查询、输出银行存款余额调节表

步骤1：选择"现金"|"现金管理"|"银行账"|"余额调节表"命令，打开"银行存款余额调节表"窗口。

步骤2：选择科目为"人民币（10020101）"，单击"查看"按钮或双击该科目所在的行，打开"银行存款余额调节表"对话框，如图3-59所示。

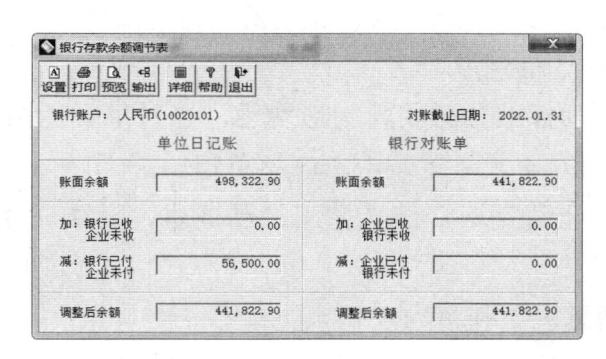

图 3-59

步骤3：单击"输出"按钮，可以将银行存款余额调节表以 Microsoft Excel 电子表格等格式输出。

🛎 小贴士

- 录入的银行对账单、单位日记账的期初未达账项的发生日期不能大于等于此银行科目的启用日期。
- 实际操作中，若企业从银行取得了 TXT、MDB、DBF 格式的电子对账单，则通过执行"引入"功能，可将银行对账单很方便地导入系统。
- 银行对账采用自动对账与手工对账相结合的方式。自动对账后，可能还有一些特殊的已达账没有核对出来，而被视为未达账项，为了保证对账正确，可用手工对账来进行调整。

任务三　总账管理系统期末处理

总账管理系统的期末处理包括期末自动转账、期末对账和期末结账等。另外，任务二中已介绍过的银行对账，通常也在期末进行。之所以要进行期末自动转账业务的处理，是因为伴随着产品成本的归集和财务成果的形成，企业每月月末的许多业务具有固定性、重复性、程序化的特点。为此，财务人员每月通过畅捷通T3系统所提供的自定义转账、对应结转、销售成本结转、汇兑损益结转、期间损益结转等自动转账功能，可以方便、高效地处理这类业务。

一、期末自动转账

（一）自定义转账

任务描述

中原电子科技有限公司2022年1月的部分经济业务如下，31日以会计水秀的身份完成这些业务的转账定义和凭证生成。

① 以生产工人工资为标准分配结转制造费用，当月甲、乙两种产品生产工人的工资分别为7 616.96元和7 749.14元，尾差由乙产品负担。

② 当月生产的产品全部完工，结转完工产品成本，其中，甲产品150件，乙产品250件。

③ 计提短期借款利息，年利率为6%。

④ 分别按应交增值税的7%、3%和2%计算应交城市维护建设税、应交教育费附加和应交地方教育费附加。

⑤ 结转未交增值税。

基本步骤

步骤1：选择"总账"|"期末"|"转账定义"|"自定义结转"命令，打开"自动转账设置"对话框。

步骤2：单击"增加"按钮，打开"转账目录"对话框。

步骤3：输入"转账序号"为"1"，"转账说明"为"分配结转制造费用"，如图3-60所示。

步骤4：单击"确定"按钮，在编辑区第一行科目编码处输入"400103"，项目辅助核算选择"甲产品"，方向为"借"，金额公式输入"QM(4101,月,借,01)/(7 616.96+7 749.14)*7 616.96"。

图 3-60

步骤 5：单击"复制"按钮，项目辅助核算改为"乙产品"，金额公式改为"QM(4101,月,借,01)−QM(4101,月,借,01)/(7 616.96+7 749.14)*7 616.96"。

步骤 6：单击"增行"按钮，选择"科目编码"为"410105"，双击该行的方向栏，选择"贷"，输入金额公式为"JG()"或 QM(4101,月)，如图 3-61 所示。

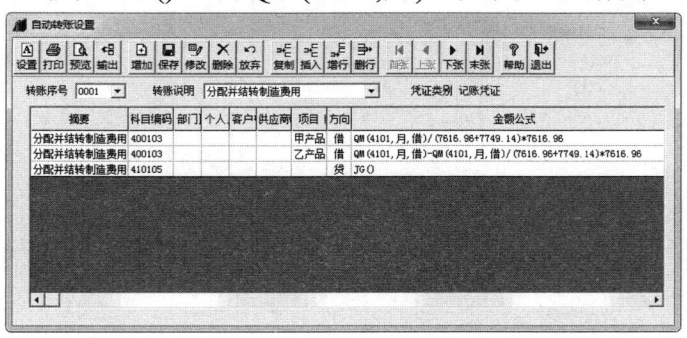

图 3-61

步骤 7：单击"保存"按钮，再单击"退出"按钮。

步骤 8：选择"总账"|"期末"|"转账生成"命令，打开"转账生成"窗口，选择"自定义转账"选项，双击"是否结转"，显示"Y"，单击"确定"按钮，生成凭证，单击"保存"按钮，凭证左上角显示"已生成"，如图 3-62 所示。

步骤 9：更换操作员，审核凭证并记账。

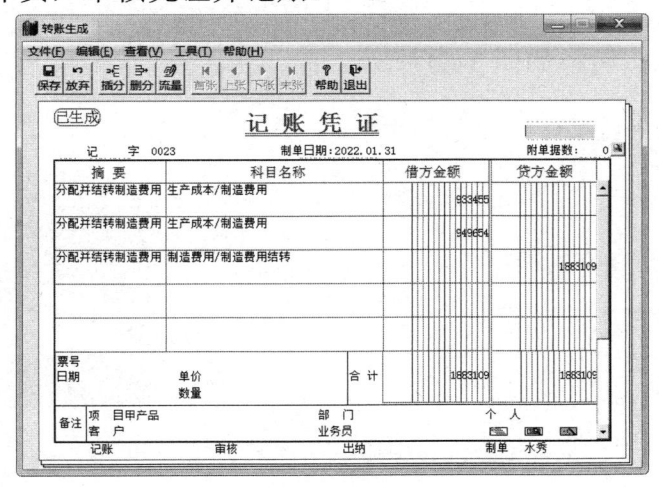

图 3-62

边学边练

以会计水秀的身份完成中原电子科技有限公司当月其余自定义业务的转账定义和凭证生成。

小贴士

- 金额公式中的科目可以为非末级科目。金额公式中的标点符号应为英文格式。
- 定义制造费用的分配结转公式时,最后一种产品分配的金额公式可以设置为函数"CE()",不过这时贷方金额公式不能再设置为函数"JG()",而应设置为"QM(4101,月,借)"。
- 定义完工产品生产成本的结转公式时,数量公式可以直接输入完工产品的数量。
- 生产成本的结转应在制造费用结转后进行,所得税的转账生成必须在完成其他期间损益结转生成凭证后才能进行,不分先后顺序的业务可同时进行转账生成。
- 所有种类的自动转账均可通过自定义实现。

(二)销售成本结转

任务描述

2022年1月31日,以会计水秀的身份完成中原电子科技有限公司当月销售成本结转的转账定义和凭证生成。

基本步骤

步骤1:选择"总账"|"期末"|"转账定义"|"销售成本结转"命令,打开"销售成本结转设置"对话框。

步骤2:输入"库存商品科目"为"140501","商品销售收入科目"为"500101","商品销售成本科目"为"540101",如图3-63所示。

步骤3:单击"确定"按钮,退出"销售成本结转设置"对话框。

步骤4:选择"总账"|"期末"|"转账生成"命令,打开"转账生成"对话框,选中"销售成本结转"单选按钮,如图3-64所示。

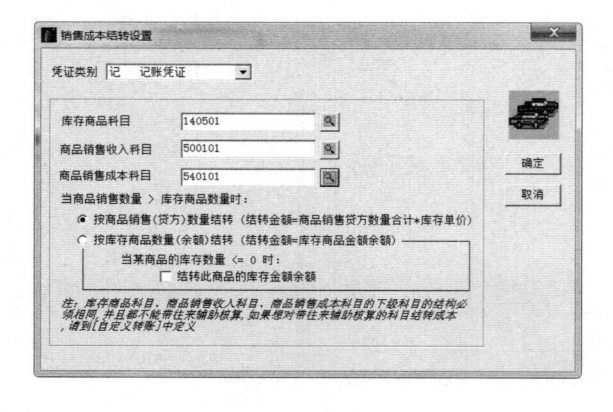

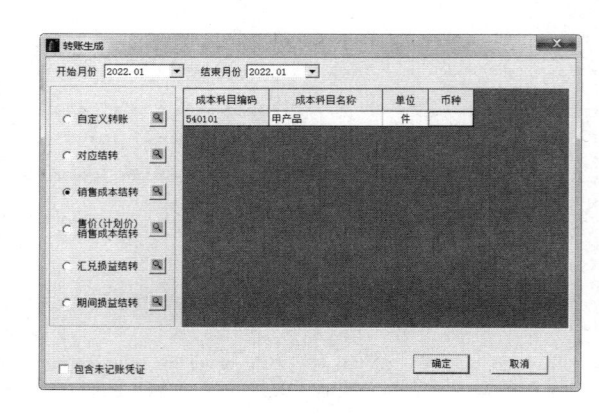

图3-63

图3-64

步骤 5：单击"确定"按钮，打开"销售成本结转一览表"对话框，如图 3-65 所示。

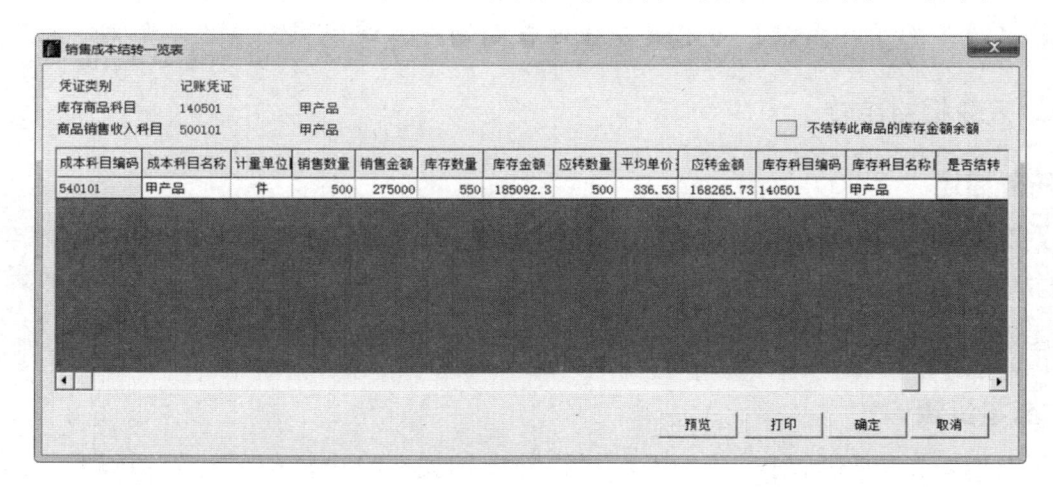

图 3-65

步骤 6：单击"确定"按钮，打开"转账生成"窗口生成凭证，单击"保存"按钮，凭证左上角显示"已生成"，如图 3-66 所示。

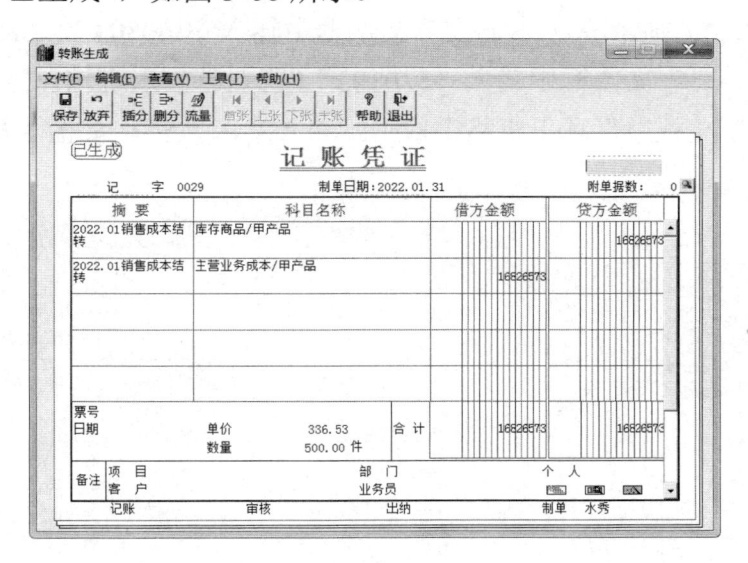

图 3-66

步骤 7：以同样的方法完成乙产品销售成本结转的转账定义和生成凭证。

步骤 8：更换操作员，审核凭证并记账。

边学边练

以会计水秀的身份完成中原电子科技有限公司 2022 年 1 月乙产品销售成本结转的转账定义和凭证的生成。

小贴士

- 定义"销售成本结转"时，库存商品、商品销售收入和商品销售成本 3 个科目的下级科目结构必须相同，并都要设置成数量核算，但不能设置成往来辅助核算。

- 销售成本的结转在定义时也可直接使用总账科目，这样系统将只生成一张凭证。
- 若启用了购销存系统，可以更方便地在购销存系统完成销售成本结转。

（三）汇兑损益结转

任务描述

假设 2022 年 1 月 31 日，人民币兑美元、人民币兑欧元的汇率分别为 $1＝¥6.40910 和 €1＝¥7.76780。以会计水秀的身份完成中原电子科技有限公司当月各种外币汇兑损益结转的转账定义和凭证生成。

基本步骤

步骤 1：选择"基础设置"|"财务"|"外币种类"命令，打开"外币设置"对话框，在左侧列表中选中"美元"项，输入 2022 年 1 月的"调整汇率"为"6.409 10"，如图 3-67 所示。再用同样的方法完成欧元调整汇率的设置，单击"退出"按钮。

步骤 2：选择"总账"|"期末"|"转账定义"|"汇兑损益"命令，打开"汇兑损益结转设置"对话框。在"汇兑损失入账科目"文本框中输入"560304"（财务费用/汇兑损益），在"汇兑收益入账科目"文本框中输入"530103"（营业外收入/汇兑收益），在每种外币所在行的"是否计算汇兑损益"项下表格中双击，输入字母"Y"，如图 3-68 所示。单击"确定"按钮退出。

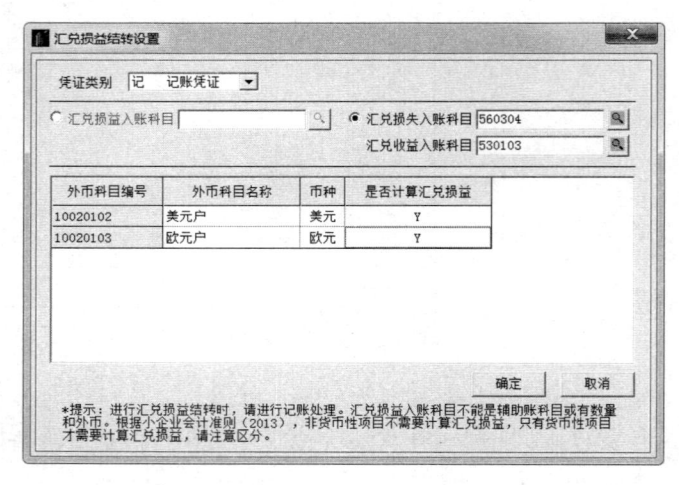

图 3-67　　　　　　　　　　　　　图 3-68

步骤 3：选择"总账"|"期末"|"转账生成"命令，打开"转账生成"对话框。对外币币种不做选择，再单击"全选"按钮，如图 3-69 所示。

步骤 4：单击"确定"按钮，打开"汇兑损益试算表"对话框，如图 3-70 所示。

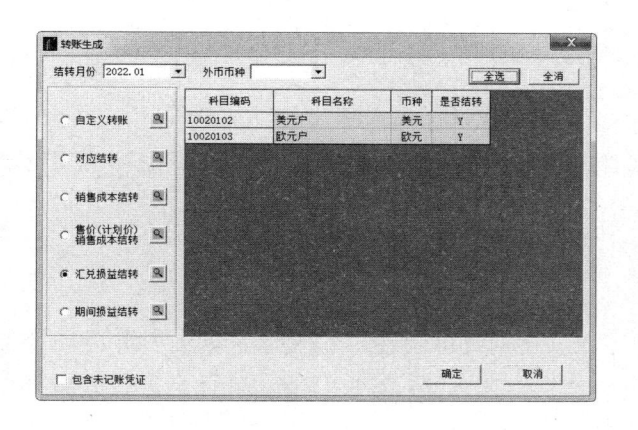

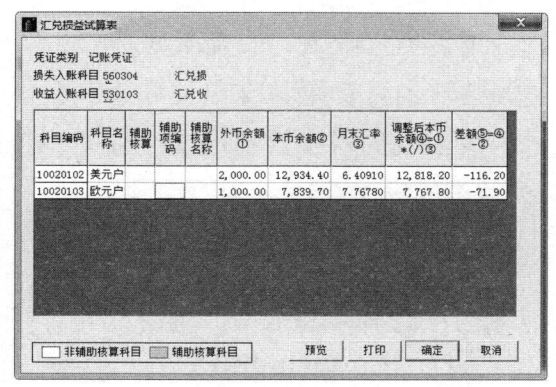

图 3-69　　　　　　　　　　　　　　　图 3-70

步骤 5：单击"确定"按钮，打开"转账生成"窗口，自动生成凭证，单击"保存"按钮，系统提示凭证生成，如图 3-71 所示。

步骤 6：更换操作员，复核凭证并记账。

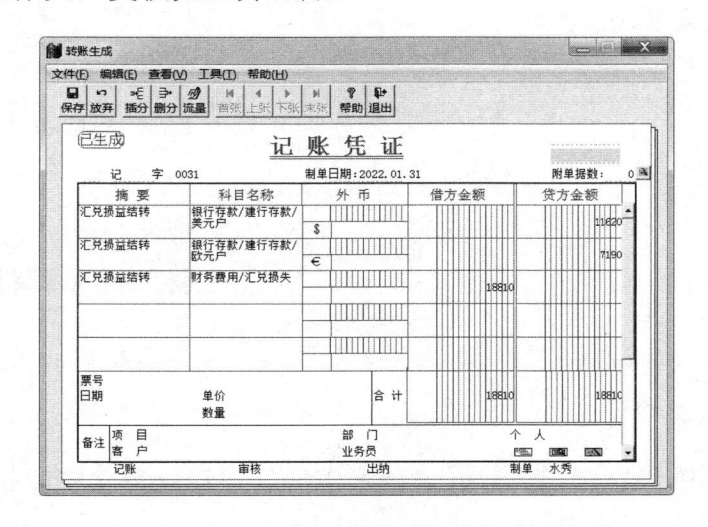

图 3-71

小贴士

- 汇兑损益入账科目不能是辅助账科目或有数量和外币的科目。
- 记账汇率：在平时制单时，系统自动显示此汇率，如果使用固定汇率（月初汇率），则记账汇率必须输入，否则制单时汇率为 0。
- 调整汇率：月末汇率，在期末计算汇兑损益时使用，平时可不输入，等期末再输入期末即期汇率，用于计算汇兑损益。

（四）期间损益结转

任务描述

2022 年 1 月 31 日，以会计水秀的身份完成中原电子科技有限公司下列期间损益的转账定义和凭证生成。

① 结转当月收入、收益类账户。

② 结转当月费用、支出类账户。

③ 按25%的税率计算应交企业所得税（用前述自定义转账法），并结转所得税费用（用期间损益结转法）。

基本步骤

步骤1：选择"总账"|"期末"|"转账定义"|"期间损益"命令，打开"期间损益结转设置"对话框。"本年利润科目"选择"3103"，如图3-72所示。单击"确定"按钮，关闭对话框。

步骤2：选择"总账"|"期末"|"转账生成"|命令，打开"转账生成"对话框。选中"期间损益结转"单选按钮，类型选择"收入"，单击"全选"按钮，如图3-73所示。

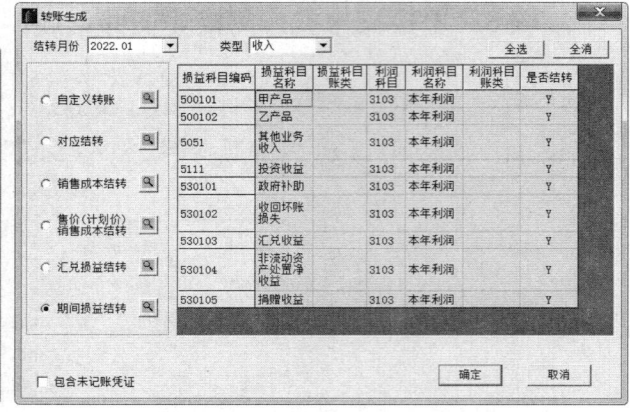

图 3-72　　　　　　　　　　　　图 3-73

步骤 3：单击"确定"按钮，打开"转账生成"窗口，自动生成收入类账户结转的凭证，单击"保存"按钮，显示凭证已生成，如图3-74所示。

步骤4：更换操作员，审核凭证并记账。

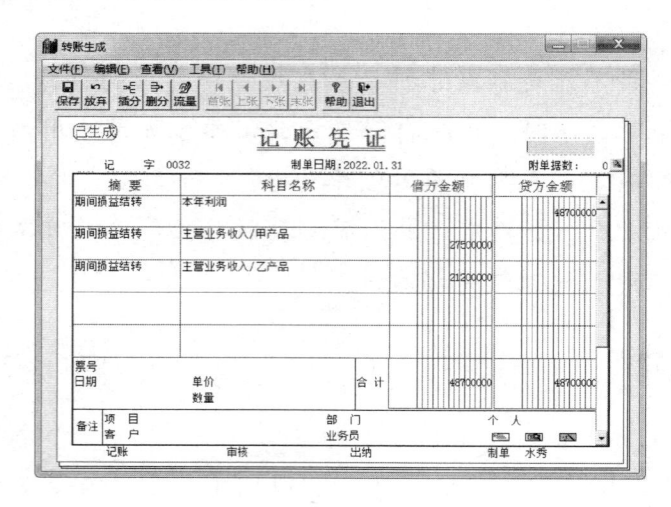

图 3-74

边学边练

以会计水秀的身份完成中原电子科技有限公司当月支出类账户的结转，其中所得税费用在完成应交所得税计算、生成凭证并记账后，单独结转。

小贴士

- 最好不在一张凭证上结转收入和费用，否则会显得科目的对应关系不清楚。
- 结转所得税费用的前提是已结转了收入和所得税费用之外的费用类账户，且计算所得税费用的凭证已通过自定义转账生成并登记入账。

（五）对应结转

任务描述

以会计水秀的身份根据以下会计分录定义相关的对应结转公式并生成凭证。

①借：利润分配/未分配利润；贷：利润分配/提取法定盈余公积。
②借：利润分配/未分配利润；贷：利润分配/提取任意盈余公积。
③借：利润分配/未分配利润；贷：利润分配/应付现金股利。

基本步骤

步骤1：选择"总账"|"期末"|"转账定义"|"对应结转"命令，打开"对应结转设置"对话框。

步骤2：输入"编号"为"0001"，选择"凭证类别"为"记 记账凭证"，输入"摘要"为"结转提取的法定盈余公积"，"转出科目编码"为"310402"。

步骤3：单击"增行"按钮，输入贷方科目信息："转入科目编码"为"310415"，"结转系数"为"-1.00"，如图3-75所示。

步骤4：单击"保存"按钮后，再单击"退出"按钮。

步骤5：选择"总账"|"期末"|"转账生成"命令，打开"转账生成"对话框，选中"对应结转"单选按钮，双击"提取法定盈余公积"所在的行，并将其选中，如图3-76所示。

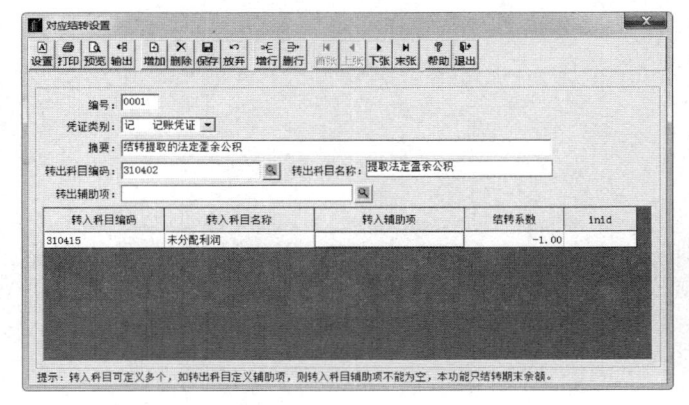

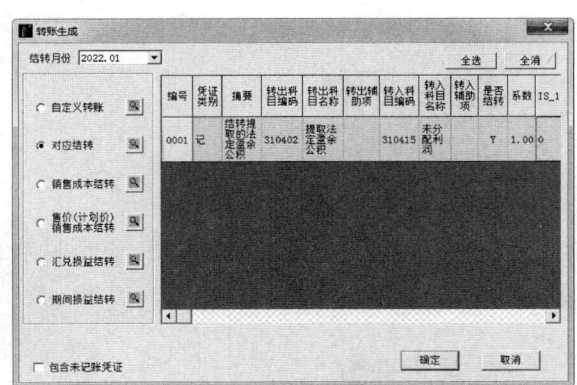

图3-75

图3-76

步骤6：单击"确定"按钮，系统填制如图3-77所示的凭证。

步骤7：将光标放在借方金额处，按空格键将其移到贷方，同理将贷方金额移到借方。单击"保存"按钮，则凭证显示已生成，如图3-78所示。

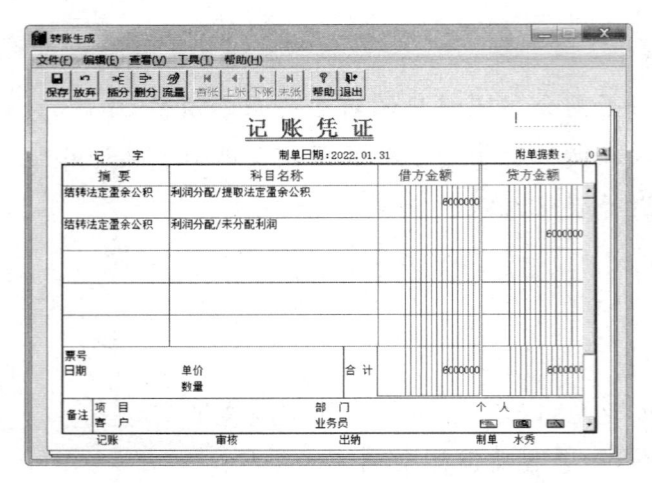

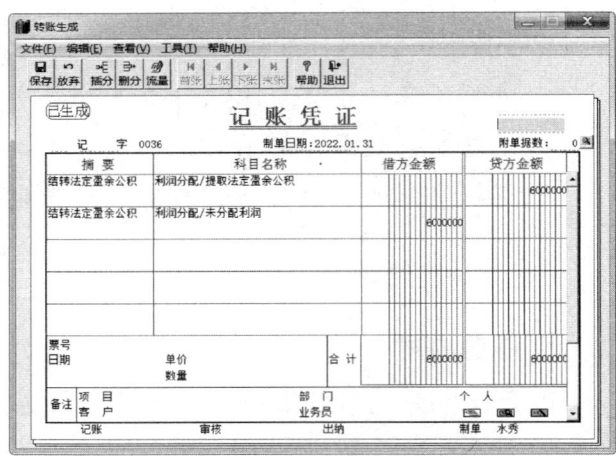

图 3-77　　　　　　　　　　　图 3-78

边学边练

以会计水秀的身份完成中原电子科技有限公司上年利润分配，另外两个明细账户结转至"未分配利润"明细账户的转账定义和转账生成。

小贴士

- 对应结转时，如果转入多个科目，结转系数之和的绝对值应大于0且小于等于1。
- 通常，转出科目是指借方科目，转入科目是指贷方科目；如果定义成转出科目系贷方科目，转入科目是借方科目，则转账生成的凭证为红字凭证，当然红字凭证并不影响会计信息的真实性。要避免生成红字凭证，可如同本案例将系数设置成负数。
- 有关利润分配明细账的结转，通过自定义转账生成一张凭证更为便捷，本案例的目的在于介绍对应结转这一技能点的具体操作方法。

二、期末对账

任务描述

2022年1月31日，中原电子科技有限公司的所有经济业务均已完成凭证处理并登记入账，月末结账前由会计水秀对总账系统进行账目核对。

基本步骤

步骤1：选择"总账"|"期末"|"对账"命令，打开"对账"对话框，如图3-79所示。

图 3-79

步骤 2：选中 2022 年 1 月所在行 2022.01 的"是否对账"单元格，单击"选择"按钮（或双击"是否对账"单元格），激活"对账"按钮。

步骤 3：单击"对账"按钮，系统进行自动对账，然后在"对账"对话框显示对账日期为"2022.01.31"，对账结果显示为"正确"，如图 3-80 所示。

步骤 4：单击"试算"按钮，打开"2022.01 试算平衡表"对话框，显示试算结果平衡，如图 3-81 所示。

图 3-80　　　　　　　　　　　图 3-81

小贴士

- 一般在电算化系统中，只要记账凭证填制正确，记账后各种账簿都应是正确、平衡的，但由于非法操作或计算机病毒等原因，有时可能会造成某些数据被破坏，引起账账不符。为了保证账证相符、账账相符，应至少一个月对一次账，一般在月末结账前进行。
- 若对账结果为账账不符，则当月对账结果处显示"错误"，单击"错误"按钮，可查看账账不符的原因。

三、期末结账

任务描述

2022 年 1 月 31 日，中原电子科技有限公司的各类账簿在经过初步核对、正确无误的基础上，由会计水秀进行期末结账处理。

基本步骤

步骤 1：选择"总账"|"期末"|"结账"命令，打开"结账"对话框，如图 3-82 所示。

步骤 2：单击"下一步"按钮，"结账"对话框页面进入第 2 步"核对账簿"，单击"对账"按钮，系统进行自动对账，如各类账簿之间对账结果正确（此时"对账"按钮变成"下一步"按钮），则系统显示如图 3-83 所示。

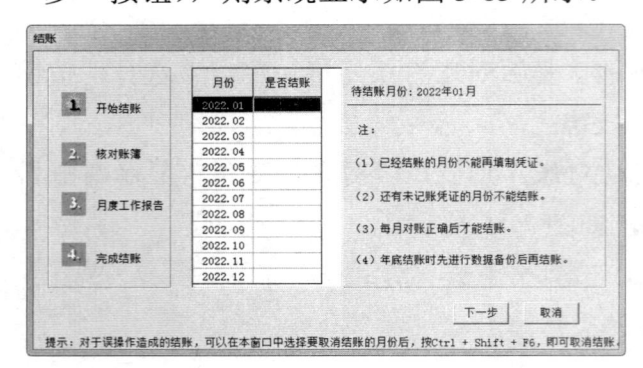

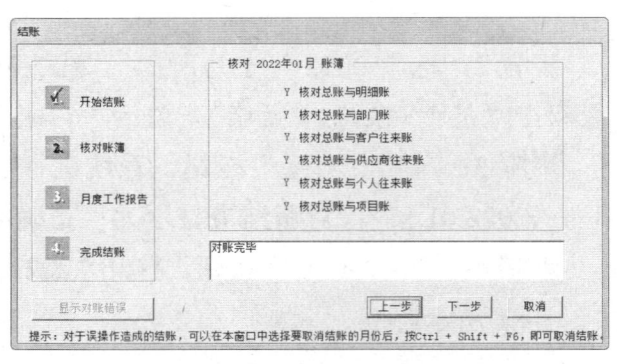

图 3-82   图 3-83

步骤 3：单击"下一步"按钮，"结账"对话框页面进入第 3 步"月度工作报告"，显示 2022 年 1 月工作报告，如图 3-84 所示。

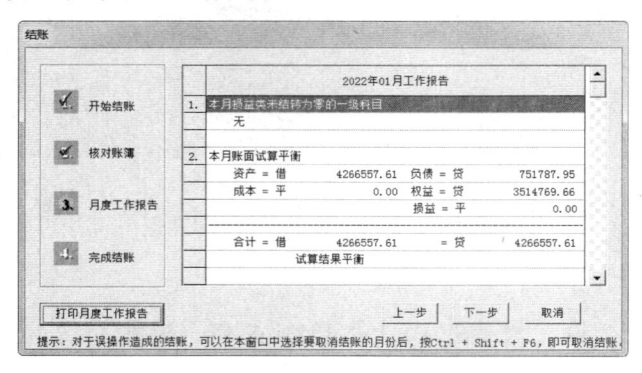

图 3-84

步骤 4：单击"下一步"按钮，"结账"对话框页面进入第 4 步"完成结账"，页面右侧显示 2022 年 1 月工作检查完成，可以结账，如图 3-85 所示。单击"结账"按钮，退出"结账"对话框。

步骤 5：当再一次选择"总账"|"期末"|"结账"命令时，打开"结账"对话框，2022 年 1 月"是否结账"栏将显示"Y"，如图 3-86 所示。

边学边练

以中原电子科技有限公司主管山清的身份取消总账管理系统期末结账。

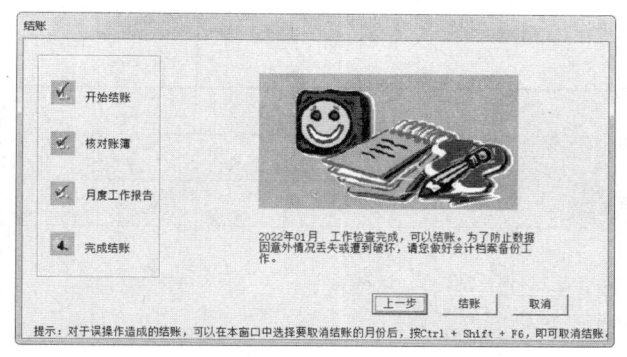

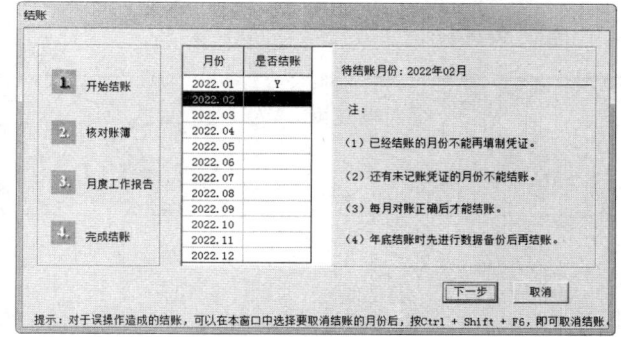

图 3-85　　　　　　　　　　　　　　　图 3-86

小贴士

- 结账只能由有结账权限的操作员进行操作。
- 本月还有未记账凭证时，则本月不能结账。
- 结账必须按月连续进行，上月未结账，则本月不能结账。
- 若总账与明细账对账不符，则不能结账。
- 如果总账与其他系统联合使用，其他子系统未全部结账，则总账本月不能结账。
- 结账前要进行系统数据备份。

上机实训三　总账管理系统初始设置

一、实训目的

通过学生上机实训，巩固总账管理系统初始设置的学习效果，达到能够熟练完成上机操作的目的。

二、实训任务

通过上机操作，完成以下实训任务：

（1）总账参数设置。

（2）总账期初余额的录入。

（3）进行期初余额试算平衡。

三、实训资料

总账参数设置、总账期初余额等资料见本项目任务一中的案例。

四、实训要求

（1）以系统管理员 admin 的身份从文件夹"上机实训二　基础档案设置"中恢复学生本人之前所备份的账套。

（2）以账套主管的身份登录系统，按照案例资料完成实训任务。

（3）以系统管理员 admin 的身份备份账套，保存在学生本人建立的名为"上机实训三　总账管理系统初始设置"的文件夹中，以备下次上机时恢复。

五、实训评价

评价主体	评价结果		成　绩	
	优　点	不　足	分值比例	得　分
学生本人			10%	
学习小组			30%	
任课教师			60%	
总评			100%	

上机实训四　总账管理系统日常业务处理

一、实训目的

通过学生上机实训，巩固总账管理系统日常业务处理的学习效果，达到能够熟练完成上机操作的目的。

二、实训任务

通过上机操作，完成以下实训任务：

（1）填制、复核记账凭证，依据凭证登记账簿，并对记账凭证进行查询和打印输出。

（2）查询并打印输出总账、三栏式明细账、数量金额式明细账、外币金额式明细账、多栏式明细账、日记账及重要辅助账簿。

（3）进行银行对账、查询并打印输出银行存款余额调节表。

（4）查询并打印输出支票登记簿。

三、实训资料

凭证处理、账簿查询、出纳管理等方面的实训资料见本项目任务二中的案例。

四、实训要求

（1）以系统管理员 admin 的身份从文件夹"上机实训三　总账管理系统初始设置"中恢复学生本人之前所备份的账套。

（2）分别以会计、出纳及账套主管的身份登录系统，按照案例资料完成实训任务。

（3）以系统管理员 admin 的身份备份账套，保存在学生本人建立的名为"上机实训四　总账管理系统日常业务处理"的文件夹中，以备下次上机时恢复。

五、实训评价

评价主体	评价结果		成绩	
	优　点	不　足	分值比例	得　分
学生本人			10%	
学习小组			30%	
任课教师			60%	
总评			100%	

上机实训五　总账管理系统期末处理

一、实训目的

通过学生上机实训，巩固总账管理系统期末处理的学习效果，达到能够熟练完成上机操作的目的。

二、实训任务

通过上机操作，完成以下实训任务：

（1）期末自动转账定义。

（2）生成记账凭证。

（3）进行期末对账。

（4）进行期末结账。

三、实训资料

期末自动转账、期末对账与期末结账等实训资料见本项目任务三中的案例。

四、实训要求

（1）以系统管理员 admin 的身份从文件夹"上机实训四　总账管理系统日常业务处理"中恢复学生本人之前所备份的账套。

（2）以会计、账套主管等操作员的身份登录系统，完成实训任务。

（3）以系统管理员 admin 的身份备份账套，保存在学生本人建立的名为"上机实训五　总账管理系统期末处理"的文件夹中，以备下次上机时恢复。

五、实训评价

评价主体	评价结果		成绩	
	优　点	不　足	分值比例	得　分
学生本人			10%	
学习小组			30%	
任课教师			60%	
总评			100%	

项目四

财务报表管理系统

（本项目操作微课）

🎯 目标引领

- ❖ 了解报表格式设置和报表公式定义的基本内容。
- ❖ 熟练掌握报表格式设置和报表公式设置的上机操作方法。
- ❖ 熟练掌握运用报表模板编制资产负债表和利润表的上机操作方法。

🏛 情境导入

2022年1月31日，中原电子科技有限公司在畅捷通T3的企业账套"［888］中原电子"中启用了总账管理系统，完成了基础档案的设置、总账参数设置、总账期初余额的录入等初始化工作，并在此基础上开展了本月日常和期末各项账务处理工作。到了月末，按照会计准则的规定，企业还需要编制资产负债表、利润表等会计报表。

任务一　自定义报表的编制

自定义报表是指企业根据自身管理需要，由用户利用财务报表管理系统提供的各种格式设计功能、数据处理功能，自行设计报表格式和编辑单元公式，并在此基础上生成相关管理数据的报表。一般来说，会计准则要求企业编制资产负债表、利润表、现金流量表和所有者权益变动表等财务报表，由于系统已自带模板，可以直接调用，通常不需要用户再做过多的定义。但用户可以利用财务报表管理系统的强大功能，通过自定义功能编制一些企业内部的管理报表。

一、新建空白报表

任务描述

中原电子科技有限公司于 2022 年 1 月 31 日由会计主管山清启用畅捷通 T3 报表管理系统，并新建一张空白报表。

基本步骤

步骤 1：以会计主管山清的身份登录畅捷通 T3 主窗口，单击导航栏的"财务报表"按钮，打开"财务报表"窗口，系统同时弹出提示框，如图 4-1 所示。单击"关闭"按钮，将"日积月累"提示框关闭。

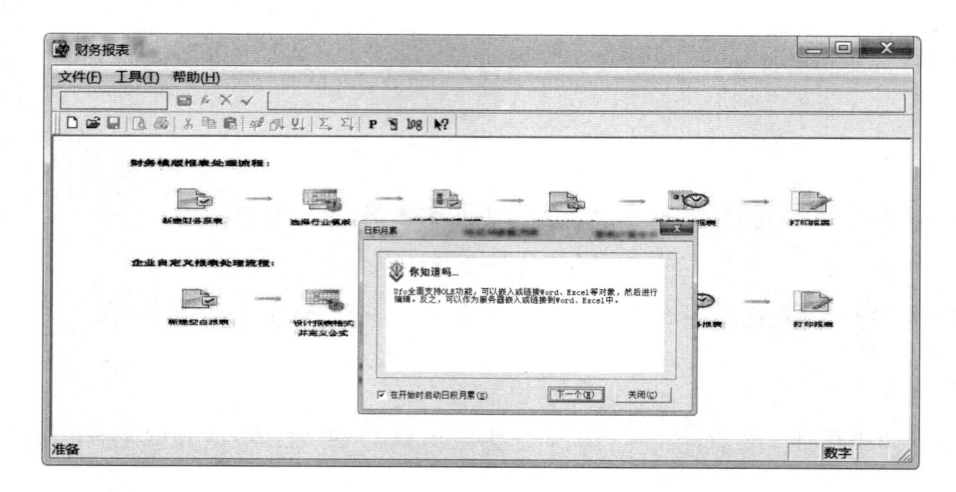

图 4-1

步骤 2：选择"文件"|"新建"命令，打开一个空白报表，如图 4-2 所示。

图 4-2

步骤 3：单击行标最下方的"格式"按钮，将报表由格式状态切换到数据状态，可以看到新建的空白报表包含一张表页。

小贴士

- 表页是一叠具有相同格式的三维立体报表中的一页。一个财务报表最多可容纳 99 999 张表页（教学演示版最多可容纳 4 张表页），每一张表页都是由许多单元格（简称单元）组成的。
- 会计报表的编制包括报表格式设计与报表数据处理，分别在格式状态和数据状态完成。
- 格式状态即设计报表格式的状态，在格式状态下可以设置表尺寸、行高、列宽、单元格属性、单元格风格、组合单元、关键字、可变区等。单元公式、审核公式、舍位平衡公式也在格式状态下设置，此时不能进行数据的录入、计算等操作。在格式状态下，所做的操作对本报表所有的表页都发生作用，所看到的是报表的格式，报表的数据全部隐藏。
- 数据状态即报表的数据管理状态，在数据状态下可以进行输入数据、增加或删除表页、审核、舍位平衡、做图形、汇总、合并报表等操作，但不能修改报表的格式。在数据状态下，所看到的是报表的全部内容，包括格式和数据。
- 当以文件的形式保存报表数据时，报表文件的默认格式为".rep"。

二、报表基本格式设计

（一）输入文字内容

任务描述

中原电子科技有限公司的资金报表和成本报表分别见表 4-1 和表 4-2，以账套主管山清的身份将这两个报表的文字内容输入到财务报表系统中。

表 4-1　资金报表

单位名称：　　　　　　　　　　2022 年 1 月 31 日　　　　　　　　　　单位：元

项　　目	期　初　余　额	期　末　余　额	增　减　数
库存现金			
银行存款			
其他货币资金			
合计			

复核：　　　　　　　　　　　　　　　　　　　　　　　　　　制表：

表 4-2 成本报表

单位名称：　　　　　　　　　　2022 年 1 月 31 日　　　　　　　　　　　　　　单位：元

项　　目	期初余额	本期增加数	本期减少数	期末余额
直接材料				
直接人工				
制造费用				
合计				

复核：　　　　　　　　　　　　　　　　　　　　　　制表：

基本步骤

步骤 1：选中新建的空报表的 A1 单元格，在其中输入报表的名称"资金报表"。

步骤 2：继续输入资金报表除"单位名称"和"年月日"外的其他文字内容。

步骤 3：单击常用工具栏的"保存"按钮，将"资金报表"保存到"中原电子会计报表"文件夹中。

边学边练

以中原电子科技有限公司的账套主管山清的身份将成本报表除"单位名称"和"年月日"外的文字内容输入到一张空白报表中，并保存到"中原电子会计报表"文件夹中。

小贴士

- 单元即单元格是组成报表的最小单位，单元名称由所在的行和列标识。单元有数值单元、字符单元和表样单元 3 种类型。
- 数值单元：用以填列报表的数据，在数据状态下输入。数值可以直接输入或由单元中存放的单元公式运算生成。建立一个新表时，所有单元的默认类型为数值型。
- 字符单元：可以在数据状态下直接输入报表内容，内容可以是汉字、字母、数字及各种键盘可输入的符号组成的一串字符，字符单元的内容也可由单元公式生成。
- 表样单元：是报表的格式，是定义一个没有数据的空表所需的所有文字、符号或数字。一旦单元被定义为表样，则在其中输入的内容对所有表页都有效。表样可在格式状态下输入和修改，在数据状态下不允许修改。

（二）设置表尺寸

任务描述

会计主管山清将新建的"资金报表"设置为 8 行 4 列的表格。

基本步骤

步骤 1：打开资金报表，选择"格式"|"表尺寸"命令，打开"表尺寸"对话框，在"行数"文本框中输入"8"，在"列数"文本框中输入"4"，如图 4-3 所示。

步骤2：单击"确认"按钮，资金报表变成8行4列的表格。

边学边练

以中原电子科技有限公司的账套主管山清的身份将成本报表设置为8行5列的表格。

图 4-3

小贴士

- 表尺寸是指会计报表的大小，用行数和列数表示。
- 系统默认的表尺寸为50行7列。
- 通过"编辑"菜单下的"插入"命令可以在选中行的上方增加行或在选中列的左侧增加列。通过"编辑"菜单下的"追加"命令可以在最后一行的下方增加行或在最后一列的右侧增加列。
- 通过"编辑"菜单下的"交换"命令可以交换选中的行或列。
- 通过"编辑"菜单下的"删除"命令可以删除选中的行或列。

（三）设置行高和列宽

任务描述

会计主管山清将资金报表的第1行的行高设置为8毫米，其余7行的行高设置为6毫米，第A列的列宽设置为45毫米，其余3列的列宽设置为25毫米宽。

基本步骤

步骤1：单击第1行的行标或将光标放在第1行中的任意单元格，选中第1行，选择"格式"|"行高"命令，打开"行高"对话框，在"行高"文本框中输入"8"，如图4-4所示。

步骤2：单击"确认"按钮，则第1行的行高设置为8毫米。

步骤3：用同样的方法设置其余行的行高，列宽的设置与行高的设置方法相似。

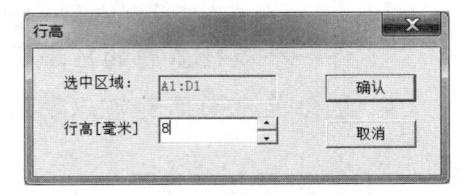

图 4-4

边学边练

以中原电子科技有限公司的账套主管山清的身份对成本报表的行高和列宽进行适当的设置。

小贴士

- 系统默认的行高为5毫米，列宽为26毫米。
- 选中需要设置行高的若干行，将光标放在所选行中任意两行间的表格线上，当光标变成带上下箭头的十字状时拖动鼠标，则所选的行可设置为等高。同理，可将若干列设置为等宽。

（四）设置组合单元

任务描述

会计主管山清将资金报表第 1 行的 4 个单元格设置为组合单元，将 A2:B2 设置为组合单元。

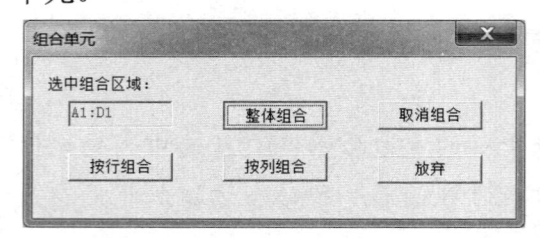

基本步骤

步骤 1：选中单元"A1:D1"，选择"格式"|"组合单元"命令，打开"组合单元"对话框，如图 4-5 所示。

步骤 2：单击"整体组合"按钮或"按行组合"按钮，则选中的"A1:D1"区域内的单元格被合并。

步骤 3：用同样的方法将"A2:B2"设置为"组合单元"。

图 4-5

边学边练

以中原电子科技有限公司的账套主管山清的身份对成本报表的"A1:E1"和"A2:B2"设置为"组合单元"。

小贴士

- 组合单元由相邻的两个或更多的单元格组成，这些单元格必须是同一种类型（表样、数值、字符），系统在处理财务报表时将组合单元视为一个单元格。
- 可以组合同一行相邻的几个单元格，也可以组合同一列相邻的几个单元格，还可以将一个多行多列的区域设为一个组合单元。
- 组合单元的名称可以用区域的名称或区域中的单元格的名称来表示。

（五）设置单元格属性

任务描述

会计主管山清将资金报表的区域"A1:D1"、"A3:D3"设置为水平居中对齐，将 A2、A4:A7 及 B8 和 D8 设置为"水平左对齐"，将 D2、B4:D7、A8 和 C8 设置为"水平右对齐"。将区域 A1:D1 设置为"黑体 18 号字"，将区域 A3:D3 设置为"黑体 14 号字"，其余内容设置为"宋体 12 号字"。将 B4:D7 勾选逗号。将 B8、D8 的单元格类型设置为"字符型"。将区域 A3:D7 设置为"有边框"，其余部分无边框。所有单元格的前景色均为黑色，背景色为无色。

基本步骤

步骤 1：选中"A1:D1"区域，选择"格式"|"单元格属性"命令，打开"单元格属性"对话框，选择"字体图案"选项卡，将"字体"设置为"黑体"，"字号"设置为"18"，如图 4-6 所示。

步骤 2：选择"对齐"选项卡，"水平方向"选择"居中"，如图 4-7 所示，单击"确定"按钮。

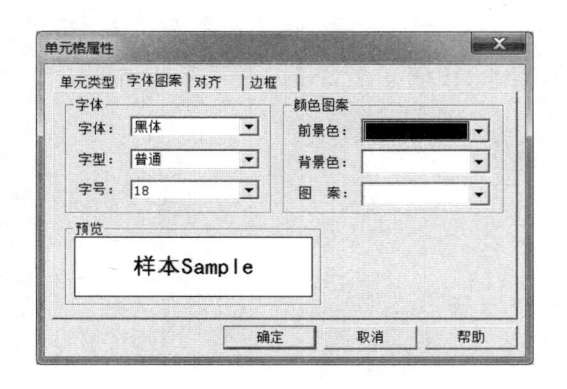

图 4-6 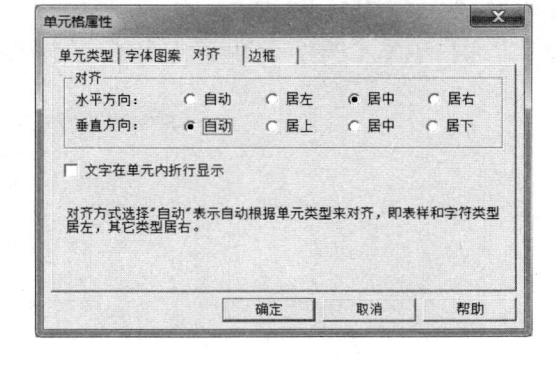　　　　　　　　　　　图 4-7

步骤 3：选中"A3:D7"区域，选择"格式"|"区域画线"（或"单元格属性"）命令，打开"区域画线"（或"单元格属性"）对话框，选择网线单选框（或"单元格属性"对话框的"边框"选项卡，单击"外边框"与"内框线"按钮），如图 4-8 所示（或见图 4-9）。

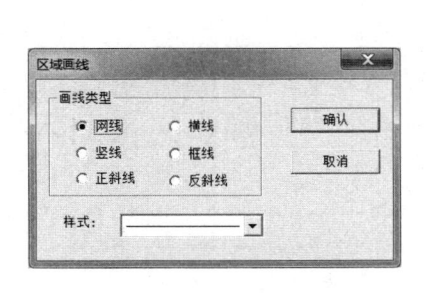

图 4-8 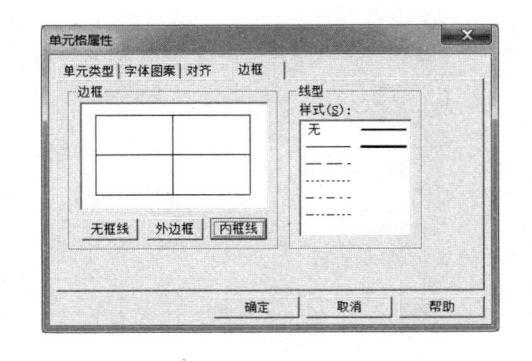　　　　　　　　　　　图 4-9

步骤 4：用类似的方法完成其他各项设置。

边学边练

以中原电子科技有限公司的账套主管山清的身份对成本报表进行适当的单元属性设置。

小贴士

- 单元属性包括单元类型、字体图案、对齐和边框。
- 前景色是指报表内容的颜色，背景色是指表格背景的颜色。
- 灰色表格线在数据状态下并不显示，在打印报表时也不显示。

（六）设置关键字

任务描述

会计主管山清将资金报表的"A2:B2"区域设置为关键字"单位名称"，将 C2 同时设置为 3 个关键字："年""月""日"，3 个关键字的偏移值对应设置为"-160""-130""-100"。

基本步骤

步骤 1：选中"A2:B2"区域，选择"数据"|"关键字"|"设置"命令，打开"设置关键字"对话框，选中"单位名称"单选框，如图 4-10 所示。

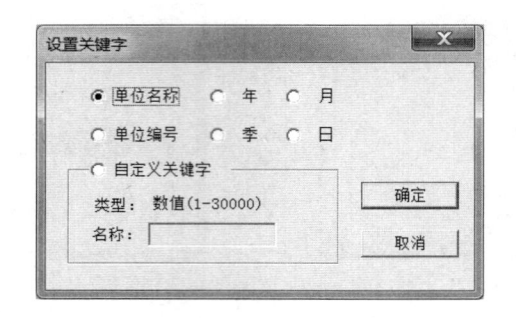

图 4-10

步骤 2：单击"确定"按钮，此时资金报表的 A2:B2 区域出现表示单位名称的红色字体关键字："单位名称：xxxxxxxxxxxxxxxxxxx"，如图 4-11 所示。

图 4-11

步骤 3：用同样的方法完成"年""月""日"等关键字的设置。

步骤 4：选择"数据"|"关键字"|"偏移"命令，打开"定义关键字偏移"对话框，分别设置年、月、日 3 个关键字的偏移值为"-160""-130""-100"，如图 4-12 所示。

步骤 5：单击"确定"按钮，系统显示效果如图 4-13 所示。

边学边练

以中原电子科技有限公司的账套主管山清的身份将成本报表 A2 单元格设置为关键字

"单位名称"，C2 单元格同时设置为关键字"年""月""日"，通过调整关键字的偏移值，将各关键字调整至适当的位置。

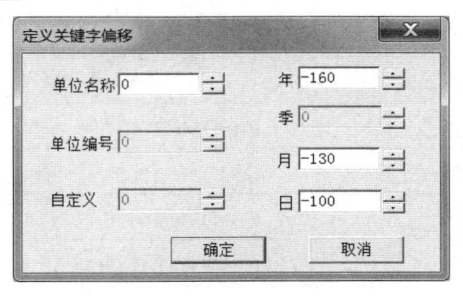

图 4-12

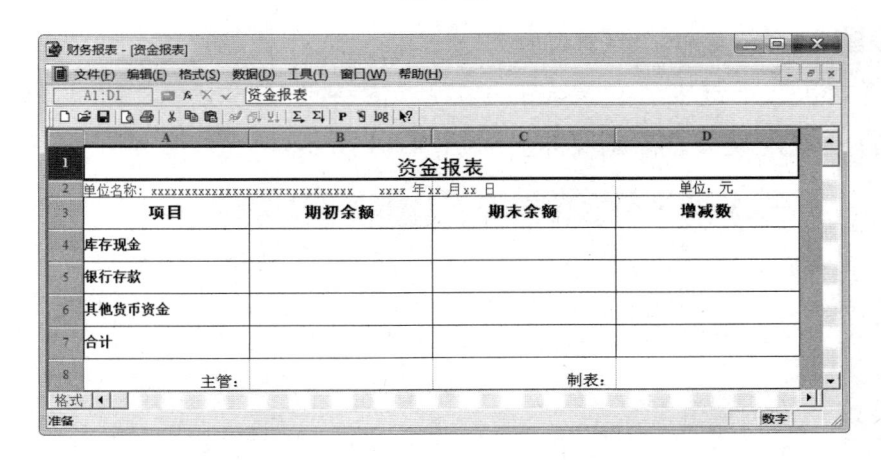

图 4-13

> 🛈 **小贴士**
> - 关键字用于在大量表页中唯一标识一张表页，各个表页上关键字不应完全相同。每个报表可以定义多个关键字，基本关键字有单位名称、年、月、日等。一个单元中既可设置一个关键字，也可设置多个关键字。
> - 关键字在格式状态下设置，但它的值在数据状态下录入。
> - 关键字偏移是为了将关键字放在合适的位置显示，以达到清晰、美观的目的。向右偏移的字符数用正数表示，向左偏移的字符数用负数表示。实务中应根据情况确定关键字偏移的度量值。关键字偏移在格式状态和数据状态下都可进行设置。
> - 操作员不能对关键字进行剪切、复制和粘贴操作。

三、报表公式设置

（一）单元公式设置

1. 账务取数公式设置

🛈 **任务描述**

中原电子科技有限公司的资金报表需要设置的账务取数公式见表 4-3，以会计主管山清的身份完成设置。

表 4-3 资金报表单元公式

项 目	期 初 余 额	期 末 余 额	本期增减数
库存现金	B4=QC("1001",月,"借",,,,,,,,)	C4=QM("1001",月,"借",,,,,,,,)	D4=?C4-?B4
银行存款	B5=QC("1002",月,"借",,,,,,,,)	C5=QM("1002",月,"借",,,,,,,,)	D5=?C5-?B5
其他货币资金	B6=QC("1012",月,"借",,,,,,,,)	C6=QM("1012",月,"借",,,,,,,,)	D6=?C6-?B6
合计	B7=PTOTAL(?B4:?B6)	C7= PTOTAL(?C4:?C6)	D7=PTOTAL(?D4:?D6)

主管： 制表：

基本步骤

步骤 1：格式状态下选中资金报表的 B4 单元格，选择"数据"|"编辑公式"|"单元公式"命令，打开"定义公式"对话框，如图 4-14 所示。

图 4-14

步骤 2：单击"函数向导…"按钮，打开"函数向导"对话框，选中"函数分类（C）"列表中的"用友账务函数"项，然后选中"函数名（N）"列表中的"期初（QC）"函数，如图 4-15 所示。

步骤 3：单击"下一步"按钮，打开"用友账务函数"对话框，如图 4-16 所示。单击"参照"按钮，打开"账务函数"对话框，"账套号"和"会计年度"选择"默认"，"期间"选择默认值"月"，在"科目"文本框中参照输入库存现金科目的编码"1001"，"方向"设置为"借"，如图 4-17 所示。

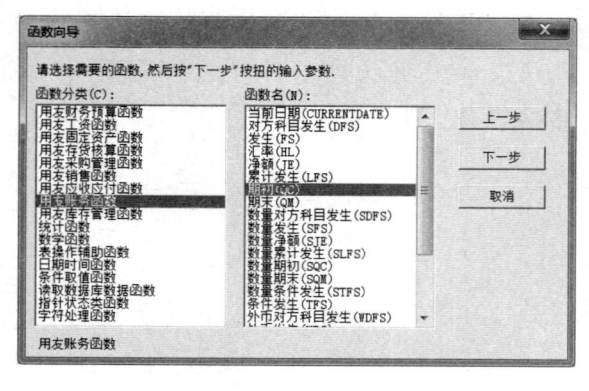

图 4-15 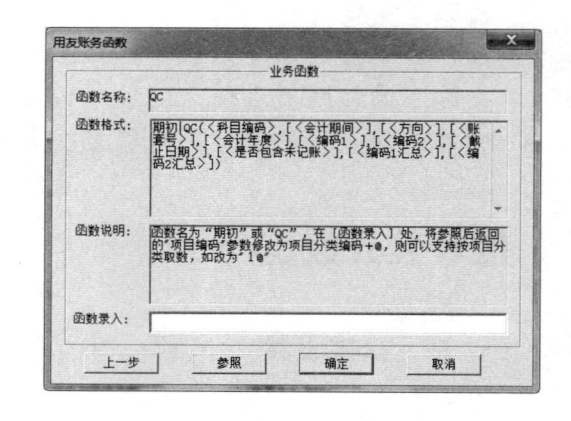 图 4-16

步骤 4：单击"确定"按钮，返回"用友账务函数"对话框，单击"确定"按钮，返回"定义公式"对话框，如图 4-18 所示。

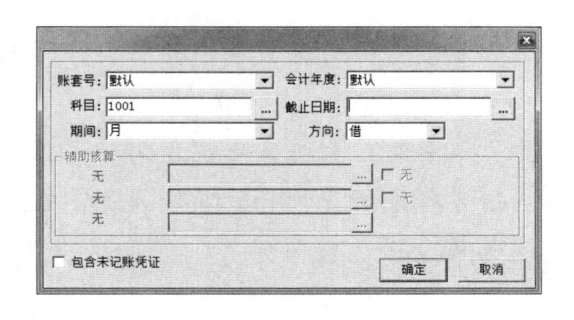

图 4-17　　　　　　　　　　　　　　　图 4-18

步骤 5：单击"确认"按钮。

步骤 6：选中 B4 单元格，单击"复制"按钮，选中 B5 单元格，单击"粘贴"按钮，将 B4 单元格内的公式"QC("1001",月,"借",,,,,,,)"复制到 B5 单元格内。

步骤 7：双击 B5 单元格，打开"定义公式"对话框，将公式"QC("1001",月,"借",,,,,,,)"中的科目编码"1001"改为"1002"，如图 4-19 所示。单击"确认"按钮。

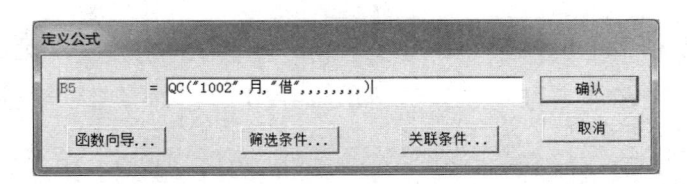

图 4-19

步骤 8：根据表 4-3 所列各个单元格的账务取数公式，重复上述步骤，逐一完成设置。

边学边练

以会计主管山清的身份在成本报表相应的单元格中设置账务取数公式，见表 4-4。

表 4-4　成本报表单元公式

项目	期初余额	本期增加数	本期减少数	期末余额
直接材料	B4=QC("400101",月,"借",,,"",,,,)	C4=FS("400101",月,"借",,,"",,)	D4=FS("400101",月,"贷",,,"",,)	E4=QM("400101",月,"借",,,"",,,,)
直接人工	B5=QC("400102",月,"借",,,"",,,,)	C5=FS("400102",月,"借",,,"",,)	D5=FS("400102",月,"贷",,,"",,)	E5=QM("400102",月,"借",,,"",,,,)
制造费用	B6=QC("400103",月,"借",,,"",,,,)	C6=FS("400103",月,"借",,,"",,)	D6=FS("400103",月,"贷",,,"",,)	E6=QM("400103",月,"借",,,"",,,,)
合计	B7=PTOTAL(?B4:?B6)	C7=PTOTAL(?C4:?C6)	D7=PTOTAL(?D4:?D6)	E7=PTOTAL(?E4:?E6)

主管：　　　　　　　　　　　　　　　　　　　　　　　　　　　　　　制表：

小贴士

- 账务取数公式是从账户中提取数据的单元公式。
- 当账务取数公式中账套号为默认值时，则从当前打开的账套取数。当会计年度为默认值时，则会计年度为当前账套的当前年度。
- 账务取数公式必须在半角英文标点状态下输入。函数名既可用大写字母表示，也可用小写字母来表示。公式中的"方向"和"账套号"必须用双引号,其他各项可用双引号也可不用。

- 如果未在公式中注明科目的方向,则系统将按总账中设置的科目余额方向确定正负值。若总账中设置的科目余额方向为借方,则借方数值为正,贷方数值为负;若总账中设置的科目余额方向为贷方,则贷方数值为正,借方数值为负。

2. 表页内取数公式设置

任务描述

会计主管山清在资金报表的 D4、D5 和 D6 单元格分别设置表页内取数公式为"?C4-?B4""?C5-?B5"和"?C6-?B6"。在 B7、C7 和 D7 单元分别设置表页内取数公式为"PTOTAL(?B4: ?B6)""PTOTAL(?C4: ?C6)"和"PTOTAL(?D4: ?D6)"。

基本步骤

步骤1:将光标放在 D4 单元格,按键盘上的"="键,打开"定义公式"对话框,在"="号右侧的文本框中输入"?C4-?B4",如图 4-20 所示。单击"确认"按钮。

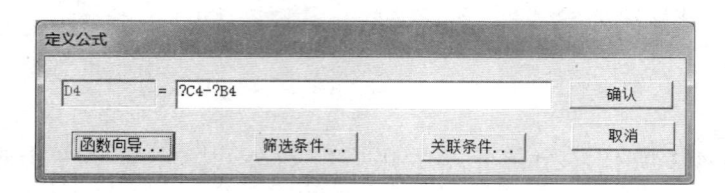

图 4-20

步骤2:选中 D4 单元格,单击常用工具栏的"复制"按钮,然后分别选中 D5 和 D6 单元格,单击常用工具栏的"粘贴"按钮,将复制的公式"?C4-?B4"分别粘贴在 D5 和 D6 单元格,此时 D5 和 D6 单元格的公式自动变成"?C5-?B5"和"?C6-?B6"。

步骤3:选中 B4 单元格,按住鼠标左键向下拖动到 B7 单元格,单击常用工具栏的向下求和按钮 Σ↓,这时 B7 单元格生成表页内取数公式"PTOTAL(B4:B6)"。

步骤4:将"PTOTAL(B4:B6)"改成"PTOTAL(?B4:?B6)",并将它复制到 C7 和 D7 单元格,则 C7 和 D7 单元格自动设置成表页内取数公式"PTOTAL(?C4:?C6)"和"PTOTAL(?D4:?D6)"。

边学边练

以会计主管山清的身份在成本报表的 B7、C7、D7 等单元格设置表页内取数公式,资料见表 4-4。

小贴士

- 类似于公式"?C4-?B4"中的"?"符号表示相对引用,公式中不带"?"符号则表示绝对引用。

- 常用财务报表如资产负债表、利润表等，系统预置有报表模板，模板中的报表通常已预置了取数公式。
- 报表公式中标识单元格的列标英文字母，不用区分大小写，是等效的。

（二）审核公式设置

任务描述

中原电子科技有限公司的账套主管山清分别为资金报表和成本报表设置报表审核公式。其中资金报表的审核公式是：

D7=C7-B7

MESS"资金总额变动结果计算错误！"

基本步骤

步骤1：在"格式"状态下，选择"数据"|"编辑公式"|"审核公式"命令，打开"审核公式"对话框。

步骤2：在打开的"审核公式"对话框中输入审核公式内容，单击"确定"按钮，如图4-21所示。

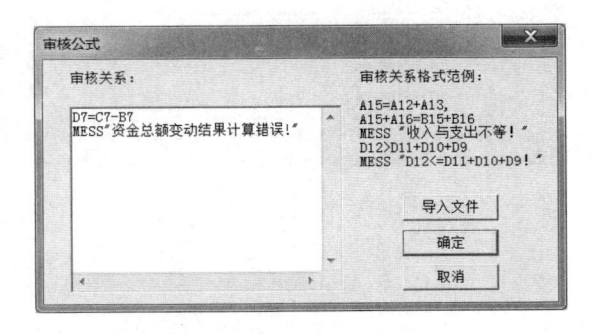

图 4-21

边学边练

以账套主管山清的身份设置中原电子科技有限公司如下成本报表的审核公式。

E8=B8+C8-D8

MESS"期末总成本计算错误！"

小贴士

- 会计报表各项目之间存在着数据勾稽关系，为了自动检查会计报表的准确性，可通过定义审核公式来实现。
- 审核公式的基本表达式是：<审核关系式>

  MESS"提示信息"
- 审核公式中的运算符号和标点符号必须是英文半角符号。

(三) 舍位平衡公式设置

任务描述

以账套主管山清的身份对中原电子科技有限公司的资金报表和成本报表进行舍位平衡公式设置。

基本步骤

步骤1：在报表"格式"状态下，选择"数据"|"编辑公式"|"舍位公式…"命令，打开"舍位平衡公式"对话框。

步骤2：在"舍位表名"文本框中输入"资金报表（万元）"，在"舍位范围"文本框中输入"B4:D7"，在"舍位位数"文本框中输入"4"，在"平衡公式"文本框中输入"D7=PTOTAL(D4:D6),C7=PTOTAL(C4:C6),B7=PTOTAL(B4:B6),D7=D4+D5+D6,C7=C4+C5+C6,B7=B4+B5+B6"等公式，如图4-22所示。单击"完成"按钮。

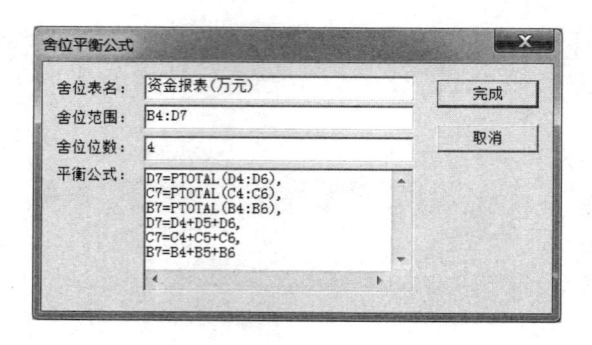

图4-22

边学边练

以账套主管山清的身份完成中原电子科技有限公司以万元单位的成本报表的舍位平衡公式设置："舍位表名"为"成本报表（万元）"，"舍位范围"为"B4:E7"，"舍位位数"为"4"，位平衡公式为"E7=PTOTAL(E4:E6),D7=PTOTAL(D4:D6),C7=PTOTAL(C4:C6),B7=PTOTAL(B4:B6),E7=B7+C7-D7,E6=B6+C6-D6, E5=B5+C5-D5,E4=B4+C4-D4"。

小贴士

- 以"元"为单位的报表在上报时可能需要转换为以"千元"或"万元"为单位的报表，但报表数据在进行进舍位时，原来的数据平衡关系可能被打破，因此需要进行调整，重新调整平衡关系的公式称为舍位平衡公式。
- 舍位平衡公式须在英文半角下编辑，各个公式之间用逗号隔开，最后一个公式后不加标点。

四、报表的保存和自定义报表模板

(一) 报表的保存

任务描述

中原电子科技有限公司会计主管山清将编辑好的资金报表和成本报表保存在"中原电子会计报表"文件夹中。

基本步骤

步骤1：在资金报表窗口，选择"文件"|"另存为"命令，系统打开"保存为"对话框，单击"保存在"下拉列表，选择路径为"中原电子会计报表"文件夹，如图4-23所示。

步骤2：单击"保存"按钮，关闭对话框。打开"中原电子会计报表"文件夹时，显示"资金报表"已保存，如图4-24所示。

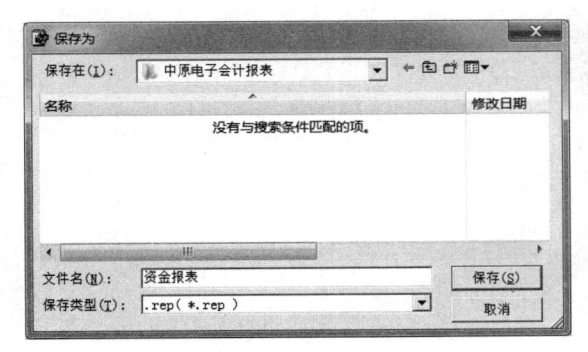

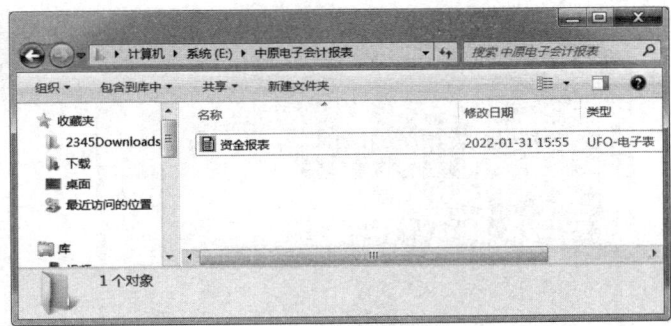

图 4-23

图 4-24

边学边练

以账套主管山清的身份将设置好的成本报表也保存在E盘"中原电子会计报表"文件夹中。

(二) 自定义报表模板

任务描述

中原电子科技有限公司会计主管山清将保存在"中原电子会计报表"文件夹中的资金报表和成本报表导入系统，并设置为公司的报表模板。

基本步骤

步骤1：在财务报表的格式状态下，选择"格式"|"自定义模板"命令，打开"自定义模板"对话框，如图4-25所示。

步骤2：单击"增加"按钮，打开"定义模板"对话框，在"行业名称"文本框中输入"中原电子报表模板"，如图4-26所示。

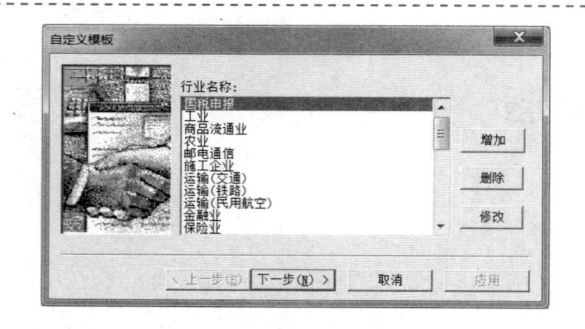

图 4-25 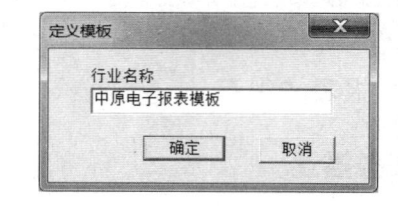　　　　　　　　　　　　　图 4-26

步骤 3：单击"确定"按钮，此时在"自定义模板"对话框的"行业名称"列表中将出现"中原电子报表模板"项，如图 4-27 所示。

步骤 4：选中"中原电子报表模板"项，单击"下一步"按钮，"自定义模板"对话框将显示如图 4-28 所示页面。

步骤 5：单击"增加"按钮，打开"添加模板"对话框，通过"查找范围"下拉列表按路径查找并打开磁盘上保存的"中原电子会计报表"文件夹，选中"资金报表"文件，如图 4-29 所示。

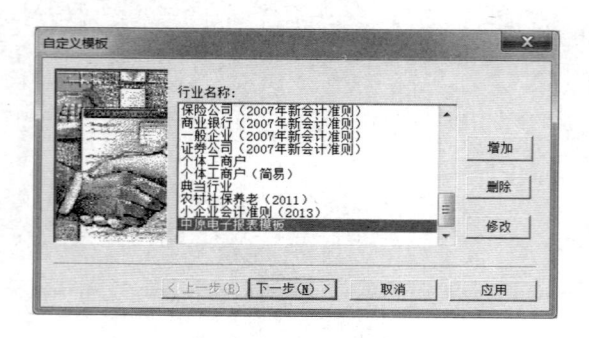

图 4-27 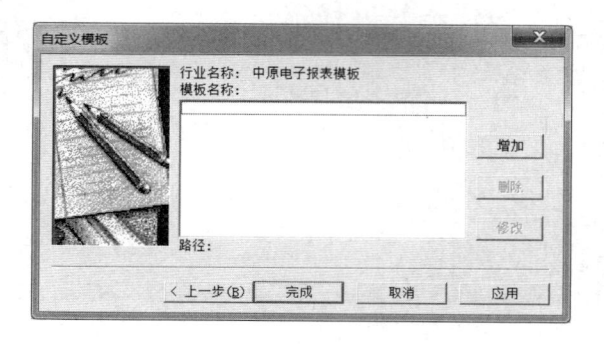　　　　　　　　　　　　　图 4-28

步骤 6：单击"添加"按钮，则"资金报表"添加到行业名称为"中原电子报表模板"的模板中，如图 4-30 所示。

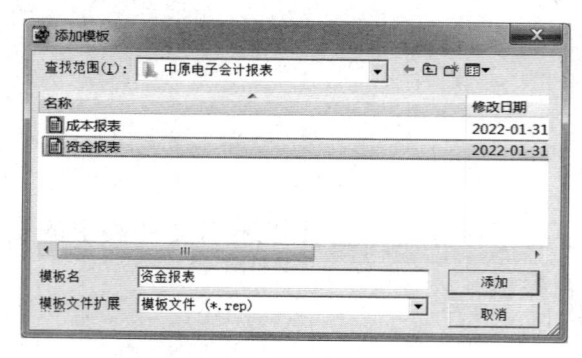

图 4-29 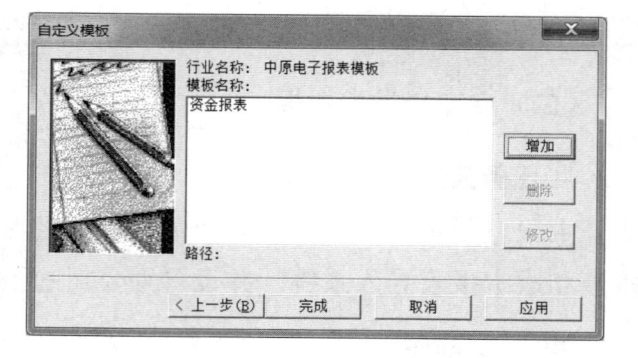　　　　　　　　　　　　　图 4-30

步骤 7：单击右下角的"应用"按钮后，再单击"完成"按钮，退出"自定义模板"对话框。

边学边练

以会计主管山清的身份将保存在"中原电子会计报表"文件夹中的成本报表导入系统，并设置为公司的报表模板。

小贴士

- 为方便财务报表的编制，也可以将系统自带的资产负债表、利润表等财务报表根据企业的实际需要加以修改后，添加到企业的报表模板中。
- 本系统虽为"财务报表管理系统"，但其实它也可以很方便地用来编制企业内部管理报表，如成本报表、费用报表、产品报表等。

五、会计报表生成

任务描述

2022年1月31日，中原电子科技有限公司的账套主管山清通过调用之前自定义的报表模板，分别生成当月的资金报表和成本报表，并对报表进行审核。最后通过舍位平衡，生成万元单位的报表。

基本步骤

步骤1：选择"格式"|"报表模板"命令，打开"报表模板"对话框。在"您所在的行业"下拉列表中选择"中原电子报表模板"，在"财务报表名"下拉列表中选择"资金报表"，如图4-31所示。

步骤2：单击"确认"按钮，系统弹出提示框，如图4-32所示。单击"确定"按钮，打开"资金报表"，如图4-33所示。

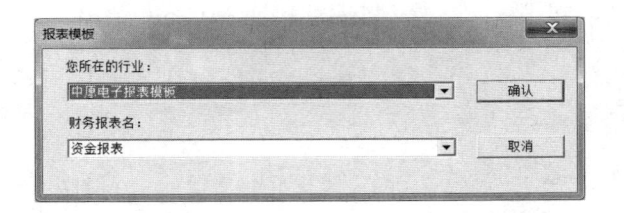

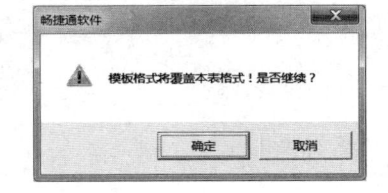

图4-31　　　　　　　　　　图4-32

步骤3：单击窗口左下角的"格式"状态切换按钮，将资金报表切换到数据状态。

步骤4：选择"数据"|"关键字"|"录入"命令，打开"录入关键字"对话框，在"单位名称"文本框中输入"中原电子科技有限公司"，在"年""月""日"文本框中分别输入"2022""1""31"，如图4-34所示。

步骤5：单击"确认"按钮，系统弹出提示框，询问"是否重算第1页？"，如图4-35所示。

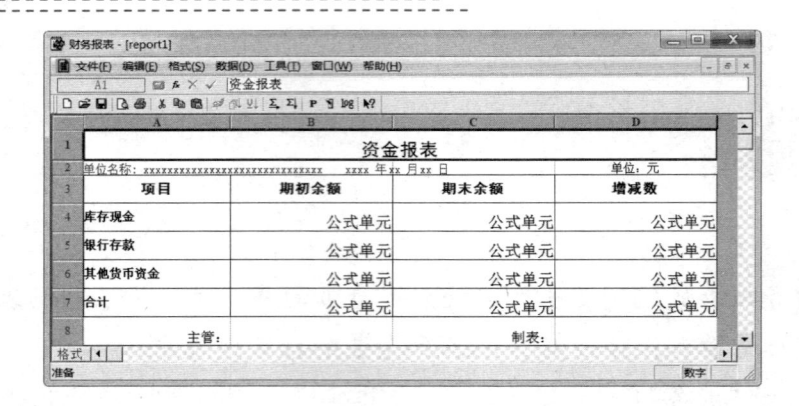

图 4-33

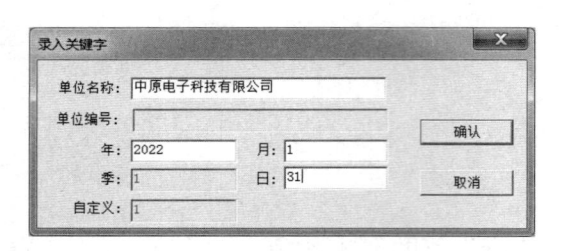

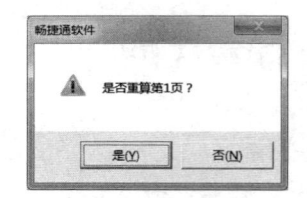

图 4-34　　　　　　　　　　　　图 4-35

步骤 6：单击"是"按钮，生成资金报表，如图 4-36 所示。

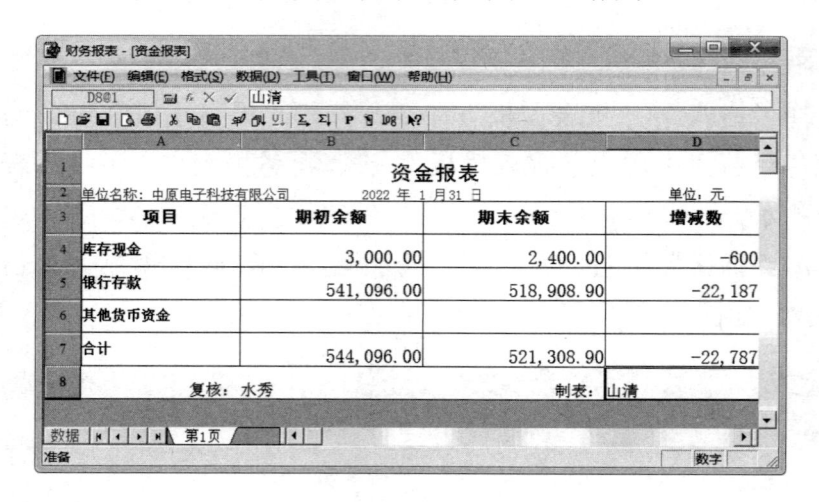

图 4-36

图 4-37

步骤 7：选择"数据"|"审核"命令，当报表数据不符合公式"D7=C7-B7"所表示的勾稽关系时，系统将会弹出提示框，如图 4-37 所示。

步骤 8：选择"文件"|"另存为"命令，打开"另存为"对话框，按指定的路径保存报表，文件名为"资金报表（元）"。

步骤 9：选择"数据"|"舍位平衡"命令，生成"资金报表（万元）"表格，切换到格式状态，将"单位：元"修改为"单位：万元"。再切换到数据状态，如图 4-38 所示。将"资金报表（万元）"按指定路径进行保存。

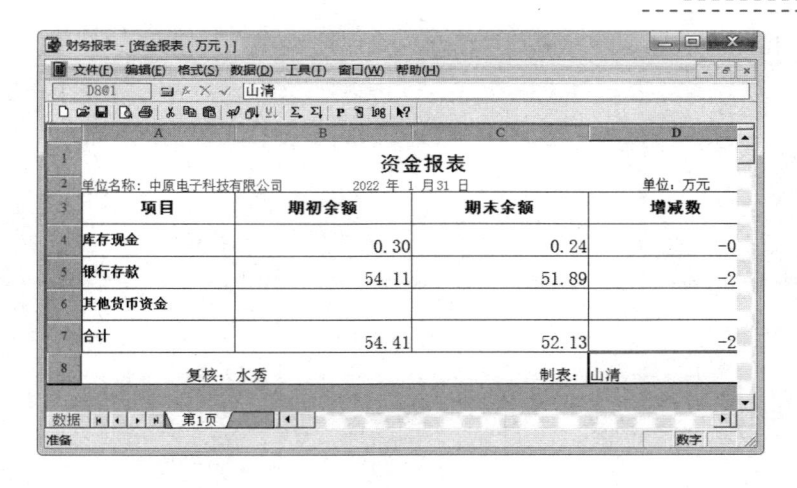

图 4-38

边学边练

2022 年 1 月 31 日，以会计主管山清的身份编制中原电子科技有限公司当月的成本报表，对报表进行审核。并通过舍位平衡，生成万元单位的报表。

小贴士

- 系统在文件菜单下部列出了最近打开过的所有报表文件，单击文件名即可快速将其打开。
- 只有财务报表管理系统运行时，才可在磁盘上直接打开 REP 格式的报表。

六、生成 Excel 表格

任务描述

2022 年 1 月 31 日，中原电子科技有限公司的账套主管山清将当月编制的 REP 格式的"资金报表"和"成本报表"转化成 Excel 表格。

步骤 1：打开"资金报表"页面，选择"文件"|"生成 Excel"命令，打开"生成 Excel"对话框，如图 4-39 所示。

步骤 2：单击"生成"按钮，系统打开"另存为"对话框，在"文件名"文本框中输入"资金报表"，如图 4-40 所示。

步骤 3：单击"保存"按钮，系统弹出提示框，显示"生成 Excel 文件成功！"，如图 4-41 所示。

步骤 4：打开 Excel 表格"资金报表"，如图 4-42 所示。

边学边练

2022 年 1 月 31 日，以会计主管山清的身份将中原电子科技有限公司当月编制的 REP 格式的"成本报表"转化成 Excel 表格。

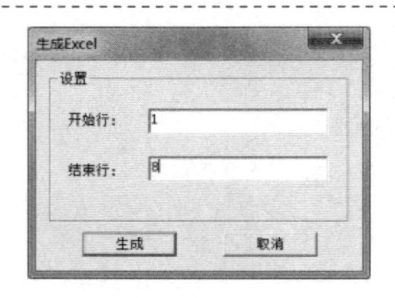

图 4-39 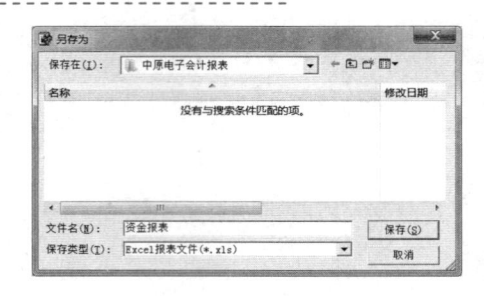　　　　　　　　　　图 4-40 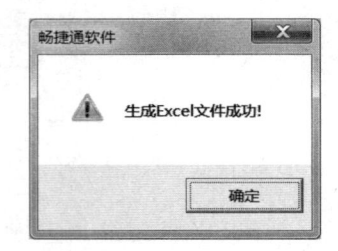　　　　　　　　　　图 4-41

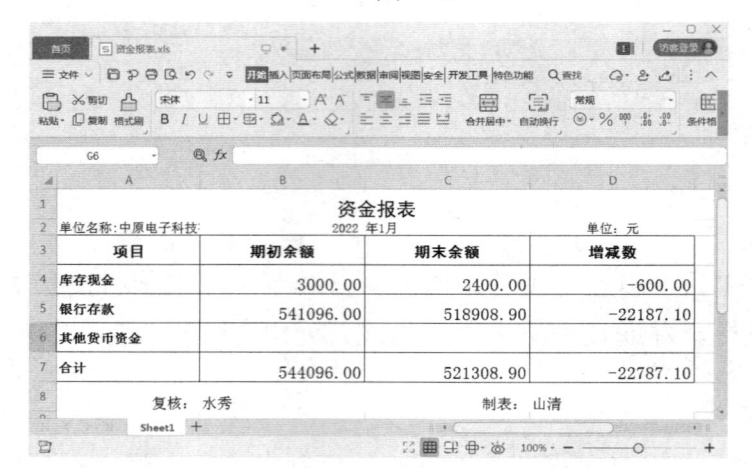

图 4-42

> 🔔 **小贴士**
> - 生成 Excel 表格是为了方便报表的报送和使用，因为公司内一般只有财务部门的计算机安装有畅捷通 T3 软件，其他部门人员查阅和打印报表时，使用 Excel 格式更方便。

任务二　利用模板编制财务报表

财务报表管理系统提供了强大的模板功能，用户可以很方便地调用系统自带报表模板编制资产负债表、利润表等财务报表。

一、编制资产负债表

🧑 **任务描述**

以中原电子科技有限公司的账套主管山清的身份调用资产负债表模板，编制 2022 年 1 月 31 日的资产负债表。

🔧 **基本步骤**

步骤 1：在财务报表管理系统格式状态下，选择"格式"|"报表模板"命令，打开"报

表模板"对话框,在"您所在的行业:"下拉列表中选择"小企业会计准则(2013)",在"财务报表名:"下拉列表选择"资产负债表",如图 4-43 所示。

步骤 2:单击"确认"按钮,系统弹出"畅捷通软件"提示框,如图 4-44 所示。

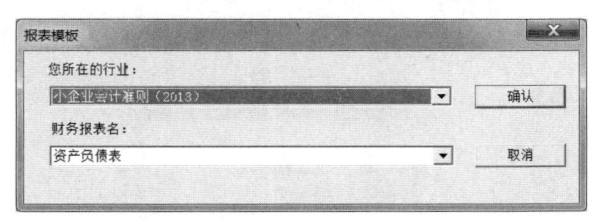

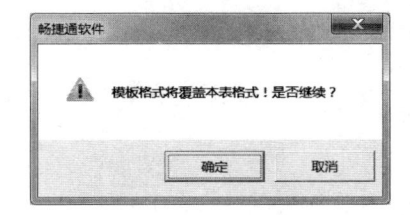

图 4-43

图 4-44

步骤 3:单击"确定"按钮,打开系统中的资产负债表模板;分别选中余额栏的数值单元,打开"单元格属性"对话框,将数值单元勾选"逗号"参数,如图 4-45 所示;对关键字"年、月、日"通过偏移,调整到适当的位置,设置好的资产负债表模板如图 4-46 所示。

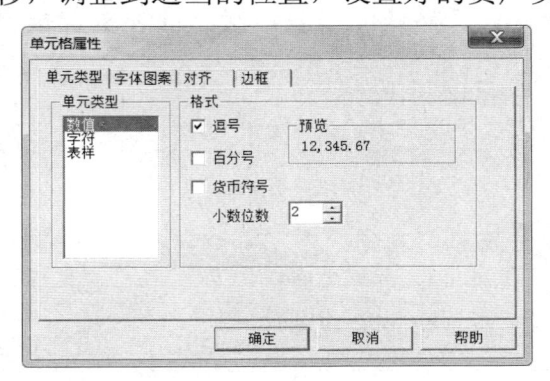

图 4-45

图 4-46

步骤 4：将报表切换到数据状态，选择"数据"|"关键字"|"录入"命令，打开"录入关键字"对话框，录入关键字信息，如图 4-47 所示。

步骤 5：单击"确认"按钮，系统弹出提示框，如图 4-48 所示。单击"是"按钮，生成资产负债表，如图 4-49 所示。

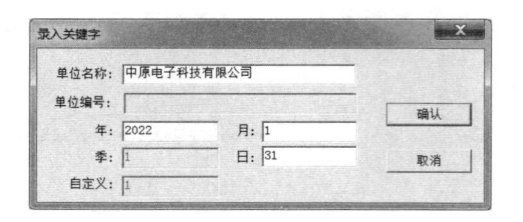

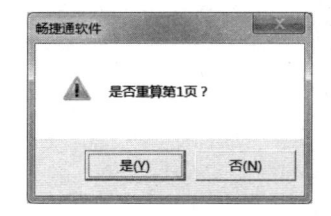

图 4-47

图 4-48

步骤 6：选择"文件"|"保存"或"另存为"命令，按指定路径保存报表。

步骤 7：如果需要生成 Excel 格式的报表，参照前述资金报表的方法进行操作。

图 4-49

二、编制利润表

以中原电子科技有限公司的账套主管山清的身份调用利润表模板，编制 2022 年 1 月份的利润表。

基本步骤

步骤1：在财务报表管理系统格式状态下，打开系统中的利润表模板。

步骤2：删除第9行的"营业税"及其所对应的两个单元公式；选中第10～14行的项目，通过剪切、粘贴向上移动一行；同样，将C列和D列的第10～14行的单元公式也都向上移动一行；在A14单元输入"地方教育费附加"；通过复制C11的公式并修改科目编码，在C14设置"C14=lfs(222118,月,"贷",,年)"单元公式，如图4-50所示。复制"C14=lfs(222118,月,"贷",,年)，粘贴到D14，把字母"l"去掉，在D14设置"D14=fs(222118,月,"贷",,年)"单元公式。

图 4-50

步骤3：选中两列金额栏的数值单元，打开"单元格属性"对话框，将数值单元勾选"逗号"参数；对关键字"年、月"通过偏移，调整到适当的位置，设置好的利润表模板如图4-51所示。

图 4-51

步骤4：切换到数据状态，录入关键字，生成如图4-52所示的利润表，对其按指定路径进行保存。

步骤5：如果需要生成Excel格式的报表，参照前述资金报表的方法进行操作。

图 4-52

小贴士

- REP 格式的报表可通过在"单元格属性"对话框中选中"逗号"复选框，让金额数据出现分节符号","。
- Excel 格式的报表可通过在"设置单元格格式"对话框中选中"使用千位分隔符(,)"复选框，让金额数据出现分节符号","。

上机实训六　编制自定义报表

一、实训目的

通过学生上机实训，巩固本项目中自定义报表的学习效果，达到能够熟练完成上机操作的目的。

二、实训任务

（1）自定义编制资金报表，并生成 Excel 表格。

（2）自定义编制成本报表，并生成 Excel 表格。

三、实训资料

（1）项目三已完成期末结账的账套。

（2）本项目任务一中的案例。

四、实训要求

（1）以系统管理员 admin 的身份从文件夹"上机实训五　总账管理系统期末处理"中恢复学生本人之前所备份的账套。

（2）以账套主管的身份登录系统，完成实训任务。

（3）以账套主管的身份将 REP 格式和 Excel 格式的资金报表、成本报表文件，保存在学生本人建立的名为"上机实训六　自定义报表的编制"的文件夹中。

（4）以系统管理员 admin 的身份备份账套，也保存在"上机实训六　自定义报表的编制"的文件夹中。

五、实训评价

评价主体	评价结果		成　　绩	
	优　点	不　足	分值比例	得　分
学生本人			10%	
学习小组			30%	
任课教师			60%	
总评			100%	

上机实训七　调用模板编制财务报表

一、实训目的

通过学生上机实训，巩固本项目学习效果，达到能够熟练完成上机操作的目的。

二、实训任务

（1）调用模板编制资产负债表，并生成 Excel 表格。

（2）调用模板编制利润表，并生成 Excel 表格。

三、实训资料

（1）项目三已完成期末结账的账套。

（2）本项目任务二中的案例。

四、实训要求

（1）以系统管理员 admin 的身份从文件夹"上机实训六　自定义报表的编制"中恢复学生本人之前所备份的账套。

（2）以账套主管的身份登录系统，完成实训任务。

（3）以账套主管的身份将 REP 格式和 Excel 格式的资产负债表、利润表文件，保存在学生本人建立的名为"上机实训七　调用模板编制财务报表"的文件夹中。

（4）以系统管理员 admin 的身份备份账套，也保存在"上机实训七　调用模板编制财务报表"的文件夹中。

五、实训评价

评价主体	评价结果		成　绩	
	优　点	不　足	分值比例	得　分
学生本人			10%	
学习小组			30%	
任课教师			60%	
总评			100%	

项目五

工资管理系统

本项目操作微课

🎯 目标引领

❖ 了解畅捷通 T3 系统中工资管理系统的基本功能和主要业务处理的基本方法。

❖ 熟练掌握畅捷通 T3 系统中工资账套的建立,工资管理系统的初始设置、日常业务处理和期末业务处理的上机操作。

情境导入

中原电子科技有限公司在畅捷通 T3 企业账套"[888] 中原电子"中启用了总账管理系统,完成了基础档案信息的设置和总账初始化工作。为了加强工资、工资附加费用、社会保险费用、住房公积金及代扣个人所得税等相关业务的管理和核算,公司还需要畅捷通 T3 的工资管理子系统的技术支持。

任务一　建立工资账套

建立一个完整的工资账套是工资管理系统正常运行的基础和保障。工资账套不同于企业账套,它只用于职工薪酬的处理,而不是企业全部的经济业务。

一、启用工资管理系统

任务描述

中原电子科技有限公司是初次使用工资管理子系统,首先需要以账套主管山清的身份登录"系统管理",启用工资管理子系统。

基本步骤

步骤1：打开"系统管理"窗口，选择"系统"|"注册"命令，打开"注册〖控制台〗"对话框。

步骤2：在"用户名"文本框中输入"zy01"，密码为空，账套选择"[888]中原电子"选项，单击"确定"按钮，激活"账套"等菜单。

步骤3：选择"账套"|"启用"命令，打开"系统启用"对话框。选中"WA 工资管理"复选框，在打开的"日历"对话框中，设置日期为"2022年1月1日"，如图5-1所示。

步骤4：单击"确定"按钮，系统弹出提示框，如图5-2所示。

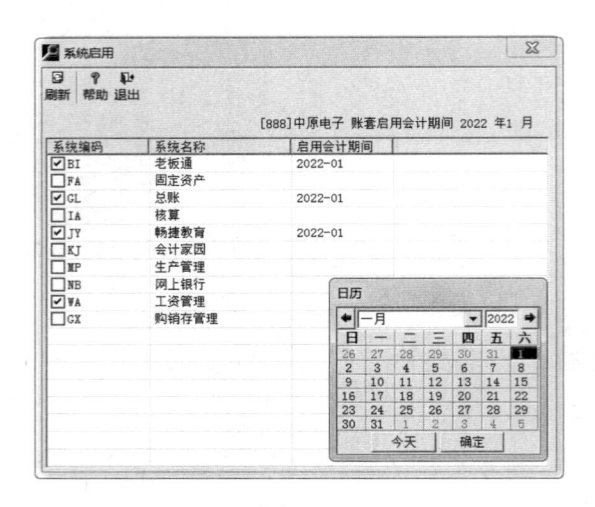

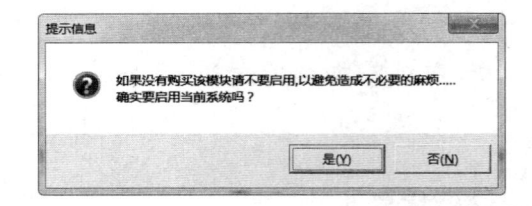

图 5-1   图 5-2

步骤5：单击"是"按钮，完成工资管理系统的启用。

小贴士

- 工资管理系统的启用会计期间必须大于或等于企业账套的启用期间。

二、建立工资账套

任务描述

中原电子科技有限公司工资账套的资料如下。

工资类别个数：单个；核算币种：人民币（RMB）；要求代扣个人所得税；扣零到角；人员编码长度：3位；启用日期：2022年1月1日。以企业账套主管山清的身份建立工资账套。

基本步骤

步骤1：在畅捷通T3主窗口，单击"工资"菜单，打开"建立工资套"对话框第1步"参数设置"页面。

步骤2：工资类别个数按默认设置为"单个"，币别名称按默认选择"人民币 RMB"，如图 5-3 所示。单击"下一步"按钮，进入第 2 步"扣税设置"页面。

步骤 3：选中"是否从工资中代扣个人所得税"和"个人所得税不足 1 元无须缴纳所得税"两个复选框，如图 5-4 所示。单击"下一步"按钮，进入"扣零设置"页面。

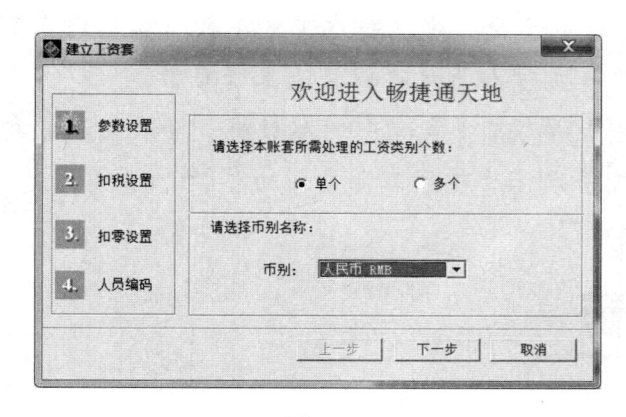

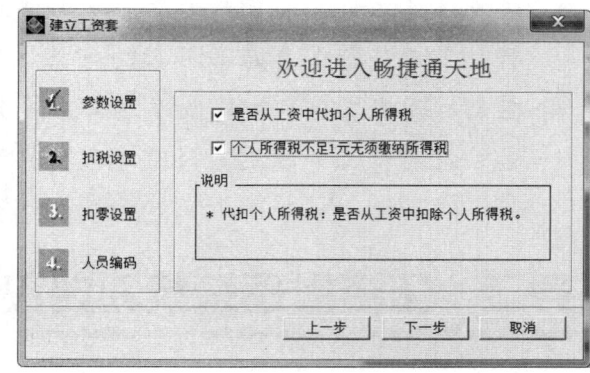

图 5-3

图 5-4

步骤 4：选中"扣零"复选框和"扣零至角……"单选按钮，如图 5-5 所示。单击"下一步"按钮，打开"人员编码"页面。

步骤 5：将"人员编码长度"设置为"3"，将"本账套的启用日期为"设置为"2022-01"和"01"，不勾选"预置工资项目"复选框，如图 5-6 所示。

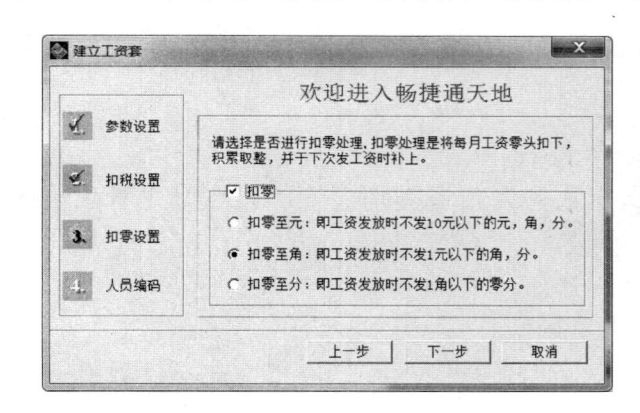

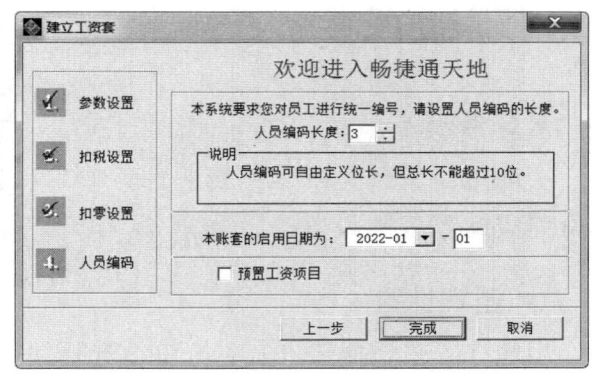

图 5-5

图 5-6

步骤 6：单击"完成"按钮，系统弹出提示框，如图 5-7 所示。

步骤 7：单击"是"按钮。完成工资账套的设置，进入工资管理系统页面。

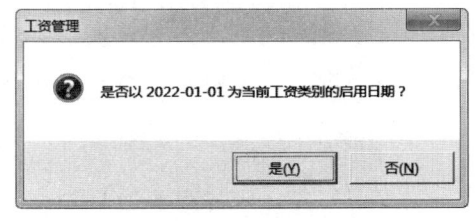

图 5-7

小贴士

- 选择账套处理的工资类别个数：若 1 个月之内多次发放工资，或者单位中不同类别（部门）的人员工资发放项目不相同，计算公式亦不相同，应选择"多个"；若单位中所有人员的工资项目、工资计算公式全部相同，则选择"单个"。
- 只有主管才有权删除工资类别，且工资类别删除后数据不可恢复。

- 一旦选择了"扣零处理",系统将自动在工资项目中增加"本月扣零"和"上月扣零"两个项目,且不需设置有关扣零处理的计算公式,"应发合计"中也不用包括"上月扣零","扣款合计"中不用包括"本月扣零"。
- 系统在建立新的工资账套后,或由于业务的变更,发现一些工资参数与核算内容不符,可以进行工资账套参数的调整。只有主管人员才可以修改工资参数。
- 在未打开工资类别时修改参数,系统会将所有工资类别中的参数统一修改为新的参数。在打开工资类别时修改参数,系统将只修改打开工资类别的参数。

任务二　工资管理系统初始设置

工资管理系统初始设置主要包括权限设置、人员类别设置、工资项目设置、银行名称设置、人员档案设置、工资项目计算公式设置等。同时,若畅捷通 T3 软件预置的个人所得税的费用扣除基数及税率表与现行税法不同,还需要按税法规定对个人所得税的费用扣除基数和税率表进行设置。

一、权限设置

任务描述

中原电子科技有限公司按照业务分工,指定水秀为工资类别主管。以账套主管山清的身份完成此项权限设置。

基本步骤

步骤 1:在畅捷通 T3 主窗口,选择"工资"|"设置"|"权限设置"命令,打开"权限设置"对话框,如图 5-8 所示。

步骤 2:选中操作员列表中的"水秀",单击"修改"按钮,激活"工资类别主管"复选框和"保存"按钮,选中"工资类别主管"复选框,如图 5-9 所示。

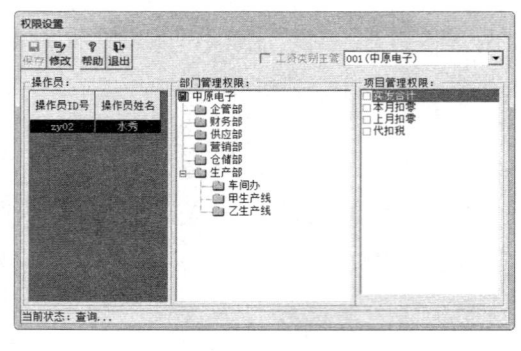

图 5-8 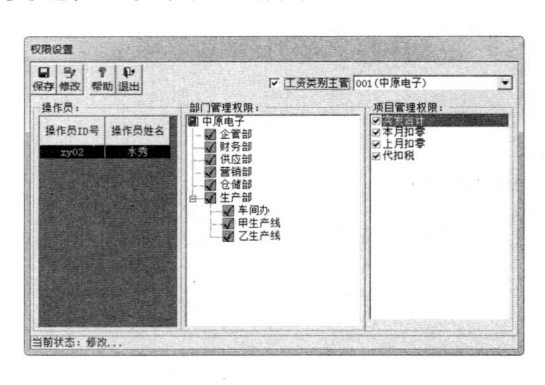　　　　　　　　　　　图 5-9

步骤3：单击"保存"按钮，系统弹出提示框，提示"已成功保存部门和项目权限！"，如图5-10所示，单击"确定"按钮。单击"退出"按钮。

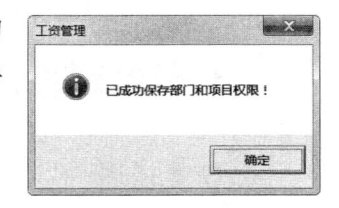

图 5-10

小贴士
- 权限设置的目的是将操作员的权限按部门、按工资项目进行分配。
- 操作员列表中所列的是非账套主管且具有工资功能权限的操作员。

二、人员类别设置

任务描述
中原电子科技有限公司的人员类别分为管理人员、采购人员、销售人员、车间管理人员和生产工人等，以工资类别主管水秀的身份进行人员类别设置。

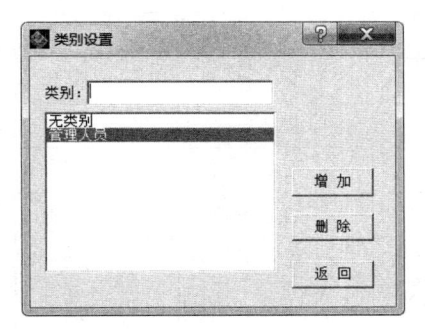

图 5-11

基本步骤
步骤1：选择"工资"|"设置"|"人员类别设置"命令，打开"类别设置"对话框。

步骤2：单击"增加"按钮，在"类别"文本框中输入"管理人员"，再单击"增加"按钮，"管理人员"将在人员类别名称栏内显示。如图5-11所示，继续增加其他人员类别。

步骤3：全部增加完毕后，选中"无类别"项，并单击"删除"按钮将其删除。单击"返回"按钮。

边学边练
以工资类别主管水秀的身份完成其他人员的类别设置。

小贴士
- 设置人员类别的目的是便于按人员类别进行工资汇总计算。
- 人员类别名称长度不得超过10个汉字或20位西文字符。
- 设置人员档案时，人员类别列表不允许为空。系统初始默认人员类别列表中有"无类别"一项，若不对人员划分类别或单位中某些人员无具体类别，则这些人员应选择"无类别"项。
- 已经使用的人员类别不允许删除，人员类别只剩一个时将不允许删除。

三、工资项目设置

任务描述

中原电子科技有限公司的人员工资项目见表 5-1，以工资类别主管水秀的身份完成工资项目设置。

表 5-1 人员工资项目

序号	项目名称	类型	长度	小数位数	增减项	序号	项目名称	类型	长度	小数位数	增减项
1	基本工资	数字	8	2	增项	19	个人负担的养老保险	数字	8	2	减项
2	津贴补贴	数字	8	2	增项	20	个人负担的医疗保险	数字	8	2	减项
3	日工资率	数字	8	2	其他	21	个人负担的失业保险	数字	8	2	减项
4	加班天数	数字	4	1	其他	22	个人负担的住房公积金	数字	8	2	减项
5	加班工资	数字	8	2	增项	23	本期专项扣除	数字	10	2	其他
6	产品产量	数字	8	1	其他	24	子女教育	数字	8	2	其他
7	计件工资	数字	8	2	增项	25	继续教育	数字	8	2	其他
8	迟到早退次数	数字	4	0	增项	26	大病医疗	数字	8	2	其他
9	迟到早退扣款	数字	8	2	其他	27	住房贷款利息	数字	8	2	其他
10	病假天数	数字	4	1	减项	28	住房租金	数字	8	2	其他
11	病假扣款	数字	8	2	其他	29	赡养老人	数字	8	2	其他
12	事假天数	数字	4	1	减项	30	本期专项附加扣除	数字	10	2	其他
13	事假扣款	数字	8	2	其他	31	税前工资	数字	10	2	其他
14	旷工天数	数字	4	1	减项	32	代扣税	数字	8	2	减项
15	旷工扣款	数字	8	2	其他	33	扣款合计	数字	8	2	其他
16	缺勤扣款合计	数字	8	2	减项	34	上月扣零	数字	8	2	其他
17	全勤奖	数字	8	2	增项	35	本月扣零	数字	8	2	其他
18	应发合计	数字	10	2	其他	36	实发合计	数字	10	2	增项

基本步骤

步骤1：选择"工资"|"设置"|"工资项目设置"命令，打开"工资项目设置"对话框。

步骤2：选中"代扣税"所在行的任一格，单击"增加"按钮，工资项目列表将增加一个空行，在对话框右侧的"名称参照"下拉列表框中选择"基本工资"，则"基本工资"项将被添加到左侧的工资项目列表中，如图 5-12 所示。

步骤3：双击"基本工资"这一行的"类型"栏，单击该栏右侧的下拉按钮，选择"数字"；双击"长度"栏，单击该栏右侧下拉按钮，选择"8"；双击"小数"栏，单击该栏右侧的下拉按钮，选择"2"；双击"增减项"栏，单击该栏右侧的下拉按钮，选择"增项"。

步骤 4：单击"移动"的上、下三角按钮，调整工资项目的顺序，将"基本工资"移动到最顶端。

步骤 5：单击"增加"按钮，由于名称参照列表中无"津贴补贴"项目，此时可直接通过键盘打字输入，如图 5-13 所示。设置好该项目的"类型""长度""小数""增减项"后，再继续增加其他项目。

步骤 6：最后单击"确认"按钮。

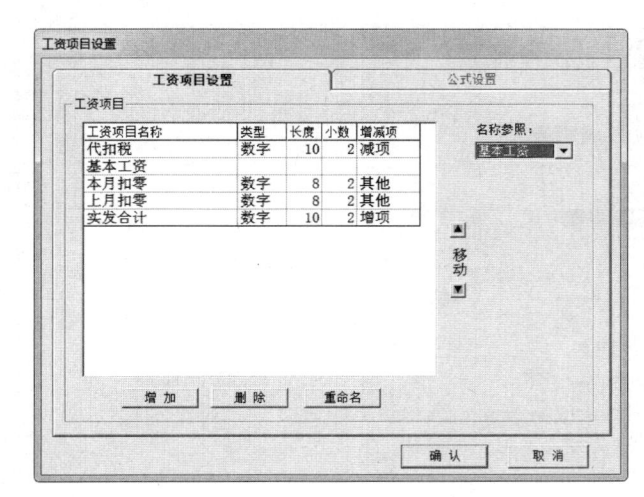

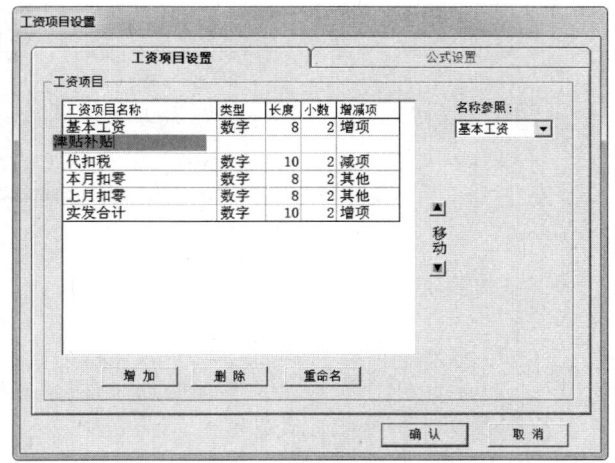

图 5-12

图 5-13

边学边练

以中原电子科技有限公司工资类别主管水秀的身份增加其他工资项目并按表 5-1 所列顺序排序。

小贴士

- 工资项目不能重复。
- 设置了"扣零处理"，系统在工资项目中将自动生成"本月扣零"和"上月扣零"两个项目，并自动进行扣零处理。
- 选择了自动扣税功能，则系统在工资项目中自动生成"代扣税"项目。
- "实发合计"等系统默认固定项目，是必不可少的项目，不允许删除。不能删除已输入数据的工资项目和已设置计算公式的工资项目。

四、银行名称设置

任务描述

中原电子科技有限公司的员工工资由建行中原支行代发，职工工资账号定长为 19 位，输入时自动带出的账号长度为 10 位。以工资类别主管水秀的身份完成银行名称的设置。

基本步骤

步骤 1：选择"工资"|"设置"|"银行名称设置"命令，打开"银行名称设置"对话框。

步骤 2：在"银行名称设置"对话框中，单击"增加"按钮，选中"账号定长"复选框，在"账号长度"文本框中输入"19"，然后在银行名称编辑栏中输入"建行中原支行"，最后在"录入时需要自动带出的账号长度"文本框中输入"10"，如图 5-14 所示。

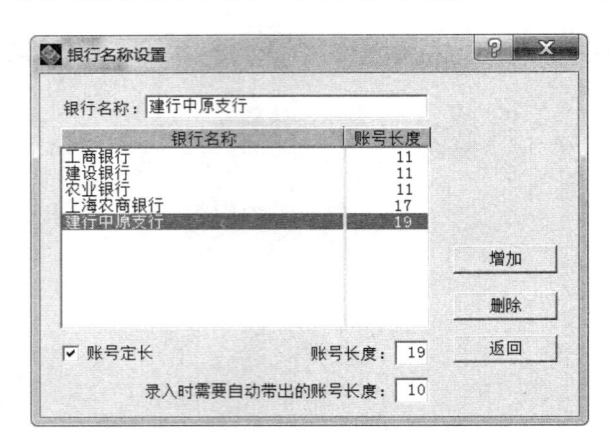

图 5-14

步骤 3：单击"返回"按钮。

小贴士

- 可设置多个代发工资的银行，以满足同一工资类别中的人员由于工作地点不同而由不同的银行代发工资，或者不同的工资类别由不同的银行代发等需求。
- 银行名称长度不得超过 10 个汉字或 20 位西文字符。
- 银行账号长度不得为空，且不能超过 30 位。银行账号定长是指此银行要求所有人员的账号长度必须相同。银行账号不定长，需指定最长账号的长度，否则系统默认为 30 位。

五、人员档案设置

任务描述

中原电子科技有限公司的人员档案见表 5-2，以工资类别主管水秀的身份完成企业人员档案的设置。

表 5-2　人员档案

编 号	姓 名	部 门	人员类别	账 号	扣 税	工资停发	进入日期
101	高超	101	管理人员	6345678901200099001	是	否	2019-01-01
201	山清	201	管理人员	6345678901200099002	是	否	2019-01-01

续表

编号	姓名	部门	人员类别	账号	扣税	工资停发	进入日期
202	水秀	202	管理人员	6345678901200099003	是	否	2020-01-01
203	云飞	203	管理人员	6345678901200099004	是	否	2019-01-01
301	赵亮	301	采购人员	6345678901200099005	是	否	2019-01-01
401	刘明	401	销售人员	6345678901200099006	是	否	2019-01-01
501	张力	501	管理人员	6345678901200099007	是	否	2019-01-01
502	李阳	502	管理人员	6345678901200099008	是	否	2020-01-01
601	王聪	601	车间管理人员	6345678901200099009	是	否	2019-01-01
602	陈盼	602	生产工人	6345678901200099010	是	否	2020-01-01
603	林倩	603	生产工人	6345678901200099011	是	否	2020-01-01

基本步骤

步骤1：选择"工资"|"设置"|"人员档案"命令，打开"人员档案"窗口，如图5-15所示。

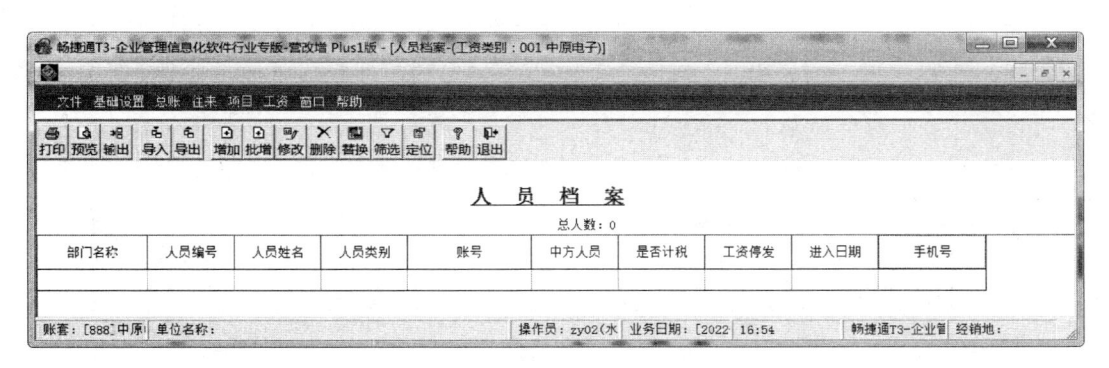

图 5-15

步骤2：在"人员档案"窗口，单击"批增"按钮，打开"人员批量增加"对话框。

步骤3：逐一单击对话框左侧列表框"部门"栏前的"选择"栏，将要引入的人员档案信息显示在对话框右侧列表框中，如图5-16所示。

图 5-16

步骤4：双击"供应部"所在行的人员类别，将其修改为"采购人员"；采用同样的方法修改营销部和生产部的人员类别,如图 5-17 所示。

图 5-17

步骤 5:单击"确定"按钮,打开"人员档案"窗口,如图 5-18 所示。

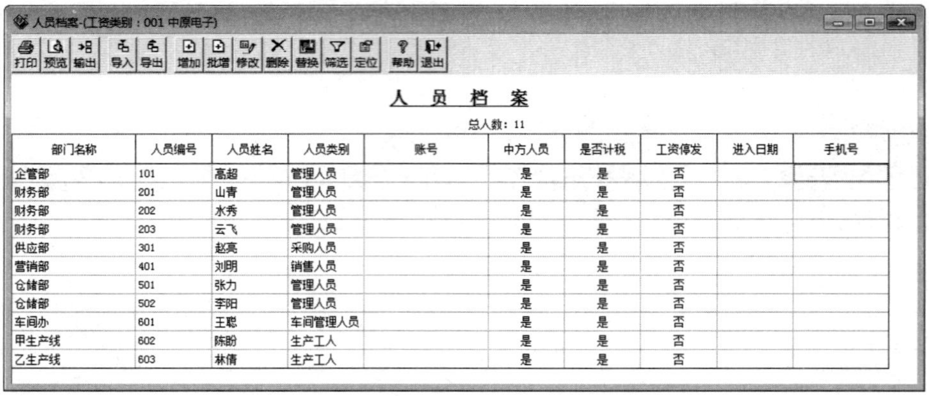

图 5-18

步骤 6:单击"修改"按钮,打开"人员档案"对话框,如图 5-19 所示。选择"人员姓名"为"高超","银行名称"选择"建行中原支行",输入"银行账号"为"6345678901200099001"。

步骤 7:单击"确认"按钮,系统弹出提示框,显示"写入该人员档案信息吗?",如图 5-20 所示。单击"确定"按钮,继续设置其他人员档案信息。

图 5-19   图 5-20

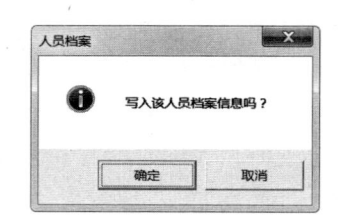

边学边练

以工资类别主管水秀的身份将人员档案中其他人员的代发银行信息输入完整。

小贴士

- 只有末级部门才能设置人员。
- 人员编号与人员姓名必须一一对应,人员编号不可重复。已调出人员的编号可再次用于其他人员。
- 在输入人员基础信息时,人员类别必选。
- 可通过批量导入基础档案中的职员档案方式设置人员档案。
- 只有事先设置了银行名称,此处才能选择输入银行名称。系统只在银行账号为定长时,才对银行账号进行合法性检查。

六、工资项目计算公式设置

任务描述

中原电子科技有限公司的工资项目计算公式见表 5-3,以工资类别主管水秀的身份完成这些工资项目的计算公式的设置。

表 5-3 工资项目计算公式

工 资 项 目	定 义 公 式
津贴补贴	iff(部门="企管部",900,iff(部门="甲生产线" or 部门="乙生产线",300,700))
日工资率	(基本工资+津贴补贴)/21.75
加班工资	加班天数*日工资率*2
计件工资	iff(部门="甲生产线",产品产量*7.5,产品产量*6.5)
迟到早退扣款	迟到早退次数*日工资率*1/3
病假扣款	病假天数*日工资率*0.2
事假扣款	事假天数*日工资率
旷工扣款	旷工天数*日工资率*2
缺勤扣款合计	迟到早退扣款+病假扣款+事假扣款+旷工扣款
全勤奖	iff(部门="甲生产线" and 缺勤扣款合计=0 or 部门="乙生产线" and 缺勤扣款合计=0,350,iff(缺勤扣款合计=0,300,0))
应发合计	基本工资+津贴补贴+加班工资+计件工资-缺勤扣款合计+全勤奖
个人负担的养老保险	应发合计*0.08
个人负担的医疗保险	应发合计*0.02
个人负担的失业保险	应发合计*0.003
个人负担的住房公积金	应发合计*0.12
本期专项扣除	个人负担的养老保险+个人负担的医疗保险+个人负担的失业保险+个人负担的住房公积金
本期专项附加扣除	子女教育+继续教育+大病医疗+住房贷款利息+住房租金+赡养老人
税前工资	iff(应发合计-本期专项扣除-本期专项附加扣除>5 000,应发合计-本期专项扣除-本期专项附加扣除,0)

工资项目	定义公式
扣款合计	缺勤扣款合计+本期专项扣除+代扣税
实发合计	应发合计-本期专项扣除-代扣税
注：代扣税即税法所指本期应预扣预缴税额，系统已为其预置公式"税前工资*税率-速算扣除数"，故无须用户设置；"扣款合计"与"实发合计"公式中的"代扣税"需要通过键盘打字输入。	

步骤1：选择"工资"|"设置"|"工资项目设置"命令，打开"工资项目设置"对话框，如图5-21所示。

步骤2：选择"公式设置"选项卡，打开公式设置功能页面。单击该页面左边"工资项目"栏下的"增加"按钮，激活"工资项目"下拉列表，单击下三角按钮，选择"津贴补贴"项目，如图5-22所示。

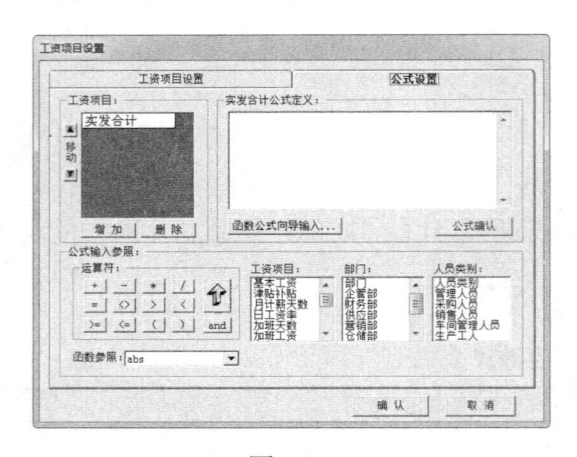

图 5-21 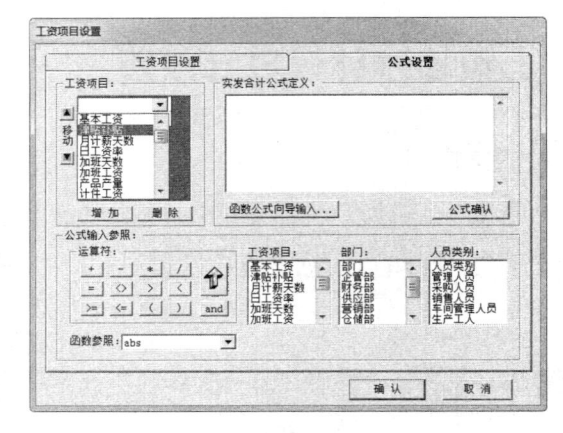   图 5-22

步骤3：单击右侧"函数公式向导输入…"按钮，打开"函数向导——步骤之1"对话框，如图5-23所示。

步骤4：选择"iff"函数，单击"下一步"按钮，打开"函数向导——步骤之2"对话框。

步骤5：单击"逻辑表达式"栏右侧的参照按钮，在参照列表中选择"部门名称"为"企管部"（显示结果为 部门="企管部"），在"算术表达式1"栏中，输入"900"，如图5-24所示。

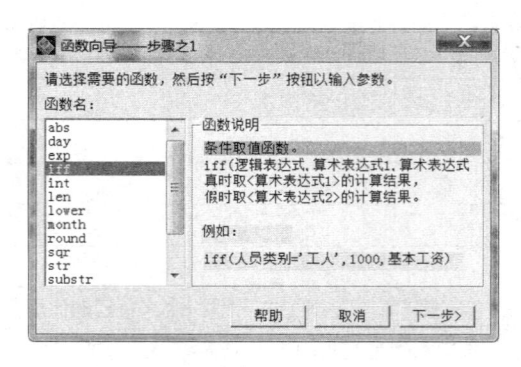

图 5-23 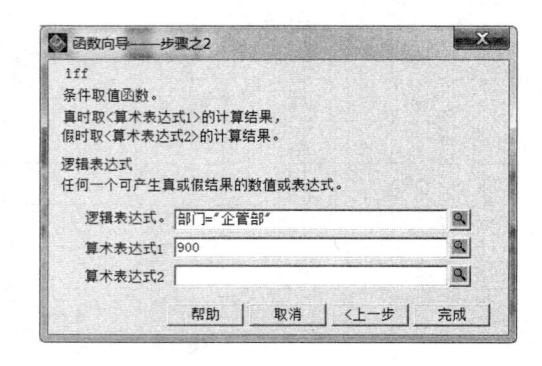   图 5-24

步骤 6：单击"完成"按钮，返回"工资项目设置"界面，右侧将显示已添加的津贴补贴公式，如图 5-25 所示。

步骤 7：将光标放在公式"iff(部门="企管部",900,)"中的 900 右侧逗号","之后，再次单击"函数公式向导输入…"按钮，重复"iff"函数的操作，在"函数向导——步骤之 2"对话框的逻辑表达式中参照输入"部门="甲生产线""之后，输入英文格式的"空格 or 空格"，再次参照输入"部门="乙生产线""，算术表达式 1 中输入"300"，算术表达式 2 中输入"700"，如图 5-26 所示。

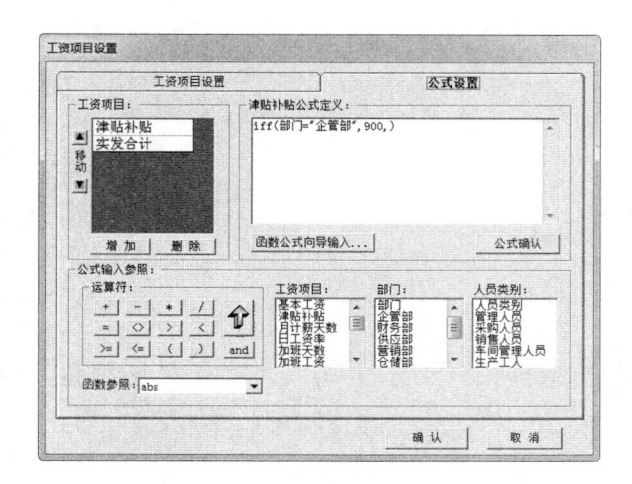

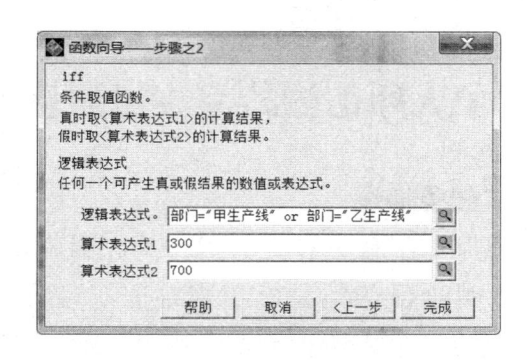

图 5-25

图 5-26

步骤 8：单击"完成"按钮，所设置的完整公式如图 5-27 所示。单击"公式确认"按钮，单击"确认"按钮。

图 5-27

边学边练

以中原电子科技有限公司工资类别主管水秀的身份完成其余工资项目计算公式的设置。

小贴士

- 定义公式可通过选择常数、工资项目、运算符、关系符、函数等组合完成。
- 在工资类别参数中，选择了扣零处理，在计算公式中不必设立有关扣零处理的计算公式，系统将把"本月扣零""上月扣零"作为默认项放入工资表中。
- 定义工资项目计算公式要符合逻辑，系统将对公式进行合法性检查，不符合逻辑的计算公式系统将给出错误提示。
- 工资项目中没有的项目不允许在公式中出现。
- 定义公式时要按工资项目的先后顺序，先计算的数据应先设置公式。可通过单击公式框的上下箭头调整计算公式顺序。
- 在"逻辑表达式"文本框中，"or"和"and"的前后必须各有一个英文空格。

七、个人所得税税率表扣税基数设置

任务描述

中原电子科技有限公司作为扣缴义务人按月预扣预缴本公司职工的个人所得税，并在次年3月1日—6月30日内办理汇算清缴。按2018年8月31日修订、2019年1月1日正式实施的"个人所得税法"及相关政策规定：本期应预扣预缴税额=（累计预扣预缴应纳税所得额×预扣率-速算扣除数）-累计减免税额-累计已预扣预缴税额。其中，累计预扣预缴应纳税所得额=累计收入-累计免税收入-累计减除费用-累计专项扣除-累计专项附加扣除-累计确定的其他扣除额。而累计减除费用，按照 5 000 元/月乘以纳税人当年截至本月在本单位的任职受雇月份数计算。

但由于畅捷通 T3 预置的个人所得税税率表是以月度为纳税期限，其计税依据为"税前工资-基数-附加费用"，其中的"基数"就是指减除费用，新的减除费用为 5 000 元/月，原来的"附加费用"已取消。为方便学习，同时兼顾税法和软件，本书将税前工资定义为"应发合计-本期专项扣除-本期专项附加扣除-本期确定的其他扣除额"，其中的"应发合计"为本期工资薪金收入，"本期确定的其他扣除额"为0，故"税前工资=应发合计-本期专项扣除-本期专项附加扣除"，5 000 元的本期减除费用仍作为"基数"，这样中原电子科技有限公司每月的个税计税依据为"税前工资-基数"。这样计算出的"代扣税"与个人所得税法规定的"本期应预扣预缴税额"是一致的。

以工资类别主管水秀的身份将 T3 系统原有的费用"基数"和"附加费用"进行调整。

基本步骤

步骤 1：选择"工资"|"业务处理"|"扣缴所得税"命令，打开"栏目选择"对话框。在"对应工资项目"中选择"税前工资"项。

步骤 2：单击"确认"按钮，打开"个人所得税"窗口，如图 5-28 所示。

步骤 3：单击税率按钮，打开"个人所得税申报表——税率表"对话框，如图 5-29 所示。

图 5-28

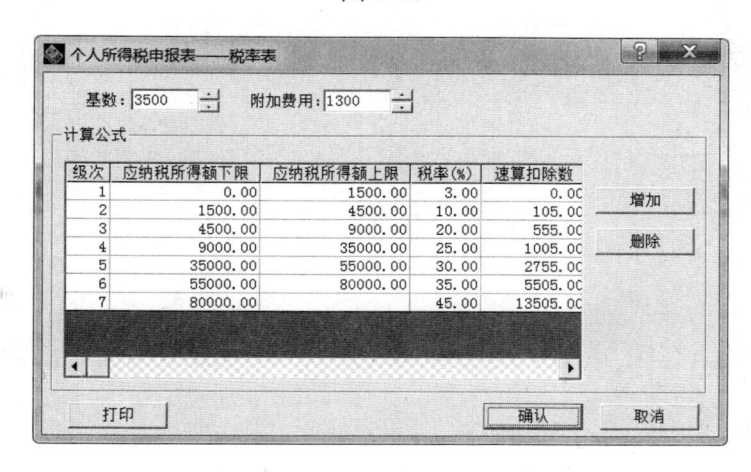

图 5-29

步骤 4：将"基数"调整为"5 000"，"附加费用"调整为"0"，单击"确认"按钮。

步骤 5：系统打开"调整税率表后，个人所得税需要重新计算。是否需要重新计算个人所得税？"提示框，单击"是"按钮。

小贴士

- 修改税率表后，需要重新计算个人所得税和工资总额。

八、工资分摊类型设置

任务描述

2022 年 1 月，中原电子科技有限公司会计水秀需要完成以下工资分摊类型设置：

① 按应发合计的 100%分配工资费用。

② 按应发合计的 2%计提工会经费。

③ 按应发合计的 4%计提职工教育经费。

④ 按应发合计的 16%计提企业负担的养老保险。

⑤ 按应发合计的 8% 计提企业负担的医疗保险。

⑥ 按应发合计的 0.7% 计提企业负担的失业保险。

⑦ 按应发合计的 1% 计提工伤保险。

⑧ 按应发合计的 1% 计提生育保险。

⑨ 按应发合计的 12% 计提企业负担的住房公积金。

基本步骤

步骤 1：选择"工资"|"业务处理"|"工资分摊"命令，打开"工资分摊"对话框，如图 5-30 所示。

步骤 2：单击"工资分摊设置…"按钮，打开"分摊类型设置"对话框，如图 5-31 所示。

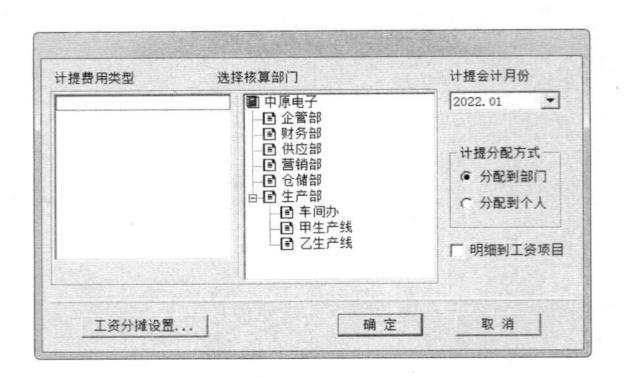

图 5-30 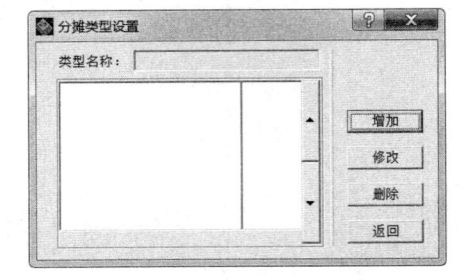　　　　　　　　　　　　　图 5-31

步骤 3：单击"增加"按钮，打开"分摊计提比例设置"对话框。在"计提类型名称："文本框中输入"分配工资费用"，"分摊计提比例："设置为"100%"，如图 5-32 所示。

步骤 4：单击"下一步"按钮，打开"分摊构成设置"对话框，按照会计核算的要求，分别对"部门名称"、"人员类别"、"项目"、"借方科目"和"贷方科目"进行设置，如图 5-33 所示。

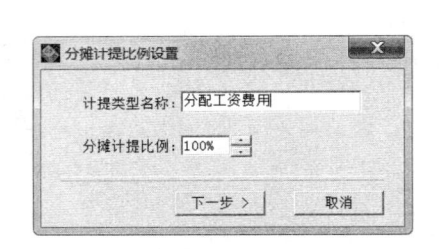

图 5-32 　　　　　　　　　　　　　图 5-33

步骤 5：单击"完成"按钮。

边学边练

以中原电子科技有限公司水秀的身份完成计提工会经费等其余职工薪酬项目的分摊设置。

小贴士

- 工资分摊涉及的部门都必须一一设置,涉及的人员类别也要一一设置。
- 企业生产两种以上产品时,为方便工资分摊,部门档案设置时可将生产部门细分为生产管理部门与生产车间,生产车间再细分为班组(或者将每一种产品的生产人员设置为一类人员),以避免发生工资分摊时将全部工人的工资及附加费用只计入一种产品的生产成本的情况发生。
- 若企业在当月发放工资,发放工资及代扣个人负担的"三险一金"及个税的账务处理也可以通过工资分摊功能实现,分摊计提比例为相关项目的 100%。若工资下月发放,则该业务在总账系统处理较好。

任务三 工资管理系统日常业务处理

工资管理系统的日常业务主要包括工资数据录入、个人所得税扣缴、工资分摊、凭证与账表查询及输出、导出工资发放表提交银行代发等。

一、基础工资数据录入

任务描述

2022 年 1 月 31 日,中原电子科技有限公司水秀根据员工基本工资档案(见表5-4)将当月基本工资数据录入工资系统。

表 5-4 中原电子科技有限公司 2022 年 1 月员工基本工资档案

人员编号	姓 名	部 门	人员类别	基本工资
101	高超	企管部	管理人员	5 500.00
201	山清	财务部	管理人员	5 400.00
202	水秀	财务部	管理人员	5 000.00
203	云飞	财务部	管理人员	5 200.00
301	赵亮	供应部	采购人员	5 500.00
401	刘明	营销部	销售人员	5 600.00
501	张力	仓储部	管理人员	5 300.00
502	李阳	仓储部	管理人员	4 900.00
601	王聪	车间办	车间管理人员	5 700.00
602	陈盼	甲生产线	生产工人	4 500.00
603	林倩	乙生产线	生产工人	4 500.00

🔧 基本步骤

步骤1：以水秀的身份，选择"工资"|"业务处理"|"工资变动"命令，打开"工资变动"窗口。

步骤2：选择"高超"所在的行，单击输入基本工资"5 500.00"。用同样的方法，依次输入其他人员的基本工资数据，如图5-34所示。

图 5-34

步骤3：单击"保存"按钮，进行工资计算，"工资变动"表中设置了计算公式的项目自动计算出数据。单击"汇总"按钮，数据自动按部门、人员类别等进行汇总。

💡 小贴士

- 使用页编辑录入功能，可完成对选定人员进行工资数据的快速录入。每录入或修改一个人员的工资数据后，应立刻单击"确认"按钮，保存本次修改结果。
- 如果要统一替换符合条件的人员的某个工资项目的数据，可使用工资数据替换功能进行操作。但若进行数据替换的工资项目已设置了计算公式，则在重新计算时仍以计算公式为准。

二、变动工资数据录入

👤 任务描述

中原电子科技有限公司2022年1月的变动工资数据主要是产品产量、考勤记录及专项附加扣除等，见表5-5。2022年1月31日，由水秀将这些变动工资数据录入工资系统。

表5-5 中原电子科技有限公司2022年1月职工变动工资数据统计表

人员编号	姓名	加班天数	产品产量	迟到早退次数	病假天数	事假天数	旷工天数	子女教育	继续教育	大病医疗	住房贷款利息	住房租金	赡养老人
101	高超	1						500.00					
201	山清	1				1							1 000.00

续表

人员编号	姓名	加班天数	产品产量	迟到早退次数	病假天数	事假天数	旷工天数	子女教育	继续教育	大病医疗	住房贷款利息	住房租金	赡养老人
202	水秀	1							400.00				
203	云飞	1											
301	赵亮	2											1 000.00
401	刘明	2		1							1 000.00		
501	张力	3											1 000.00
502	李阳	4		1									
601	王聪	4											
602	陈盼	4	150	1								1 500.00	
603	林倩	4	250			1	500.00						

🗨 基本步骤

步骤1：选择"工资"|"业务处理"|"工资变动"命令，打开"工资变动"窗口。

步骤2：选择"陈盼"所在的行，输入产品产量150（件）。用同样的方法，依次输入其他人员工资变动数据，如图5-35所示。

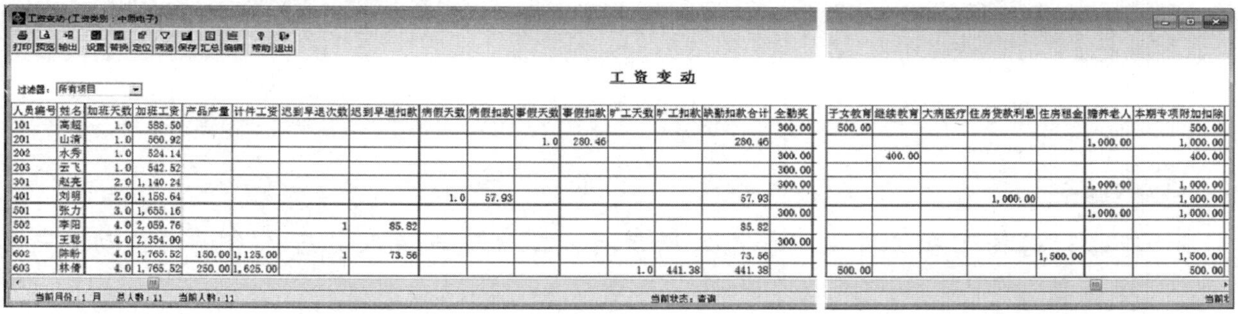

图 5-35

步骤3：单击"保存"按钮，进行工资计算，单击"汇总"按钮，进行数据汇总。

🗨 小贴士

- 如果对部分人员的工资数据进行修改，可以采用数据过滤的方法，先将所要修改的人员过滤出来，然后再修改工资数据。这样可提高计算速度。
- 进行修改数据、重新设置计算公式、数据替换或自动扣税等操作后，需要对工资数据重新计算和汇总，以保证数据正确。

三、查看个人所得税扣缴申报表

🗨 任务描述

中原电子科技有限公司完成工资数据录入并经计算和汇总后，即可查看当月个人所得税扣缴申报表的详细情况。

基本步骤

步骤1：以水秀的身份，选择"工资"|"业务处理"|"扣缴所得税"命令，打开"栏目选择"对话框，单击"对应工资项目"下拉列表，选择"税前工资"项，如图5-36所示。

步骤2：单击"确认"按钮，系统弹出提示框，询问"是否重算数据？"，单击"是"按钮，打开"个人所得税-（工资类别：中原电子）"窗口，显示2022年1月中原电子科技有限公司个人所得税扣缴申报表的具体内容，如图5-37所示。

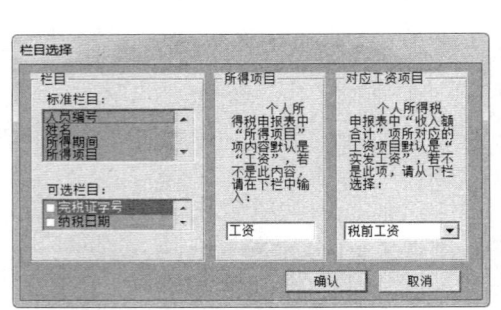

图 5-36　　　　　　　　　　　　图 5-37

小贴士

- 建账时选择了在工资中代扣个人所得税，工资数据录入之后，系统便自动进行扣税计算。
- 查看个人所得税的时候一定要重算数据，系统会自动按最新的税率表重新计算。
- 若修改了"税率表"，则在退出个人所得税功能后，需要到数据变动功能中执行重新计算功能，否则系统将保留用户修改个人所得税前的数据状态。

四、工资分摊

任务描述

2022年1月31日，会计水秀进行分配工资费用、计提工会经费、职工教育经费及企业负担的养老保险、医疗保险、失业保险、工伤保险、生育保险、住房公积金等当月职工薪酬项目的分摊。

基本步骤

步骤1：选择"工资"|"业务处理"|"工资分摊"命令，打开"工资分摊"对话框，

"计提费用类型"选中"分配工资费用"复选框,"选择核算部门"为所有部门,"计提分配方式"选择"分配到部门"单选按钮,选中"明细到工资项目"复选框,如图 5-38 所示。

步骤 2:单击"确定"按钮,打开"工资分摊明细"窗口,选中"合并科目相同、辅助项相同的分录"复选框,如图 5-39 所示。

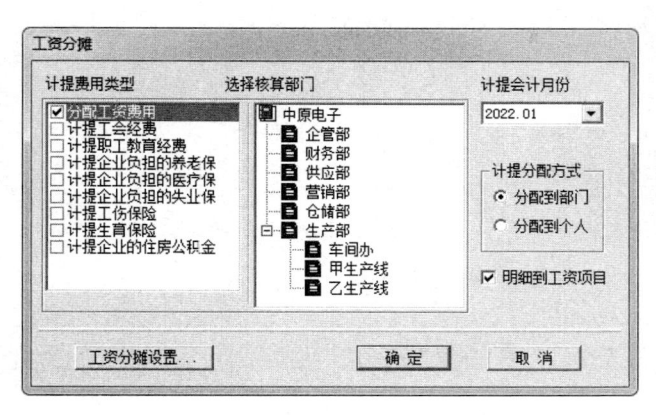

图 5-38

图 5-39

步骤 3:单击"制单"按钮,打开"填制凭证"窗口。将光标放在甲生产线的"生产成本/直接人工"所在的行,双击备注栏中"个人"下方最右边的矩形框,打开"辅助项"对话框,参照选择"甲产品"项目,如图 5-40 所示。

步骤 4:单击"确认"按钮,再用同样的方法录入乙生产线的"生产成本/直接人工"的项目为"乙产品"。将光标移开此行,单击"保存"按钮,显示凭证"已生成",如图 5-41 所示。

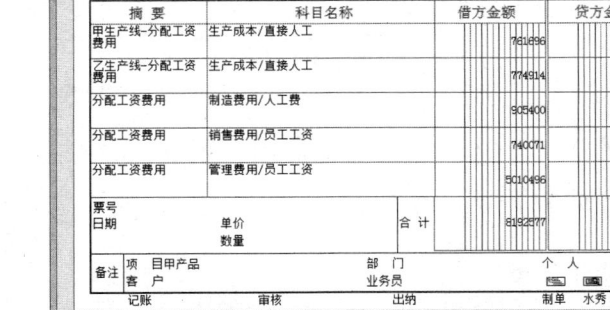

图 5-40

图 5-41

边学边练

以中原电子科技有限公司水秀的身份完成计提工会经费、职工教育经费及企业负担的养老保险、医疗保险、失业保险、工伤保险、生育保险、住房公积金的分摊。

> **小贴士**
> - 已保存的凭证系统将自动传递到总账系统，需在总账系统对其进行审核、记账。
> - 生成凭证时如果不选中"合并科目相同、辅助项相同的分录"复选框，生成的凭证中每一条分录都将对应一个贷方科目。
> - 有辅助核算的科目，必须录入辅助项内容，否则凭证不能保存。

五、凭证与账表查询

（一）凭证查询

任务描述

2022年1月31日，以中原电子科技有限公司水秀的身份查询当月工资管理系统所填制的记账凭证。

基本步骤

步骤1：选择"工资"|"统计分析"|"凭证查询"命令，打开"凭证查询"对话框，如图5-42所示。

图 5-42

步骤2：选中"分配工资费用"所在行的任意一个单元格，单击上方的"凭证"按钮，即可打开这张凭证。也可根据需要删除、冲销某张凭证，或者查询某张凭证对应的单据。

边学边练

以中原电子科技有限公司水秀的身份查询当月工资管理系统所填制的记账凭证，根据需要做进一步的操作。

> **小贴士**
> - 进行删除凭证操作时，只有未审核的凭证才允许删除。

- 进行冲销凭证操作时，只有已记账的凭证才能冲销。

（二）账表查询

任务描述

2022年1月31日，以中原电子科技有限公司水秀的身份查询当月各种工资表。

基本步骤

步骤1：选择"工资"|"统计分析"|"账表"|"工资表"命令，打开如图5-43所示的对话框。

步骤2：选中"工资发放签名表"所在行，单击"查看"按钮，打开"工资发放签名表"对话框，构选需要查询的部门，并选中"选定下级部门"复选框，如图5-44所示。

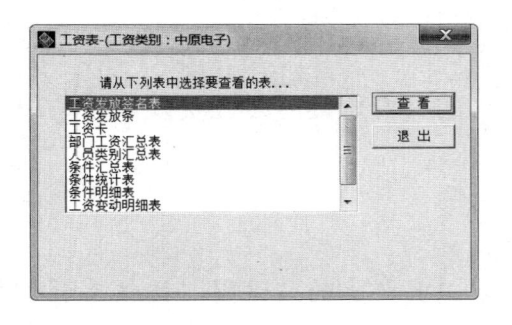

图5-43 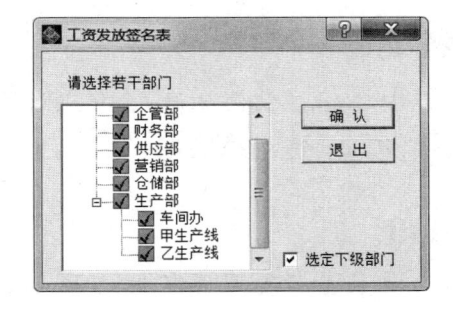　　　　　　　　　　图5-44

步骤3：单击"确认"按钮，打开"工资发放签名表"窗口。

步骤4：单击"格式"按钮，打开"设置显示列"对话框，勾选本次查询需要显示的基本工资、津贴补贴、加班工资、计件工资、缺勤扣款合计、全勤奖、应发合计、本期专项扣除、本期专项附加扣除、税前工资和代扣税等工资项目，如图5-45所示。

步骤5：单击"确定"按钮，系统弹出工资管理提示框，提醒"请重新打开工资发放签名表"，如图5-46所示。

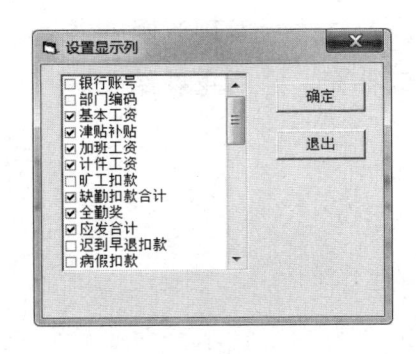

图5-45 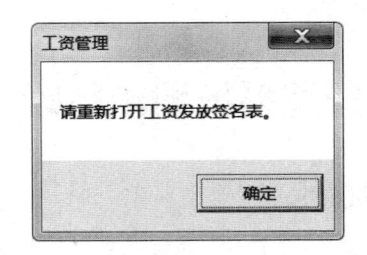　　　　　　　　　　图5-46

步骤6：单击"确定"按钮，然后重新打开"工资发放签名表"窗口进行查询，如图5-47所示。

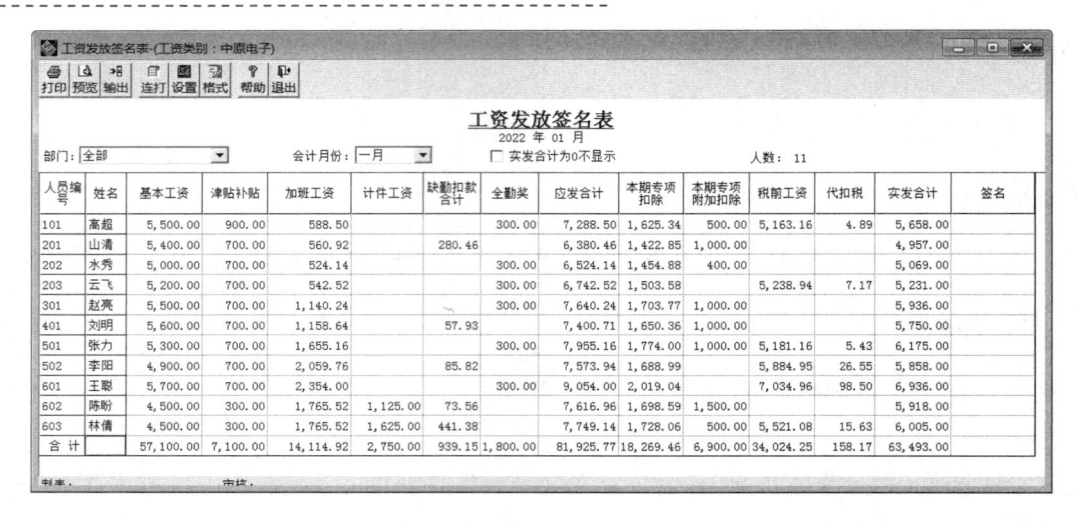

人员编号	姓名	基本工资	津贴补贴	加班工资	计件工资	缺勤扣款合计	全勤奖	应发合计	本期专项扣除	本期专项附加扣除	税前工资	代扣税	实发合计	签名
101	高超	5,500.00	900.00	588.50			300.00	7,288.50	1,625.34	500.00	5,163.16	4.89	5,658.00	
201	山清	5,400.00	700.00	560.92		280.46		6,380.46	1,422.85	1,000.00			4,957.00	
202	水秀	5,000.00	700.00	524.14			300.00	6,524.14	1,454.88	400.00			5,069.00	
203	云飞	5,200.00	700.00	542.52			300.00	6,742.52	1,503.58		5,238.94	7.17	5,231.00	
301	赵亮	5,500.00	700.00	1,140.24			300.00	7,640.24	1,703.77	1,000.00			5,936.00	
401	刘明	5,600.00	700.00	1,158.64		57.93		7,400.71	1,650.36	1,000.00			5,750.00	
501	张力	5,300.00	700.00	1,655.16			300.00	7,955.16	1,774.00	1,000.00	5,181.16	5.43	6,175.00	
502	李阳	4,900.00	700.00	2,059.76		85.82		7,573.94	1,688.99		5,884.95	26.55	5,858.00	
601	王聪	5,700.00	700.00	2,354.00			300.00	9,054.00	2,019.04		7,034.96	98.50	6,936.00	
602	陈盼	4,500.00	300.00	1,765.52	1,125.00	73.56		7,616.96	1,698.59	1,500.00			5,918.00	
603	林倩	4,500.00	300.00	1,765.52	1,625.00	441.38		7,749.14	1,728.06	500.00	5,521.08	15.63	6,005.00	
合计		57,100.00	7,100.00	14,114.92	2,750.00	939.15	1,800.00	81,925.77	18,269.46	6,900.00	34,024.25	158.17	63,493.00	

图 5-47

边学边练

以中原电子科技有限公司工资类别主管水秀的身份查询当月工资发放条、部门工资汇总表、人员类别工资汇总表等。

小贴士

- 当工资表每行高度不够时，可单击工资表工具栏上的"设置"按钮，调整表头行高和表体行高。
- 当调整工资表的列宽时，表头各栏目名称如果显示宽度不够，系统会自动折行显示。

任务四　工资管理系统期末处理

工资管理系统期末处理主要是进行期末结账，通过处理将继续沿用的工资项目数据结转至下月，将不再使用的工资项目数据进行清零。若结账后发现当月业务处理有问题，可执行反结账功能取消结账，对当月业务进行更正或补充，之后重新结账。

一、工资管理系统期末结账

任务描述

2022 年 1 月 31 日，中原电子科技有限公司工资类别主管水秀对工资管理系统进行期末处理，将当月的部分工资数据经过期末处理后结转至下月。

基本步骤

步骤 1：选择"工资"|"业务处理"|"月末处理"命令，打开"月末处理"对话框，

如图 5-48 所示。

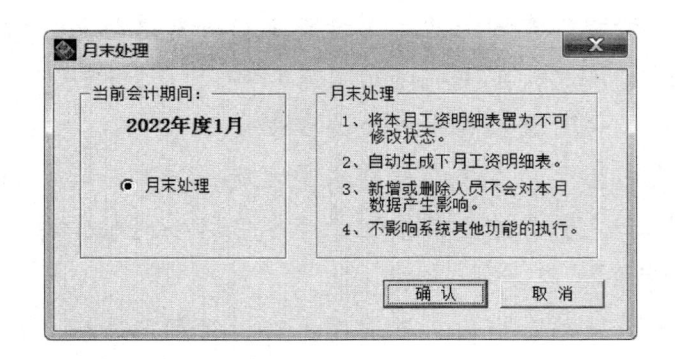

图 5-48

步骤 2：单击"确认"按钮，系统弹出提示框，询问"月末处理之后，本月工资将不许变动！继续月末处理吗？"，如图 5-49 所示。

步骤 3：单击"是"按钮，系统再次弹出提示框，询问"是否选择清零项？"，如图 5-50 所示。

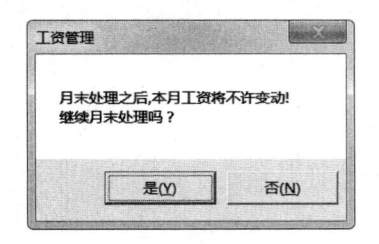

图 5-49 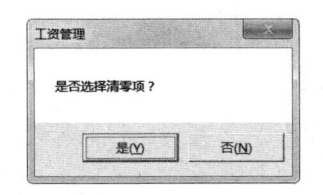　　　　　　　　　　　图 5-50

步骤 4：如果单击"否"按钮，系统将直接弹出提示框，提示"月末处理完毕！"。如果单击"是"按钮，则系统将打开"选择清零项目"对话框，依次选中"加班天数""产品产量""迟到早退次数""病假天数""事假天数""旷工天数"项，再单击 按钮，如图 5-51 所示。

步骤 5：单击"确认"按钮，系统弹出提示框，告知"月末处理完毕！"，如图 5-52 所示。单击"确定"按钮。

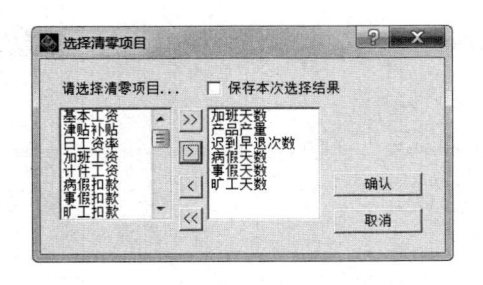

图 5-51 　　　　　　　　　　　图 5-52

小贴士

- 月末结转只有在会计年度的 1 月~11 月进行。

- 月末结转只有在当月工资数据处理完毕后才可进行。
- 如要处理多个工资类别，则应打开工资类别，分别进行月末结算。
- 如本月数据未进行汇总，则不能进行月末结转。
- 进行期末处理后，当月数据将不再允许变动。
- 月末结转只能由账套主管或工资类别主管才能执行。
- 年结方法：以账套主管身份登录系统管理建立新年度账，再以账套主管身份登录系统管理结转工资模块。
- 必须在总账管理系统结账前对工资管理系统进行期末处理，否则总账系统无法进行月末结转。

二、工资管理系统反结账

任务描述

2022年2月1日，中原电子科技有限公司工资类别主管水秀根据需要，取消工资管理系统1月份的结账工作。

基本步骤

步骤1：2022年2月1日以水秀的身份重新注册系统。

步骤2：选择"工资"|"业务处理"|"反结账"命令，打开"反结账"对话框，如图5-53所示。

步骤3：单击"确定"按钮，系统弹出反结账提示框，告知"反结账已成功完成！"，如图5-54所示。

步骤4：单击"确定"按钮，系统弹出提示框，告知"该工资类别业务日期月份超前，请重新选择业务日期！本工资类别已处理到2022年1月。"，如图5-55所示。单击"确定"按钮。

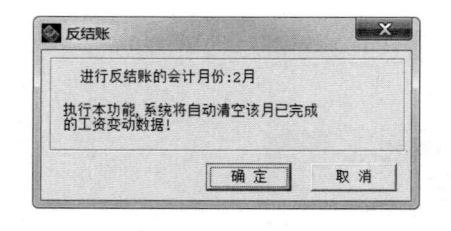

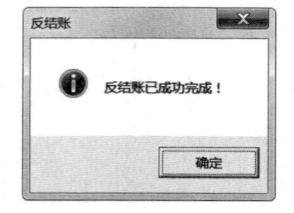

图 5-53

图 5-54

图 5-55

小贴士

- 只有总账系统处于未结账条件下，工资系统才能反结账。
- 反结账只能由账套主管或工资类别主管才能执行。
- 工资管理系统的反结账处理需要下月登录系统才可实现。

- 对工资管理系统相关设置及业务进行修正或补充之后，应重新进行结账。

上机实训八　工资管理系统初始设置

一、实训目的

通过学生上机实训，巩固工资管理系统初始设置的学习效果，达到能够熟练完成上机操作的目的。

二、实训任务

（1）建立工资账套。

（2）完成工资管理系统权限、人员类别、工资项目、工资项目计算公式、人员档案、银行名称、个人所得税费用扣除基数及税率表等设置。

（3）完成工资分摊类型设置。

三、实训资料

工资账套和工资管理系统各项基础设置的资料见本项目任务一和任务二中的案例。

四、实训要求

（1）以系统管理员 admin 的身份从文件夹"上机实训三　总账管理系统初始设置"中恢复学生本人之前所备份的账套。

（2）以账套主管和会计的身份分别登录系统，完成实训任务。

（3）以系统管理员 admin 的身份备份账套，保存在学生本人建立的名为"上机实训八　工资管理系统初始设置"的文件夹中，以备下次上机时恢复。

五、实训评价

评价主体	评价结果		成　绩	
	优　点	不　足	分值比例	得　分
学生本人			10%	
学习小组			30%	
任课教师			60%	
总评			100%	

上机实训九　工资管理系统业务处理

一、实训目的

通过学生上机实训，巩固工资管理系统日常业务和期末业务处理的学习效果，达到能够熟练完成上机操作的目的。

二、实训任务

（1）完成录入当月各项工资数据并进行计算和汇总工作。

（2）通过工资分摊，完成凭证处理工作。

（3）完成工资账簿的查询与打印输出工作。

（4）完成工资管理系统期末结账工作。

三、实训资料

（1）当月各项工资数据、工资分摊的资料见本项目任务三的案例。

（2）工资管理系统期末结账的资料见本项目任务四的案例。

四、实训要求

（1）以系统管理员admin的身份从文件夹"上机实训八　工资管理系统初始设置"中恢复学生本人之前所备份的账套。

（2）以会计的身份登录系统，完成实训任务。

（3）以系统管理员admin的身份备份账套，保存在学生本人建立的名为"上机实训九　工资管理系统业务处理"的文件夹中，以备下次上机时恢复。

五、实训评价

评价主体	评价结果		成　绩	
	优　点	不　足	分值比例	得　分
学生本人			10%	
学习小组			30%	
任课教师			60%	
总评			100%	

项目六

固定资产管理系统

本项目操作微课

🎯 目标引领

- ❖ 了解固定资产管理系统的基本功能和各种业务的处理方法。
- ❖ 熟练掌握固定资产账套的建立、系统初始设置、日常业务处理、期末业务处理的上机操作。

🏛 情境导入

中原电子科技有限公司在畅捷通 T3 企业账套"[888] 中原电子"中启用了总账管理系统和工资管理系统，完成了基础档案信息的设置和总账初始设置工作，部分经济业务在工资管理系统已进行了处理。为了加强固定资产的管理和核算，公司还需要使用固定资产管理子系统处理固定资产的增减变动和计提折旧等基本业务。

任务一 建立固定资产账套

首次使用固定资产系统时，系统将自动提示进行账套初始化。账套初始化是根据企业的具体情况，建立一个适合用户需要的固定资产子账套的过程。

一、启用固定资产管理系统

👦 任务描述

中原电子科技有限公司初次使用固定资产管理子系统，需要首先以账套主管山清的身份登录"系统管理"，并启用固定资产管理子系统。

基本步骤

步骤1：打开"系统管理"窗口，以账套主管山清的身份注册，如图6-1所示。

步骤2：选择"账套"|"启用"命令，打开"系统启用"对话框，如图6-2所示。

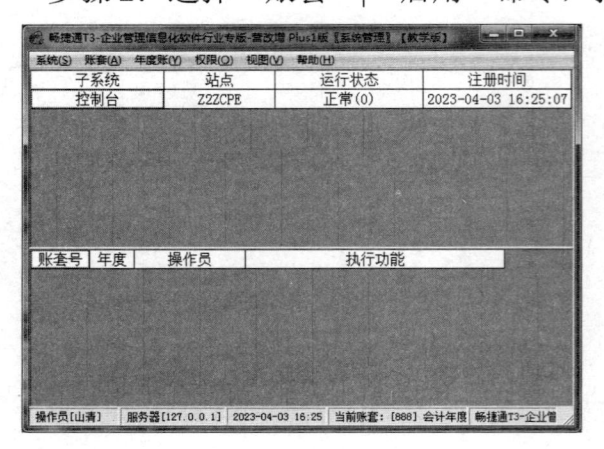

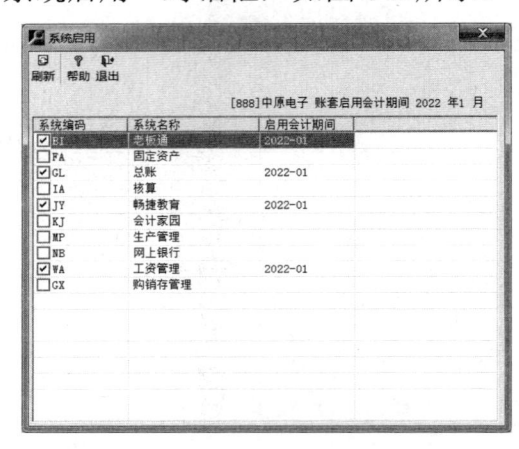

图6-1

图6-2

步骤3：选中"FA 固定资产"复选框，设置固定资产管理系统启用会计期间为2022-01-01，如图6-3所示。

步骤4：单击"确定"按钮，弹出提示框，如图6-4所示。

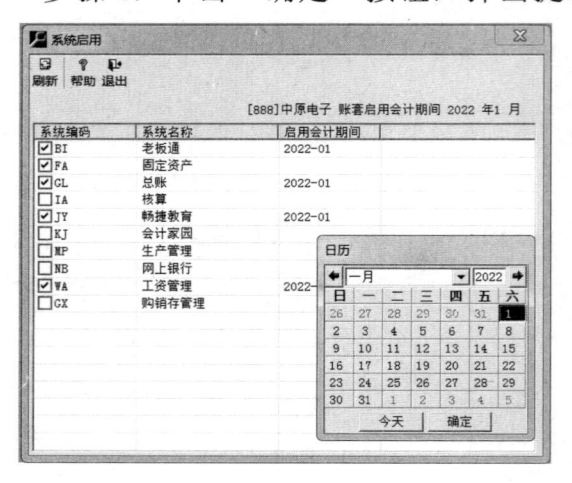

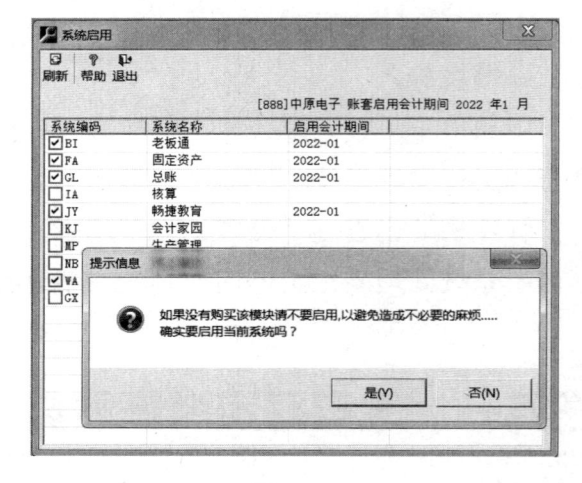

图6-3

图6-4

步骤5：单击"是"按钮，单击"退出"按钮。

小贴士

- 固定资产管理系统启用会计期间必须大于或等于企业账套的启用期间。

二、建立固定资产账套

任务描述

中原电子科技有限公司的固定资产控制参数见表6-1，以山清的身份完成固定资产账套的建立和各项控制参数的设置。

表 6-1 固定资产控制参数

控 制 参 数	参 数 设 置
约定与说明	我同意
启用月份	2022.1
折旧信息	本账套计提折旧 折旧方法：平均年限法（一） 折旧汇总分配周期：1 个月 当（月初已计提月份=可使用月份-1）时将剩余折旧全部提足
编码方式	资产类别编码方式：2112 固定资产编码方式：按"类别编码+部门编码+序号"自动编码；卡片序号长度为 3
财务接口	与账务系统进行对账 对账科目——固定资产对账科目：1601，固定资产；累计折旧对账科目：1602，累计折旧 在对账不平情况下不允许固定资产月末结账

基本步骤

步骤 1：在畅捷通 T3 主窗口中，单击导航栏"固定资产"按钮（或单击菜单栏"固定资产"菜单），系统弹出提示框，询问"这是第一次打开此账套，还未进行过初始化，是否进行初始化？"，如图 6-5 所示。

步骤 2：单击"是"按钮，打开"固定资产初始化向导"对话框的"1.约定及说明"页面，如图 6-6 所示。仔细阅读"1.约定及说明"相关条款后，选中"我同意"单选按钮。

步骤 3：单击"下一步"按钮，打开"2.启用月份"页面，账套启用月份系统默认为"2022.01"，如图 6-7 所示。

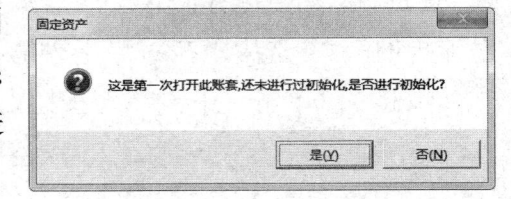

图 6-5

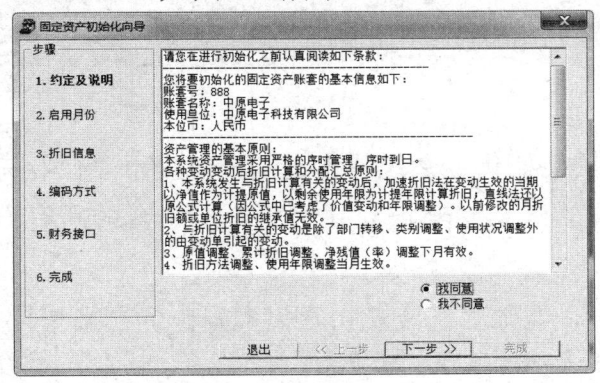

图 6-6

图 6-7

步骤 4：单击"下一步"按钮，打开"3.折旧信息"页面。选中"本账套计提折旧"复选框；在"主要折旧方法"下拉列表中选择"平均年限法（一）"，折旧汇总分配周期为"1"个月；选中"当（月初已计提月份=可使用月份-1）时将剩余折旧全部提足（工作量法除外）"复选框，如图 6-8 所示。

步骤5：单击"下一步"按钮，打开"4.编码方式"页面。确定"编码长度"为"2112"；选中"自动编码"单选按钮，选择"固定资产编码方式"为"类别编号+部门编号+序号"，设置序号长度为"3"，如图6-9所示。

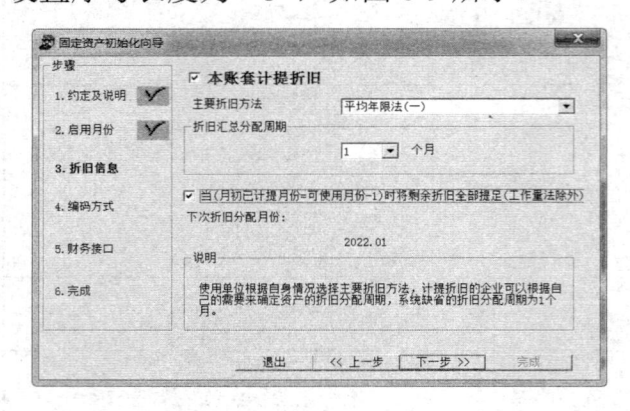

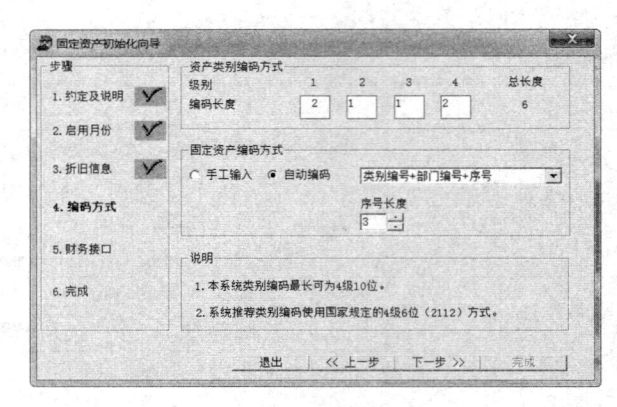

图6-8

图6-9

步骤6：单击"下一步"按钮，打开"5.财务接口"页面。选中"与账务系统进行对账"复选框；参照选择固定资产对账科目为"1601，固定资产"，累计折旧对账科目为"1602，累计折旧"，不选中"在对账不平情况下允许固定资产月末结账"复选框，如图6-10所示。

步骤7：单击"下一步"按钮，打开"6.完成"页面，如图6-11所示。

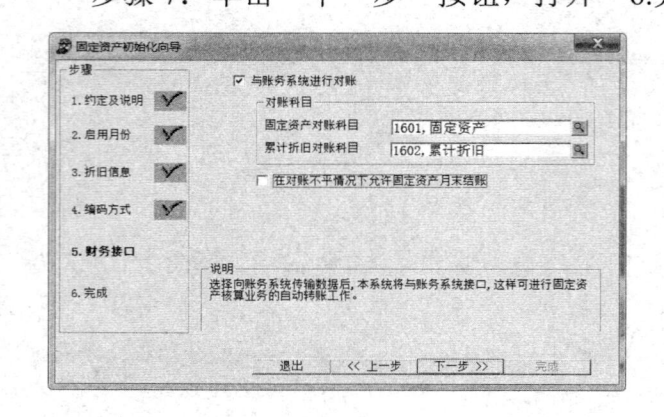

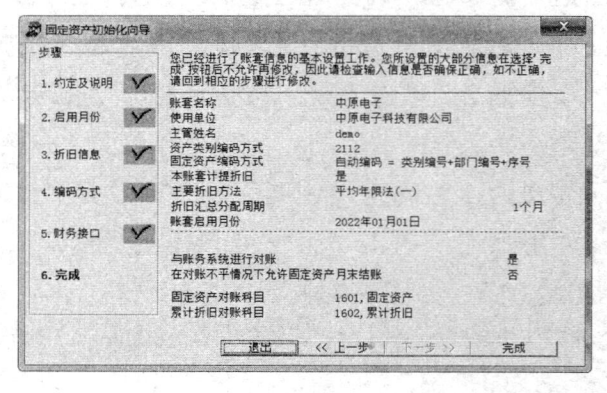

图6-10

图6-11

步骤8：单击"完成"按钮，完成本账套的初始化，系统弹出提示框，提示"已经完成了新账套的所有设置工作，是否确定所设置的信息完全正确并保存对新账套的所有设置？"，如图6-12所示。

步骤9：单击"是"按钮，系统弹出提示框，告知"已成功初始化本固定资产账套！"，如图6-13所示。单击"确定"按钮。

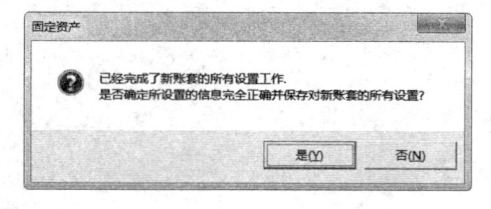

图6-12

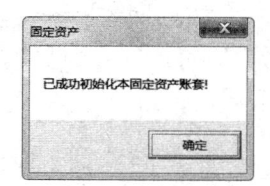

图6-13

小贴士

- 选择的折旧方法可以在设置资产类别录入固定资产卡片时进行更改。
- 类别编码方式设置后,如果某一级的编码在设置类别时被使用,则类别编码方式不能修改,未使用的类别可以修改。自动编码方式一经设定或使用,就不能再修改。
- 初始化设置完成后,"是否计提折旧""账套启用月份""资产编号自动编码方式"等参数不能修改,如果发现系统不允许修改的内容有误,只能通过"重新初始化"功能实现更正,但重新初始化将清空对该子账套所做的一切设置。

任务二　固定资产管理系统基础设置

固定资产管理系统的基础设置主要包括选项参数设置、资产类别设置、资产增减方式对应科目设置、部门对应折旧科目设置等。另外,企业首次使用固定资产管理系统时还需要录入原始卡片。

一、选项参数设置

任务描述

中原电子科技有限公司需要设置的固定资产管理系统选项参数见表 6-2,以主管山清的身份完成这些参数设置。

表 6-2　固定资产管理系统选项参数

选 项 卡	参　　数
与财务系统接口	业务发生后立即制单; 月末结账前一定要完成制单登账业务; 可纳税调整的增加方式:"直接购入,投资者投入,捐赠"; [固定资产]默认入账科目:"1601,固定资产"; [累计折旧]默认入账科目:"1602,累计折旧"; 可抵扣税额入账科目:"22210101,进项税额"
基本信息	默认
折旧信息	默认
其他	默认

基本步骤

步骤 1:选择"设置"|"选项"命令,打开"选项"对话框。

步骤 2:选择"与账务系统接口"选项卡。选中"业务发生后立即制单"和"月末结账前一定要完成制单登账业务"复选框;单击"可纳税调整的增加方式:"文本框右侧的参照按钮,打开"可纳税调整的增加方式"对话框,选中"直接购入""投资者投入""捐赠"

3个复选框，如图6-14所示。

步骤3：单击"确认"按钮。在"[固定资产]默认入账科目："文本框中输入"1601"，结果自动显示"1601，固定资产"；在"[累计折旧]默认入账科目："文本框中输入"1602"，结果自动显示"1602，累计折旧"；在"可抵扣税额入账科目："文本框中输入"22210101"，结果自动显示"22210101，进项税额"，如图6-15所示。最后，单击"确定"按钮。

图6-14 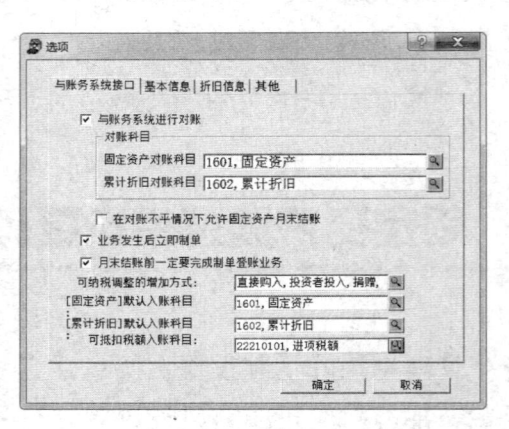　　　　　　　　　　图6-15

小贴士

- 在"选项"对话框中的"其他"选项卡里可以设置卡片输入时是否连续增加。
- 只有设置了"可纳税调整的增加方式"参数，资产增加时凭证上才会自动带出固定资产卡片上所录入的可抵扣进项税额；只有设置了"可抵扣税额入账科目"参数，凭证上才会自动带出"应交税费/应交增值税/进项税额"科目。
- 如果不选中"业务发生后立即制单"复选框，系统将把没有制单的原始单据资料收集到批量制单中，可以通过批量制单功能完成凭证填制。

二、资产类别设置

任务描述

中原电子科技有限公司的固定资产类别见表6-3，以主管山清的身份完成固定资产类别的设置。

表6-3　固定资产类别

编码	类别名称	净残值率	单位	计提属性
01	房屋	0.50%	栋	正常计提
03	机器	5%	台	正常计提
05	运输工具	5%	辆	正常计提
06	办公设备	1%	台	正常计提

备注：系统已预置了编码为01~09的资产类别，本教材案例只涉及其中的01、03、05、06四类。

基本步骤

步骤 1：选择"固定资产"|"设置"|"资产类别"命令，打开"类别编码表"窗口，系统预置资产类别如图 6-16 所示。

图 6-16

步骤 2：选中窗口左侧树形目录中的房屋，单击"操作"按钮，打开"类别编码表"窗口，将系统默认的使用年限"20"删除，"净残值率："设为"0.5%"，其余内容按系统默认，如图 6-17 所示。

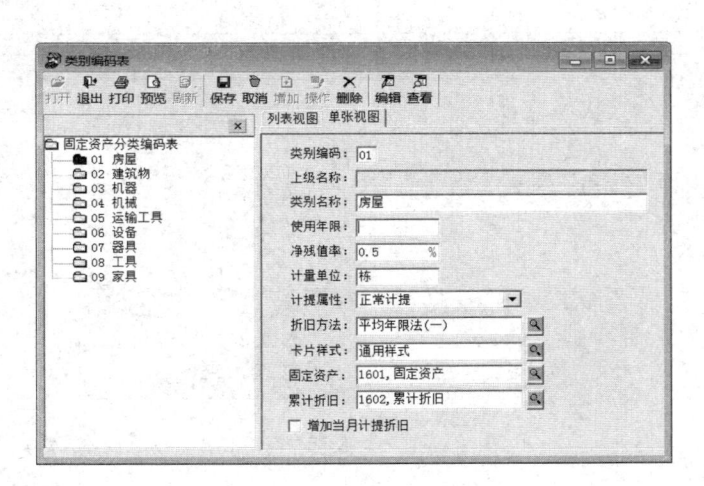

图 6-17

步骤 3：单击"保存"按钮。然后用同样的方法，完成其他资产类别的设置，其中需要把系统自带的"06 设备"类别名称改为"06 办公设备"。

边学边练

以主管山清的身份完成中原电子科技有限公司其他固定资产类别的设置。

小贴士

- 固定资产类别设置是为了强化固定资产管理，为核算和统计管理提供依据。
- 资产类别编码不能重复，同一级的类别名称不能相同。

- 类别编码、名称、计提属性、卡片样式不能为空。
- 如果某类别在增加固定资产卡片时已引用,则该类别下不能再增加下级类别。

三、资产增减方式对应科目设置

任务描述

中原电子科技有限公司需要设置的固定资产增减方式的对应入账科目见表 6-4,以主管山清的身份完成该项任务。

表6-4　固定资产增减方式的对应入账科目

增加方式	对应入账科目	减少方式	对应入账科目
直接购入	10020101,建行存款——人民币户	出售	1606,固定资产清理
投资者投入	3001,实收资本	盘亏	190102,待处理财产损溢——待处理非流动资产损溢
捐赠	530105,营业外收入——捐赠收益	投资转出	1606,固定资产清理
盘盈	190102,待处理财产损溢——待处理非流动资产损溢	捐赠转出	1606,固定资产清理
在建工程转入	1604,在建工程	报废	1606,固定资产清理
融资租入	2701,长期应付款	毁损	1606,固定资产清理

基本步骤

步骤 1:选择"固定资产"|"设置"|"增减方式"命令,打开"增减方式"窗口,如图 6-18 所示。

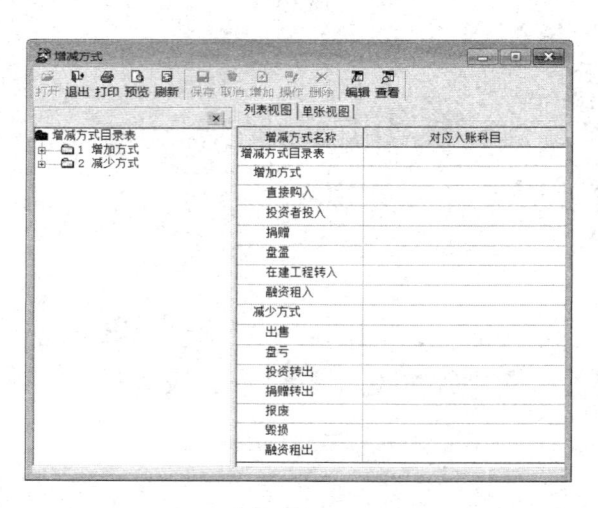

图 6-18

步骤 2:在"增减方式"窗口左侧列表框中,单击"1 增加方式"前的"+"号,将"增加方式"目录展开,选中"101 直接购入"方式,单击"操作"按钮,窗口右侧列表框中显示"直接购入"方式及需要输入的对应入账科目文本框,在其中输入对应入账科目

"10020101，人民币户"，如图 6-19 所示。

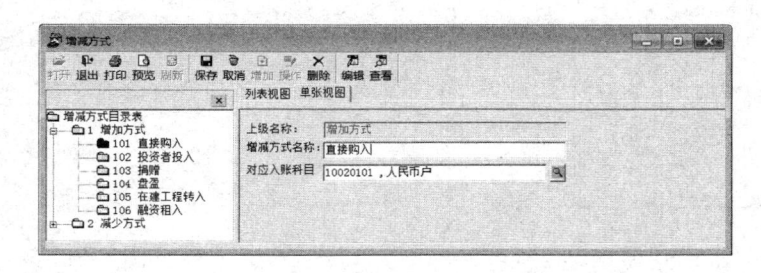

图 6-19

步骤 3：单击"保存"按钮。

边学边练

以主管山清的身份完成中原电子科技有限公司其他固定资产增减方式对应入账科目的设置。

小贴士

- 设置固定资产增减方式对应入账科目，目的是在增减业务发生时，凭证能够自动带出这些科目。
- 不能删除已使用（被输入固定资产卡片时选用）的增减方式。

四、部门对应折旧科目设置

任务描述

中原电子科技有限公司各部门所使用固定资产的对应折旧科目见表 6-5，以主管山清的身份完成部门对应折旧科目的设置。

表 6-5　固定资产部门对应折旧科目

部　　门	对应折旧科目编码	对应折旧科目
企管部、财务部、供应部、仓储部	560210	管理费用——折旧费
营销部	560113	销售费用——折旧费
生产部	410103	制造费用——折旧费

基本步骤

步骤 1：选择"设置"|"部门对应折旧科目设置"命令，打开"部门编码表"窗口，如图 6-20 所示。

步骤 2：在"部门编码表"窗口左侧列表的树形目录中，选中"1　企管部"，单击"操作"按钮，窗口右侧列表中将显示"企管部"及需要输入的折旧科目文本框，在其中输入科目"560210，折旧费"，如图 6-21 所示。

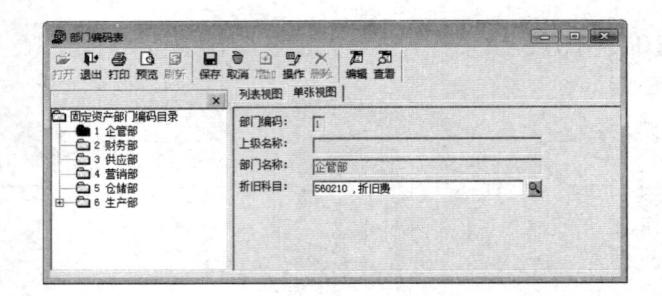

图 6-20　　　　　　　　　　　　　　　　图 6-21

步骤 3：单击"保存"按钮。

边学边练

以主管山清的身份完成中原电子科技有限公司其他部门固定资产对应折旧科目的设置。

小贴士

- 由于折旧费需要按部门归集，所以部门折旧科目的设置就是给部门选择一个折旧科目，录入卡片时，该科目自动填充在卡片中，不必逐一输入。在生成部门折旧分配表时每一部门内按折旧科目汇总，从而方便填制记账凭证。
- 设置部门对应折旧科目时，折旧科目必须是末级明细科目。

五、原始卡片录入

任务描述

中原电子科技有限公司的固定资产原始卡片信息见表 6-6，使用状况均为"在用"，折旧方法均采用"平均年限法（一）"。以主管山清的身份完成固定资产原始卡片的录入。

表 6-6　固定资产原始卡片信息

卡片编号	固定资产编号	固定资产名称	类别编号	所在部门	增加方式	使用年限	开始使用日期	原值（元）	累计折旧（元）	对应折旧科目名称	净残值率
00001	01600001	厂房	01	车间办	在建工程转入	30	2012.01.01	2 000 000.00	657 805.56	410103，折旧费	0.50%
00002	015001	仓库	01	仓储部	在建工程转入	50	2012.01.01	1 800 000.00	355 215.00	560210，折旧费	0.50%
00003	03601001	SC-I 型生产线	03	甲生产线	直接购入	10	2012.01.01	3000.00	2 826.25	410103，折旧费	5.00%
00004	03602001	SC-II 型生产线	03	乙生产线	直接购入	10	2016.06.01	3000.00	1 567.50	410103，折旧费	5.00%
00005	054001	江淮货车	05	营销部	直接购入	10	2018.01.01	80 000.00	29 766.67	560113，折旧费	5.00%
00006	051001	奔驰小车	05	企管部	直接购入	10	2021.09.01	300 000.00	7 125.00	560210，折旧费	5.00%
00007	062001	爱普生打印机	06	财务部	直接购入	6	2020.07.01	2000.00	467.50	560210，折旧费	1.00%
00008	061001	三星多功能机	06	企管部	直接购入	6	2020.07.01	10 000.00	2 337.50	560210，折旧费	1.00%
00009	061002	华硕计算机	06	企管部	直接购入	5	2020.07.01	5000.00	1 402.50	560210，折旧费	1.00%
00010	062002	华硕计算机	06	财务部	直接购入	5	2020.07.01	5000.00	1 402.50	560210，折旧费	1.00%
00011	064001	华硕计算机	06	营销部	直接购入	5	2020.07.01	5000.00	1 402.50	560113，折旧费	1.00%

续表

卡片编号	固定资产编号	固定资产名称	类别编号	所在部门	增加方式	使用年限	开始使用日期	原值（元）	累计折旧（元）	对应折旧科目名称	净残值率
00012	063001	华硕计算机	06	供应部	直接购入	5	2020.07.01	5000.00	1 402.50	560210，折旧费	1.00%
00013	06600001	华硕计算机	06	车间办	直接购入	5	2020.07.01	5000.00	1 402.50	410103，折旧费	1.00%
00014	065001	华硕计算机	06	仓储部	直接购入	5	2020.07.01	5000.00	1 402.50	560210，折旧费	1.00%
合　　计								4 228 000.00	1 065 525.98	—	—

基本步骤

步骤1：选择"固定资产"|"卡片"|"录入原始卡片"命令，打开"资产类别参照"对话框，选择资产类别"01 房屋"，如图6-22所示。

步骤2：单击"确认"按钮，打开"固定资产卡片[录入原始卡片：00001号卡片]"窗口，将表6-6所列"厂房"的相关信息录入卡片中，如图6-23所示。

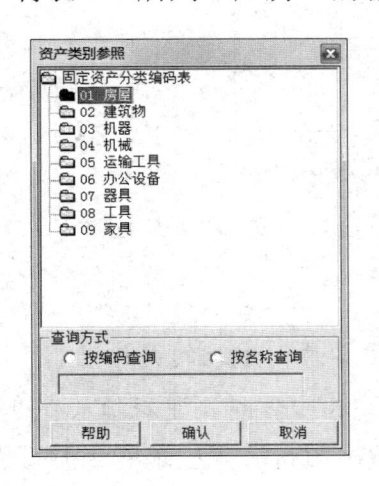

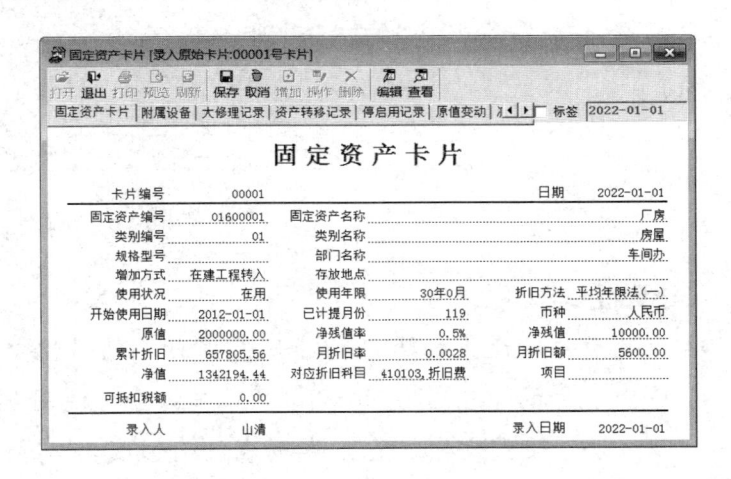

图 6-22

图 6-23

步骤3：单击"保存"按钮，系统弹出提示框，如图6-24所示。单击"确定"按钮。

步骤4：继续完成其他固定资产卡片的录入，其中00010～00014号卡片可通过复制00009号卡片完成。

步骤5：全部原始卡片录入完成后，选择"固定资产"|"处理"|"对账"命令，打开对话框，如图6-25所示。显示"结果：平衡"，只是说明卡片的金额录入正确，并不能说明卡片的所有信息都正确。

图 6-24

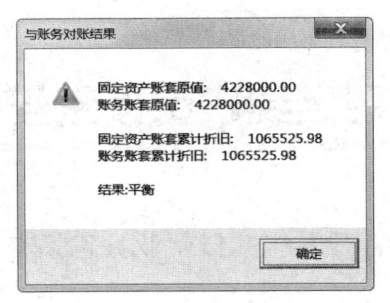

图 6-25

边学边练

以主管山清的身份完成中原电子科技有限公司其余固定资产原始卡片的录入，其中00009号～00014号原始卡片所记录的固定资产是同时购买的同一品牌同一型号的计算机，可录完00009号卡片后，将其复制成00010～00014号卡片，00010～00014号卡片的固定资产编号在复制时暂设定为061003～061007，如图6-26所示。完成所有卡片录入后，与总账系统进行对账。

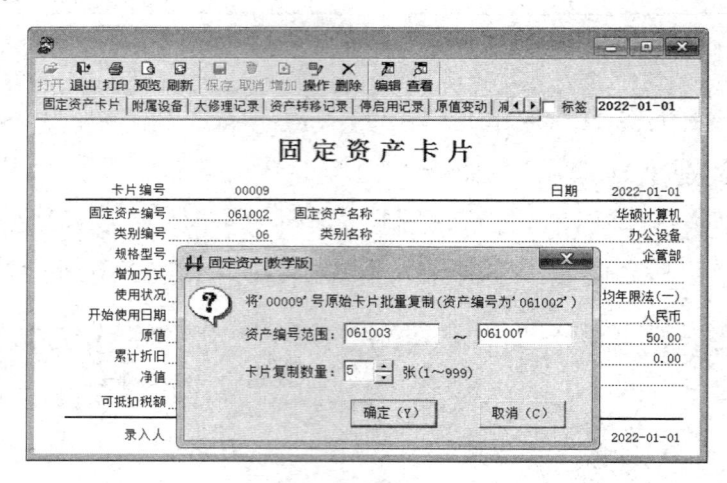

图 6-26

小贴士

- 原始卡片所记录的资产的开始使用日期的月份应小于其录入系统的月份。
- 原始卡片的原值、使用部门、工作总量、使用状况、累计折旧、净残值（率）、折旧方法、使用年限、资产类别在没有做变动单或评估单的情况下，录入当月可无痕迹修改。如做过变动单，则只有删除变动单后才能无痕迹修改。
- 卡片编号由系统根据初始化时定义的编码方案自动设定，不能修改。如果删除的卡片不是最后一张，系统将保留空号。
- 已计提月份由系统根据开始使用日期自动算出，可以修改，并能将使用期间停用等不计提折旧的月份扣除。
- 在完成与计算折旧有关的项目录入后，系统会按照输入的内容自动算出月折旧率和月折旧额并显示在相应项目内，可与手工计算的值进行比较，核对是否有误。

任务三　固定资产管理系统日常业务处理

固定资产管理系统的日常业务包括卡片管理、资产增加、计提折旧、资产减少和资产变动等。

一、卡片管理

通过卡片管理,可以实现固定资产卡片的修改、复制、删除、撤销资产减少等功能。

📋 任务描述

中原电子科技有限公司的主管山清录入固定资产原始卡片后,通过与财务系统进行对账,结果虽然显示平衡,但由于在录入00010~00014号原始卡片时是通过"卡片管理"的复制功能完成的,并且00010~00014号卡片的固定资产编号在复制卡片时是暂定的,原始卡片的"使用部门"都和00009卡片相同。以山清的身份依照表6-6对这几张卡片的信息进行修改。

🔧 基本步骤

步骤1:选择"卡片"|"卡片管理"命令,打开"卡片管理 卡片[全部卡片,在役资产]"窗口,如图6-27所示。

图 6-27

步骤2:选中00010号卡片所在的行,单击"操作"按钮,打开要修改的卡片,如图6-28所示。

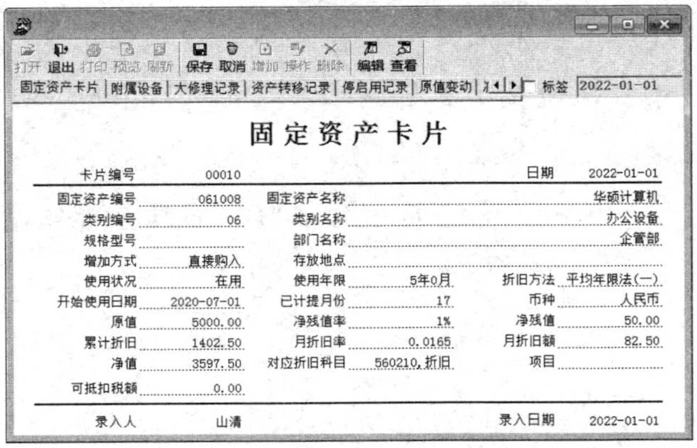

图 6-28

步骤3：将"企管部"修改为"财务部"，则卡片上固定资产编号自动改成062002，如图6-29所示。

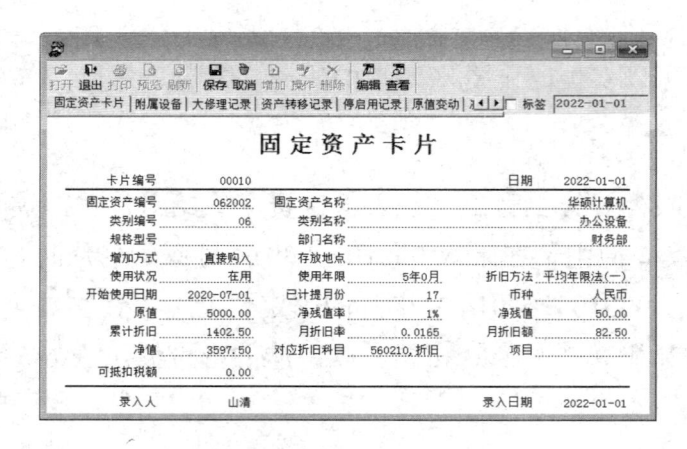

图6-29

步骤4：单击"保存"按钮，系统弹出提示框，如图6-30所示。单击"确定"按钮。

步骤5：单击"编辑"按钮，在展开的菜单中选择"下一个"，逐一打开00011～00014号原始卡片，单击"操作"按钮，然后对"部门名称"进行修改并保存。

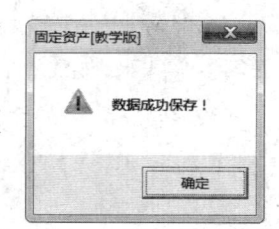

图6-30

边学边练

以会计水秀的身份依照表6-6修改中原电子科技有限公司00011～00014号原始卡片的"部门名称"，同时自动生成新的固定资产编号。

小贴士

- 卡片管理的"复制"功能已在原始卡片录入中体现，若批量新增相同的资产，也可使用"复制"功能。若卡片多余，则可通过"删除"功能将其删除。
- 通过资产增加录入系统的卡片，在没有制作凭证和变动单、评估单的情况下，录入当月可无痕迹修改；如做过变动单，则只有删除变动单后才能无痕迹修改。如果已制作凭证，要修改原值或累计折旧，在必须删除凭证后才能无痕迹修改。
- 原值、使用部门、使用状况、累计折旧、净残值（率）、折旧方法、使用年限、资产类别各项目在做过一次月末结账后，只能通过变动单或评估单调整，不能通过卡片修改功能改变。卡片上其他项目，任何时候均可无痕迹修改。

二、资产增加

任务描述

2022年1月31日，中原电子科技有限公司购置型号为SC—Ⅰ22型的生产线一条，用以替换本月报废的甲产品生产线,买入价为6 000元,增值税税率为13%,进项税额为780.00元。签发转账支票(票号:22013101)支付价税款。该生产线预计使用期限为10年。以水秀的身份完成资产增加的业务处理。

基本步骤

步骤1:选择"固定资产"|"卡片"|"资产增加"命令,打开"资产类别参照"对话框,选择"03 机器",如图6-31所示。

步骤2:单击"确认"按钮,打开"固定资产卡片[新增资产:00015号卡片]"窗口,输入新增固定资产相关信息,如图6-32所示。

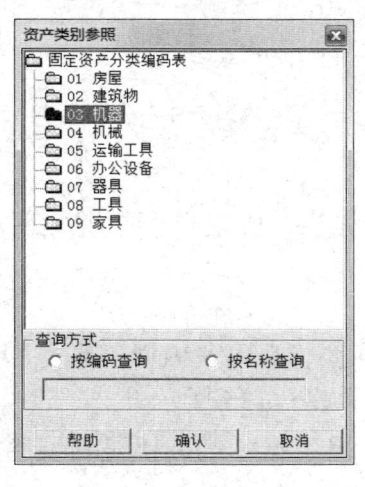

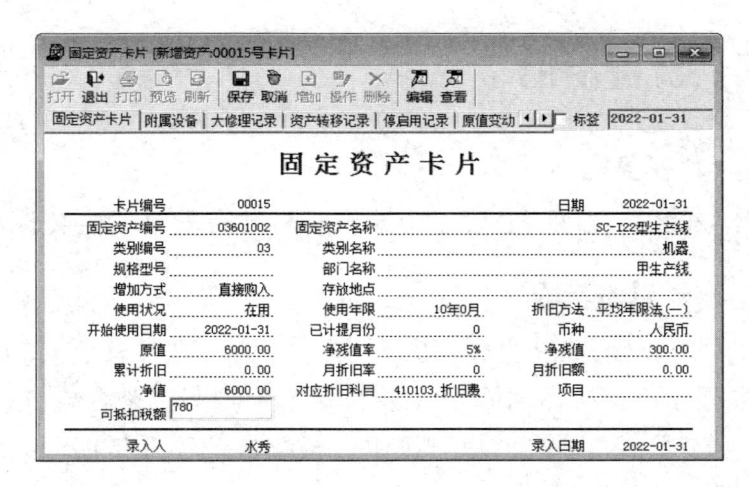

图6-31

图6-32

步骤3:单击"保存"按钮,系统打开"填制凭证"窗口,自动生成付款凭证一张,修改附单据数,双击备注区"个人"下方最右侧的矩形框,打开辅助项对话框,录入结算信息。单击"保存"按钮,如图6-33所示。

步骤4:单击"填制凭证"窗口的"退出"按钮,系统弹出提示框,如图6-34所示,单击"确定"按钮。

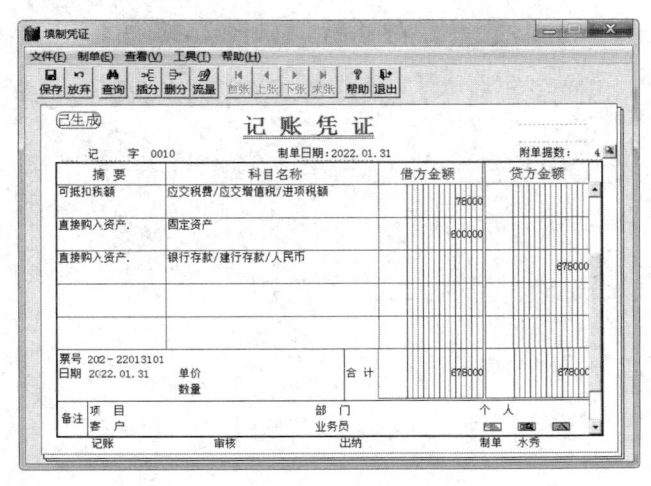

图6-33

图6-34

小贴士

- 资产是通过原始卡片录入还是通过"资产增加"录入的依据是资产的开始使用日期，只有当开始使用日期的期间=录入的期间时，才能通过"资产增加"录入。
- 只有对"业务发生后立即制单"做了设置，系统才会自动生成凭证。
- 只有对可纳税调整的增加方式"直接购入""投资者投入""捐赠"和可抵扣税额入账科目："22210101，进项税额"做了设置，凭证上才会自动填上"22210101，进项税额"科目。
- 只有在卡片的"可抵扣税额"中输入了金额，凭证上的进项税额才会自动填上金额。

三、计提折旧

任务描述

2022年1月31日，中原电子科技有限公司由会计水秀计提当月固定资产折旧费用。

基本步骤

步骤1：选择"固定资产"|"处理"|"计提本月折旧"命令，系统弹出提示框，询问"本操作将计提本月折旧，并花费一定时间，是否要继续？"，如图6-35所示。

步骤2：单击"是"按钮，系统自动计提折旧，之后弹出提示框，询问"是否要查看折旧清单？"，如图6-36所示。

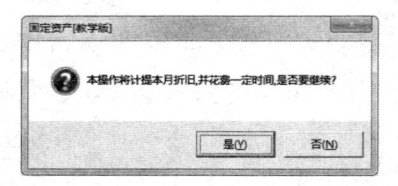

图6-35

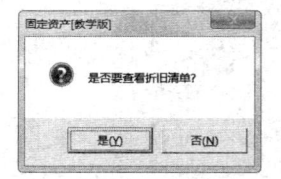

图6-36

步骤3：单击"是"按钮，系统打开"折旧清单"对话框，如图6-37所示。

图6-37

步骤4：关闭"折旧清单"对话框，系统打开"折旧分配表[01(2022.01-->2022.01)]"对话框，如图6-38所示。

步骤5：单击"凭证"按钮，系统自动生成记账凭证，修改附单据数，单击"保存"按钮，如图6-39所示。

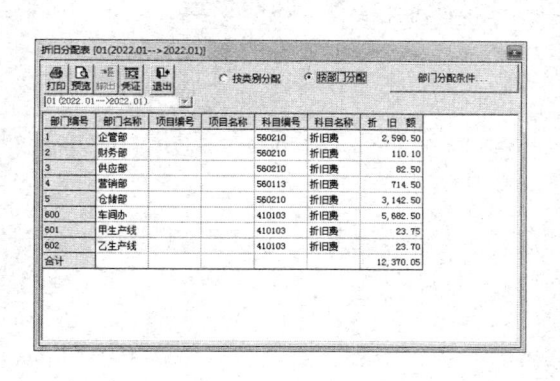

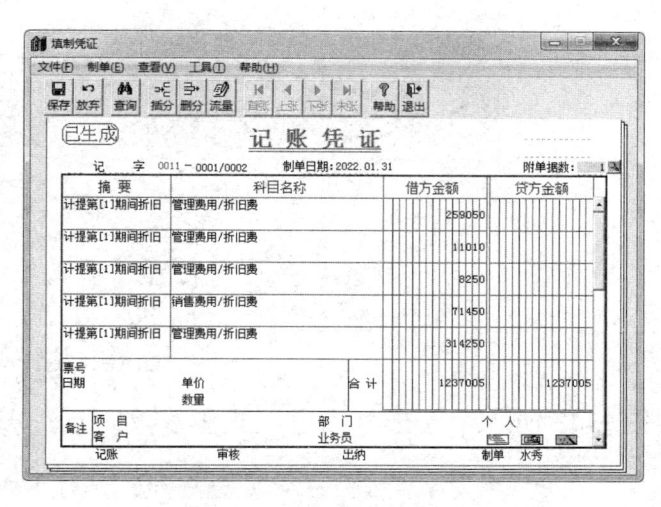

图6-38

图6-39

步骤6：单击"退出"按钮，系统弹出提示框，告知"计提折旧完成！"，如图6-40所示。

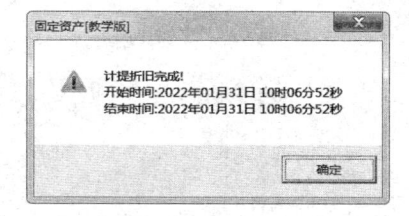

图6-40

小贴士

- 在一个期间内可以多次计提折旧，每次计提折旧后，只将最后一次计提的折旧累加到月初的累计折旧，不会重复累计。
- 如果上次计提折旧已制单并传递到总账系统，则必须删除该凭证后才能重新计提折旧。
- 计提折旧后又对账套进行了影响折旧计算或分配的操作，必须重新计提折旧，否则系统不允许结账。

四、资产减少

任务描述

2022年1月31日，中原电子科技有限公司生产车间的卡片号为00003号的SC—Ⅰ型生产线正常报废，以会计水秀的身份做资产减少业务处理。

基本步骤

步骤1：选择"固定资产"|"卡片"|"资产减少"命令，打开"资产减少"窗口，在"卡片编号"文本框中输入"00003"后，"资产编号"文本框将自动填入"03601001"。

步骤2：单击"增加"按钮，在窗口出现资产减少业务记录行，补充资产减少业务记录行的减少方式为"报废"，如图6-41所示。

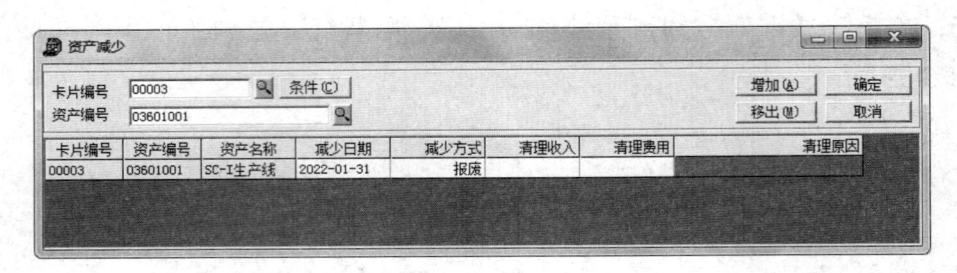

图6-41

步骤3：单击"确定"按钮，打开"填制凭证"窗口，单击"保存"按钮，显示凭证"已生成"，如图6-42所示。

步骤4：单击"退出"按钮，系统弹出提示框，告知"所选卡片已经减少成功！"，如图6-43所示。单击"确定"按钮，关闭"资产减少"窗口。

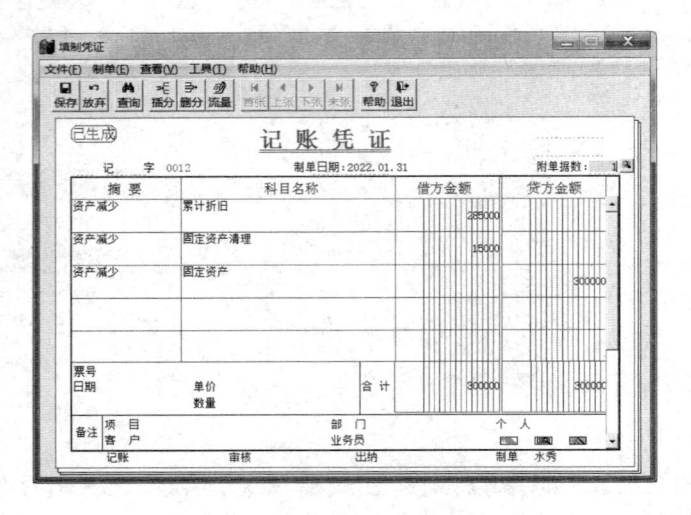

图6-42 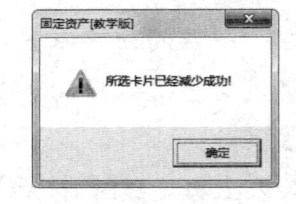   图6-43

小贴士

- 只有经过当月计提折旧的固定资产才能执行资产减少操作。
- 只要卡片未被删除，就可以通过卡片管理中的"已减少资产"来查看减少的资产。
- 如果要减少的资产较少或没有共同点，则通过输入资产编号或卡片号，单击"增加"按钮，将资产添加到资产减少表中；如果要减少的资产较多并且有共同点，则通过单击"条件"按钮，输入查询条件，将符合该条件的资产挑选出来进行批量减少操作。
- 如果资产减少属于误操作，当月减少的资产通过卡片管理的"撤销资产减少"功能可以让减少的卡片得以恢复。

任务四　固定资产管理系统期末处理

固定资产管理系统期末处理主要涉及与总账系统进行对账、期末结账和取消结账等操作。

一、固定资产管理系统期末对账

任务描述

2022年1月31日，中原电子科技有限公司涉及固定资产的记账凭证，已在总账管理系统经相关会计人员复核并记账。会计水秀将固定资产管理系统与总账系统进行对账，检查两个系统对公司固定资产的处理是否相符。

基本步骤

步骤1：选择"固定资产"|"处理"|"对账"命令，系统弹出提示框，如图6-44所示。

步骤2：单击"确定"按钮。

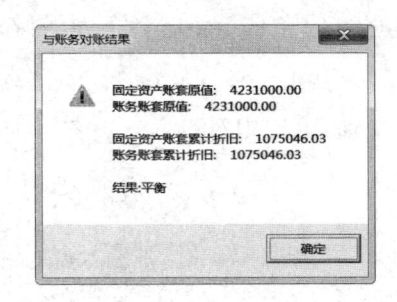

图6-44

小贴士

- 只有固定资产管理系统所生成的凭证在总账管理系统完成了复核和记账工作，对账结果才会平衡。
- 对账操作不限制执行的时间，任何时候均可进行对账。系统在执行月末结账时自动对账一次，给出对账结果，并根据初始化或选项中的判断确定不平衡情况下是否允许结账。
- 只有系统初始化或选项中选择了与账务对账，操作员才可操作本功能。

二、固定资产管理系统期末结账

任务描述

2022年1月31日，中原电子科技有限公司会计水秀在固定资产管理系统与总账系统对账相符的前提下，对固定资产管理系统进行期末结账处理。

基本步骤

步骤1：选择"固定资产"|"处理"|"期末处理"命令，打开"月末结账…"对话框，如图6-45所示。

步骤2：单击"开始结账"按钮，系统自动与总账系统核对，并弹出提示框，如图6-46所示。

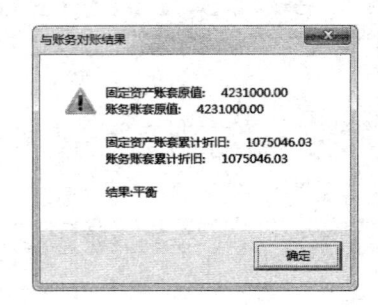

图 6-45　　　　　　　　　　　　　　图 6-46

步骤3：单击"确定"按钮，系统自动完成结账处理，并弹出提示框，告知"月末结账成功完成！……"，如图6-47所示。

步骤4：单击"确定"按钮，系统弹出提示框，告知"本账套最新可修改日期已经更改为2022-02-01，……"，如图6-48所示。单击"确定"按钮。

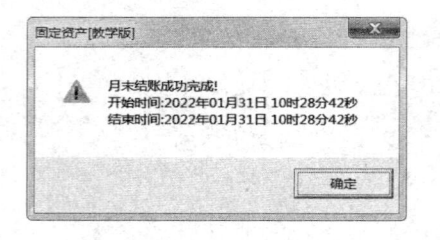

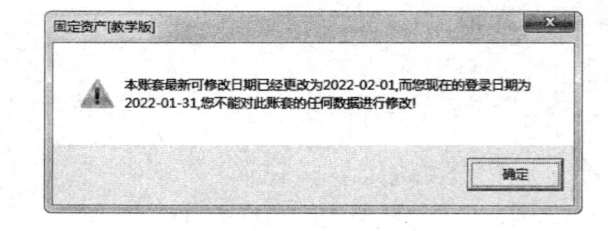

图 6-47　　　　　　　　　　　　　　图 6-48

边学边练

以中原电子科技有限公司会计水秀的身份对固定资产管理系统进行取消结账处理。

小贴士

- 固定资产管理系统必须在总账管理系统结账前完成结账，否则总账管理系统无法结账。
- 在总账系统未进行月末结账时才可以使用"恢复结账前状态"功能，即反结账功能。
- 不能跨年度恢复数据，即本系统年末结转后，不能利用本功能恢复年末结转前状态。

上机实训十　固定资产管理系统初始设置

一、实训目的

通过学生上机实训，巩固固定资产管理系统初始设置的学习效果，达到能够熟练完成上机操作的目的。

二、实训任务

（1）建立固定资产账套。

（2）设置固定资产管理系统的选项参数、资产类别、资产增减方式对应科目、部门对应折旧科目等。

（3）原始卡片录入。

三、实训资料

（1）固定资产账套的资料见本项目任务一中的案例。

（2）固定资产管理系统各项基础档案、固定资产原始卡片的资料见本项目任务二中的案例。

四、实训要求

（1）以系统管理员 admin 的身份从文件夹"上机实训九　工资管理系统业务处理"中恢复学生本人之前所备份的账套。

（2）以账套主管的身份登录系统，完成实训任务。

（3）以系统管理员 admin 的身份备份账套，保存在学生本人建立的名为"上机实训十　固定资产管理系统初始设置"的文件夹中，以备下次上机时恢复。

五、实训评价

评价主体	评价结果			
	优　点	不　足	成　绩	
			分值比例	得　分
学生本人			10%	
学习小组			30%	
任课教师			60%	
总评			100%	

上机实训十一　固定资产管理系统业务处理

一、实训目的

通过学生上机实训，巩固固定资产管理系统日常业务和期末业务处理的学习效果，达到能够熟练完成上机操作的目的。

二、实训任务

（1）固定资产卡片的复制和修改。

（2）新增资产的卡片录入及相应记账凭证处理。

（3）计提固定资产折旧及相应记账凭证处理。

（4）报废资产的卡片减少及相应记账凭证处理。

（5）固定资产管理系统的期末对账与结账。

三、实训资料

需要复制和修改的卡片、新增固定资产、计提当月折旧、报废固定资产等资料见本项目任务三中的案例。

四、实训要求

（1）以系统管理员admin的身份从文件夹"上机实训十　固定资产管理系统初始设置"中恢复学生本人之前所备份的账套。

（2）分别以账套主管、会计和出纳的身份登录系统，完成实训任务。

（3）以系统管理员admin的身份备份账套，保存在学生本人建立的名为"上机实训十一　固定资产管理系统业务处理"的文件夹中，以备下次上机时恢复。

五、实训评价

评价主体	评价结果			
	优　点	不　足	成　绩	
			分值比例	得　分
学生本人			10%	
学习小组			30%	
任课教师			60%	
总评			100%	

项目七

购销存管理系统

本项目操作微课

🎯 目标引领

❖ 了解购销存管理系统各功能模块的基本功能和业务处理方法。
❖ 熟练掌握购销存管理系统的初始设置、日常业务处理和期末处理的上机操作。

📖 情境导入

中原电子科技有限公司在畅捷通 T3 企业账套"[888] 中原电子"中启用了总账管理系统、工资管理系统和固定资产管理系统,完成了基础档案信息的设置、总账初始设置,部分经济业务已在工资管理系统和固定资产管理系统进行了处理。为了加强采购、销售、存货进出库等相关业务的管理和核算,公司还需要畅捷通 T3 的购销存管理系统的技术支持。

任务一 购销存管理系统初始设置

购销存管理系统初始设置主要包括采购、销售、库存、核算等各子系统业务参数设置,核算系统科目设置及各子系统期初数据录入等。

一、购销存管理系统的启用

🧑‍💼 任务描述

以账套主管山清的身份登录系统管理,启用核算、购销存管理系统。

📋 基本步骤

步骤1:打开"系统管理"窗口,选择"系统"|"注册"命令,打开"注册〖控制台〗"

对话框。

步骤2：在"用户名"文本框中输入"zy01"，密码为"空"，账套选择"[888]中原电子"选项，单击"确定"按钮，激活"账套"等菜单。

步骤3：选择"账套"|"启用"命令，打开"系统启用"对话框。选中"IA核算"复选框，在打开的"日历"对话框中，设置日期为"2022年1月1日"，如图7-1所示。

步骤4：单击"确定"按钮，打开"提示信息"对话框。

步骤5：单击"是"按钮，完成核算系统的启用设置，如图7-2所示。

图7-1 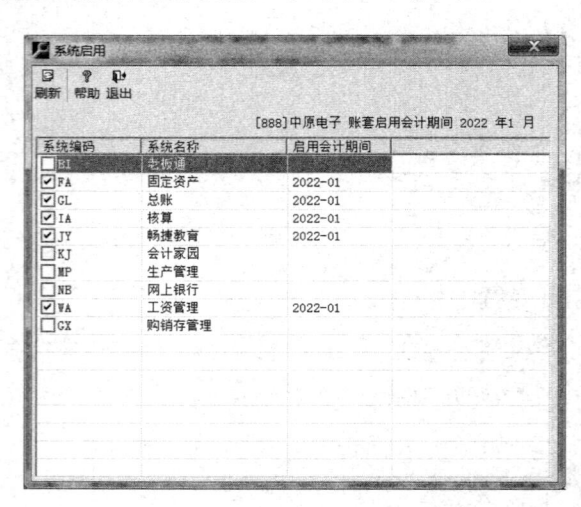　　　　　　　　　　图7-2

小贴士

- 核算和购销存系统的启用会计期间均必须大于等于企业账套的启用期间。

边学边练

以中原电子科技有限公司账套主管山清的身份启用购销存管理系统。

二、购销存管理系统业务参数设置

任务描述

中原电子科技有限公司采购、销售、库存、核算各功能模块业务参数资料见表7-1，以账套主管山清的身份完成这些业务参数的设置。

表7-1　购销存系统业务参数

模块	内　　容	参　数　设　置
采购	业务控制、公共参数、结算选项、应付参数	应付参数：显示现金折扣；其余为默认
销售	业务范围、业务控制、系统参数、打印参数、价格管理、应收核销	应收核销：显示现金折扣；其余为默认

模块	内　　容	参　数　设　置
库存	有无批次管理、是否允许零出库、是否库存系统生成销售出库单等	允许零出库；库存系统生成销售出库单；其余为默认
核算	核算方式、控制方式、最高最低控制、供应商、客户往来	核算方式：暂估方式选择月初回冲；供应商、客户往来：供应商往来控制科目依据为按供应商；客户往来控制科目依据为按客户；其余为默认

基本步骤

步骤1：选择"采购"|"采购业务范围设置"命令，打开"采购系统选项设置"对话框。

步骤2：在"应付参数"选项卡中，选中"显示现金折扣"复选框，系统弹出提示框，告知选中与不选该参数对后续操作的影响，如图7-3所示。

步骤3：单击"确定"按钮。

步骤4：单击"确认"按钮退出"采购系统选项设置"对话框。

边学边练

以中原电子科技有限公司账套主管山清的身份完成销售、库存、核算功能模块的业务参数设置。

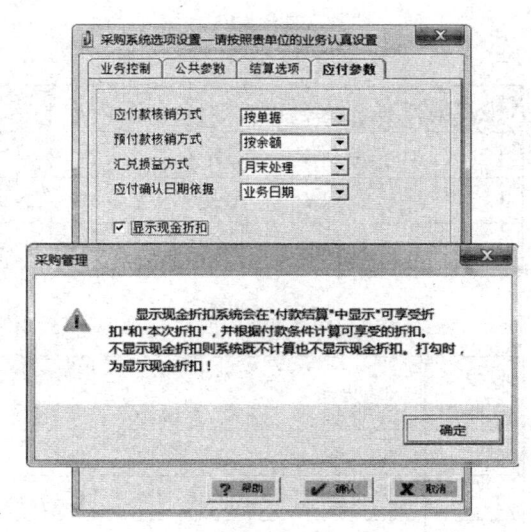

图 7-3

小贴士

- 采购模块的应付参数选中"显示现金折扣"复选框，系统会在"付款结算"中显示"可享受折扣"和"本次折扣"，并根据付款条件计算可享受的折扣；若不选此项，则系统既不计算也不显示现金折扣。
- 销售模块的应收核销选中"显示现金折扣"复选框，系统会在"收款结算"中显示"可享受折扣"和"本次折扣"，并根据收款条件计算可享受的折扣；若不选此项，则系统既不计算也不显示现金折扣。
- 允许零出库是指系统允许超存量出库，这项设置主要是因为平时产品虽已完工入库，但产品的生产成本要到月末才能计算出来，核算模块平时没有对完工入库的产品做记账处理。
- 暂估入库存货成本的3种回冲方式为：月初回冲是指月初时系统自动生成红字回冲单，报销处理时系统自动根据报销金额生成采购报销入库单；单到回冲是指报销处理时，系统自动生成红字回冲单，并生成采购报销入库单；单到补差是指报销处理时，系统自动生成一笔调整单，调整金额为实际金额与暂估金额的差额。

三、核算系统科目设置

任务描述

中原电子科技有限公司的存货科目见表7-2，存货对方科目见表7-3，客户、供应商往来基本科目见表7-4，客户、供应商往来结算方式科目见表7-5，以账套主管山清的身份完成这几项科目的设置。

表7-2　存货科目

仓库编码	仓库名称	存货分类编码	存货分类名称	存货科目编码	存货科目名称
1	材料库	01	原材料	140301	原材料/A材料
1	材料库	02	周转材料	14110101	周转材料/包装物/甲产品包装箱
2	成品库	03	产成品	140501	库存商品/甲产品

表7-3　存货对方科目

收发类别编码	收发类别	存货分类编码	存货分类名称	对方科目编码	对方科目名称	暂估科目编码	暂估科目名称
11	采购入库	01	原材料	1402	在途物资	220202	应付账款/暂估应付款
11	采购入库	02	周转材料	1402	在途物资	220202	应付账款/暂估应付款
12	产成品入库	03	产成品	400101	生产成本/直接材料		
21	销售出库	03	产成品	540101	主营业务成本/甲产品		
21	销售出库	01	原材料	5402	其他业务成本		
22	材料领用出库	01	原材料	400101	生产成本/直接材料		
22	材料领用出库	02	周转材料	400101	生产成本/直接材料		

表7-4　客户、供应商往来基本科目

客户往来基本科目			供应商往来基本科目		
项目	科目编码	科目名称	项目	科目编码	科目名称
应收科目	1122	应收账款	应付科目	220201	应付账款/应付购货款
销售收入科目	500101	主营业务收入/甲产品	采购科目	1402	在途物资
应交增值税科目	22210106	应交税费/应交增值税/销项税额	采购税金科目	22210101	应交税费/应交增值税/进项税额
现金折扣科目	560303	财务费用/现金折扣	现金折扣科目	560303	财务费用/现金折扣
预收科目	2203	预收账款	预付科目	1123	预付账款

表7-5　客户、供应商往来结算方式科目

客户往来结算方式科目				供应商往来结算方式科目			
结算方式	币种	科目编码	科目名称	结算方式	币种	科目编码	科目名称
现金结算	人民币	1001	库存现金	现金结算	人民币	1001	库存现金

续表

客户往来结算方式科目				供应商往来结算方式科目			
结算方式	币种	科目编码	科目名称	结算方式	币种	科目编码	科目名称
现金支票	人民币	10020101	银行存款	现金支票	人民币	10020101	银行存款
转账支票	人民币	10020101	银行存款	转账支票	人民币	10020101	银行存款
银行汇票	人民币	10020101	银行存款	银行汇票	人民币	1012	其他货币资金
电汇	人民币	10020101	银行存款	电汇	人民币	10020101	银行存款
信汇	人民币	10020101	银行存款	信汇	人民币	10020101	银行存款
网银结算	人民币	10020101	银行存款	网银结算	人民币	10020101	银行存款

基本步骤

（一）存货科目设置

步骤1：选择"核算"|"科目设置"|"存货科目"命令，打开"存货科目"对话框。

步骤2：单击"增加"按钮，对话框出现可编辑行，根据表7-2的内容，分别输入"仓库编码"为"1"，"存货分类编码"为"01"，"存货科目编码"为"140301"，如图7-4所示。

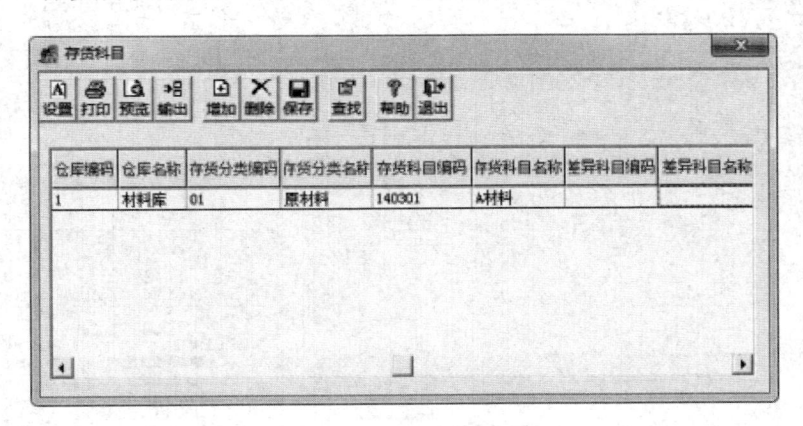

图 7-4

步骤3：单击"保存"按钮。继续增加其他存货科目。

（二）存货对方科目设置

步骤1：选择"核算"|"科目设置"|"存货对方科目"命令，打开"对方科目设置"窗口。

步骤2：单击"增加"按钮，出现可编辑行，按照表7-3所列资料，分别输入"收发类别编码"为"11"，"存货分类编码"为"01"，"对方科目编码"为"1402"，"暂估科目编码"为"220202"，如图7-5所示。

步骤3：继续增加其他存货对方科目。

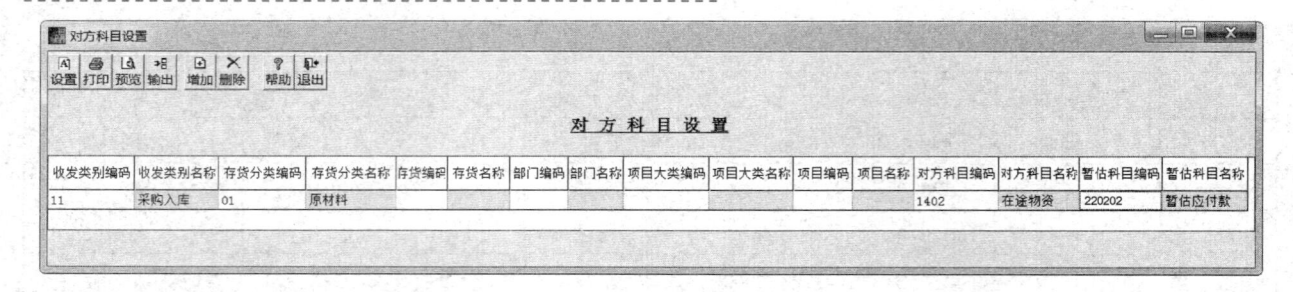

图 7-5

（三）客商往来科目设置

步骤 1：选择"核算"|"科目设置"|"客户往来科目"命令，打开"客户往来科目设置"窗口。

步骤 2：选中窗口左侧列表中的"基本科目设置"，根据表 7-4 所列资料，在窗口右侧各个文本框中分别输入相应的科目编码，如图 7-6 所示。

步骤 3：选中窗口左侧列表中的"结算方式科目设置"，根据表 7-5 所列资料，在窗口右侧表格中分别输入结算方式、币种和相应的科目编码，如图 7-7 所示。

步骤 4：设置完毕，单击"退出"按钮，关闭"客户往来科目设置"窗口。

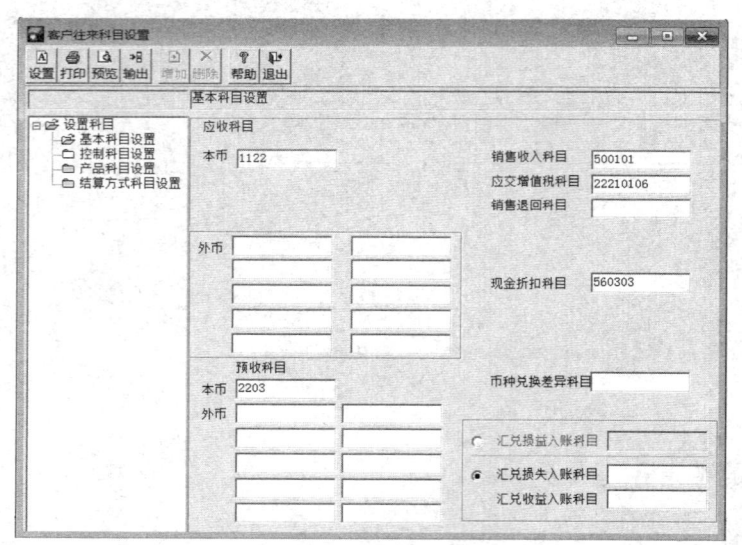

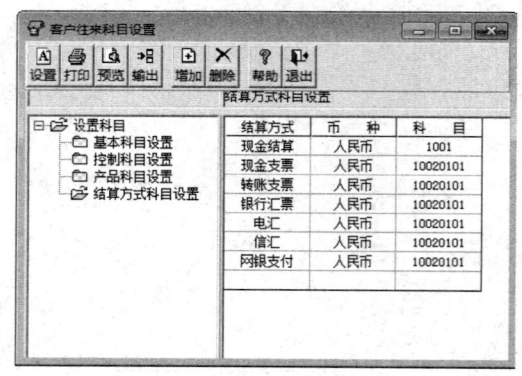

图 7-6　　　　　　　　　　图 7-7

边学边练

以账套主管山清的身份完成存货科目、存货对方科目、客户往来科目及供应商往来科目的其余项目的设置。

小贴士

- 设置存货科目时仓库和存货分类不可以同时为空。
- 设置存货科目时同一仓库的同一存货分类不可重复设置。同一仓库的不同存货分类不可有包含关系。
- 存货对方科目可根据收发类别、存货类别、部门、成本对象和存货设置，对方科目必须是末级科目。
- 如果用同一个科目核算应收账款和预收账款，则预收账款科目可以和应收账款科目相同。应收科目和预收科目必须是已经在科目档案中指定为应收系统的受控科目。
- 如果用同一个科目核算应付账款和预付账款，则预付账款科目可以和应付账款科目相同。应付科目和预付科目必须是已经在科目档案中指定为应付系统的受控科目。
- 如设置应收票据（1121）为客户往来结算方式科目，则该科目不能设置为应收受控科目。若应收票据（1121）设置为应收受控科目，则该科目不能设置为客户往来结算方式科目，涉及应收票据（1121）的业务可通过选择"销售"|"客户往来"|"应收单"命令下的"其他应收单"项进行处理。
- 如设置应付票据（2201）为供应商往来结算方式科目，则该科目不能设置为应付受控科目。若应付票据（2201）设置为应付受控科目，则该科目不能设置为供应商往来结算方式科目，涉及应付票据（2201）的业务可通过选择"采购"|"供应商往来"|"应付单"命令下的"其他应付单"项进行处理。

四、购销存管理系统期初余额录入

（一）采购系统期初数据录入

1. 暂估入库存货期初数据录入

任务描述

中原电子科技有限公司2022年1月暂估入库存货期初数据见表7-6，以账套主管山清的身份完成该期初数据的录入。

表7-6 暂估入库存货期初数据

入库单号	入库时间	部门	业务员	供应商	存货编码	存货名称	规格型号	计量单位	入库数量	暂估入账单价	暂估金额（元）
21123001	2021-12-30	供应部	赵亮	北京长城	101	A材料	A-CL001	千克	124	50	6 200.00
21123001	2021-12-30	供应部	赵亮	北京长城	102	B材料	B-CL002	米	100	47.5	4 750.00
合计											10 950.00

基本步骤

步骤1：选择"采购"|"采购入库单"命令，打开"采购入库"窗口。

步骤2：单击"增加"按钮右侧的下三角按钮，展开下拉列表，选择"期初采购入库"项，在"期初采购入库单"页面中根据期初资料依次输入相关内容，如图7-8所示。

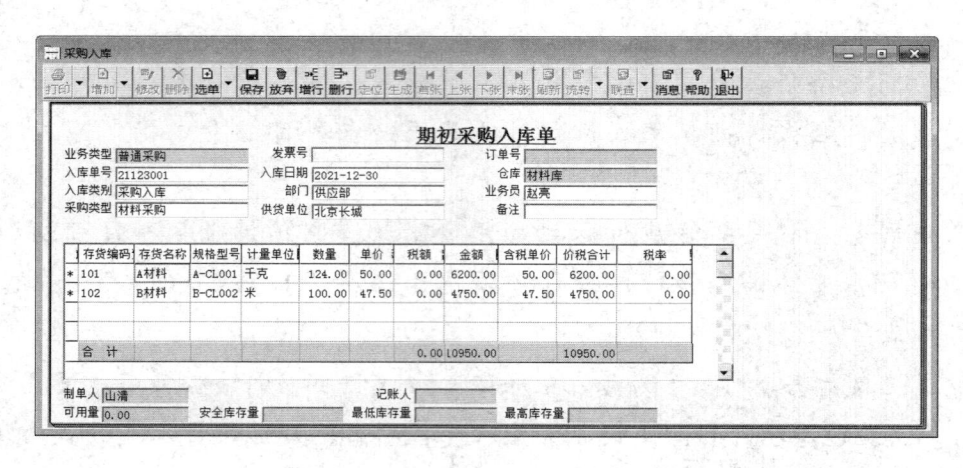

图 7-8

步骤3：单击"保存"按钮。

2. 在途物资期初数据录入

任务描述

中原电子科技有限公司2022年1月在途物资期初数据见表7-7，以账套主管山清的身份完成该期初数据的录入。

表7-7 在途物资期初数据

发票号码	开票日期	部门	业务员	供应商	存货编码	存货名称	规格型号	计量单位	数量	单价	不含税金额（元）	税率（%）
21122501	2021-12-25	供应部	赵亮	北京长城	101	A材料	A-CL001	千克	204	50	10 200.00	13
21122501	2021-12-25	供应部	赵亮	北京长城	102	B材料	B-CL002	米	250	48	12 000.00	13
21122501	2021-12-25	供应部	赵亮	北京长城	201	甲产品包装箱	J-BZ001	套	400	4	1 600.00	13
21122501	2021-12-25	供应部	赵亮	北京长城	202	乙产品包装箱	Y-BZ002	套	400	3	1 200.00	13
合计											25 000.00	——

步骤1：选择"采购"|"采购发票"命令，打开"采购发票"窗口。

步骤2：单击"增加"按钮右侧的下三角按钮，展开下拉列表，选择"专用发票"项，在打开的"期初采购专用发票"页面中根据期初资料输入相关内容，如图7-9所示。

步骤3：单击"保存"按钮。

3. 供应商往来期初数据录入

任务描述

中原电子科技有限公司2022年1月供应商往来期初数据见表7-8，以账套主管山清的身份完成该期初数据的录入。

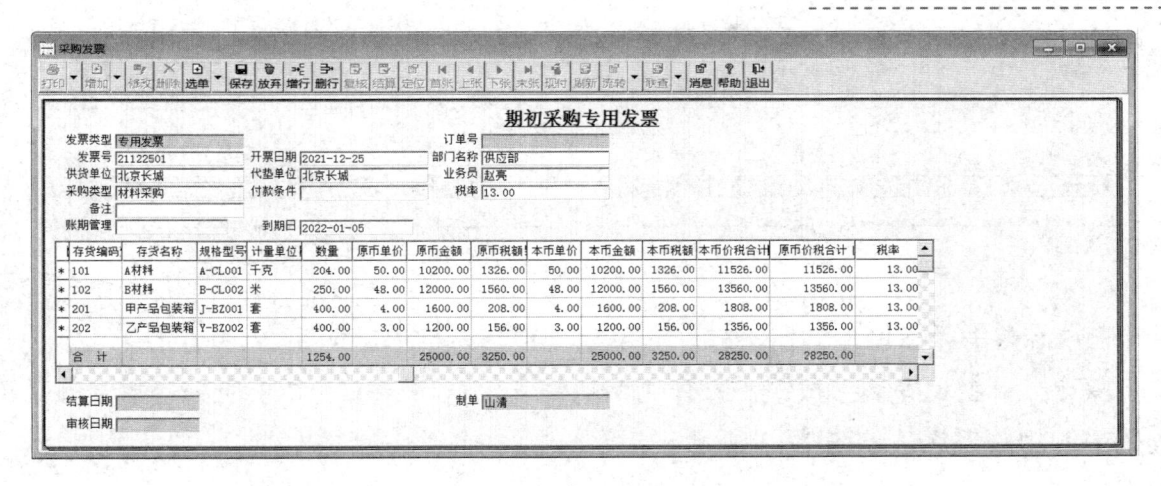

图 7-9

表 7-8 供应商往来期初数据

序号	项目	内容	序号	项目	内容
1	单据名称	采购发票	11	付款条件	3/5,2/20,1/35
2	单据类型	专用发票	12	科目编码	220201
3	方向	正向	13	到期日	2022-2-11
4	发票号	21122801	14	存货名称	A 材料
5	开票日期	2021-12-28	15	规格	A-CL001
6	供应商	郑州黄河	16	数量	1 000
7	部门名称	供应部	17	单价	50.00
8	业务员	赵亮	18	金额	50 000.00
9	备注	采购材料	19	税额	6 500.00
10	税率	13%	20	价税合计	56 500.00

步骤1：选择"采购"|"供应商往来"|"供应商往来期初"命令，打开"期初余额—查询"对话框，如图 7-10 所示。单击"确认"按钮，打开"期初余额"窗口，如图 7-11 所示。

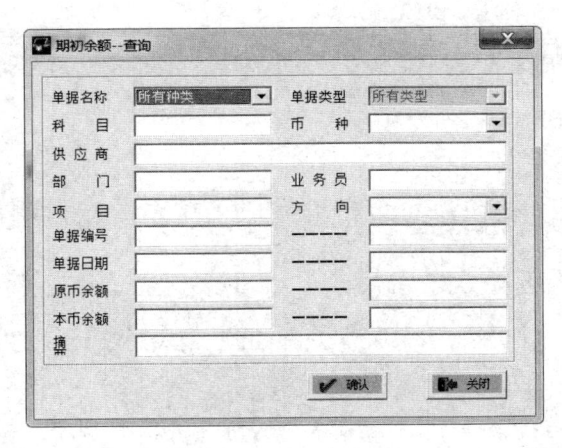

图 7-10

图 7-11

步骤 2：单击"增加"按钮，打开"单据类别"对话框，如图 7-12 所示。

步骤 3：单击"确认"按钮，打开"期初录入"窗口，按表 7-8 所列资料录入采购专用发票中的相关信息，如图 7-13 所示。

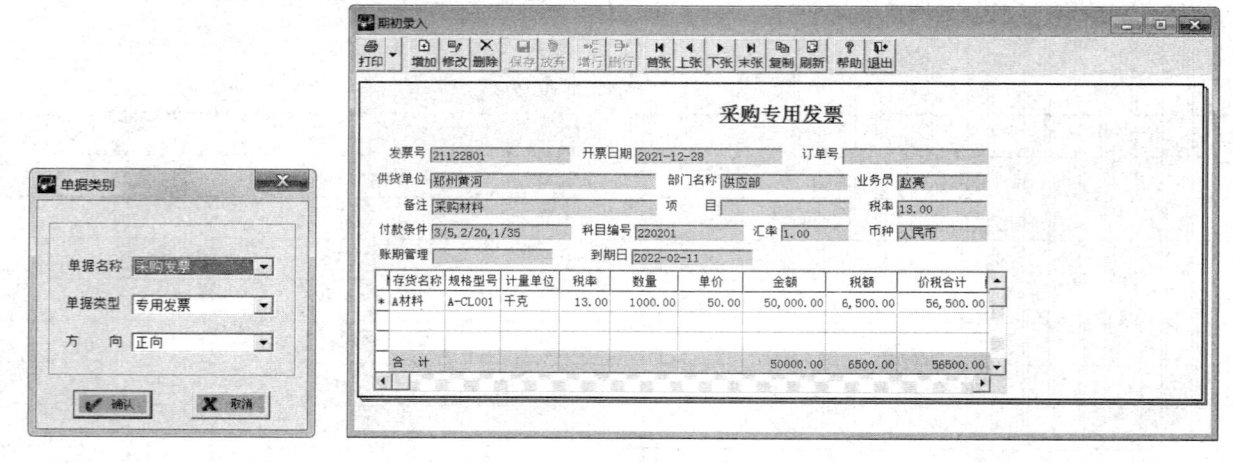

图 7-12

图 7-13

步骤 4：单击"保存"按钮，单击"退出"按钮关闭"期初录入"窗口，主界面返回"期初余额"窗口，如图 7-14 所示。

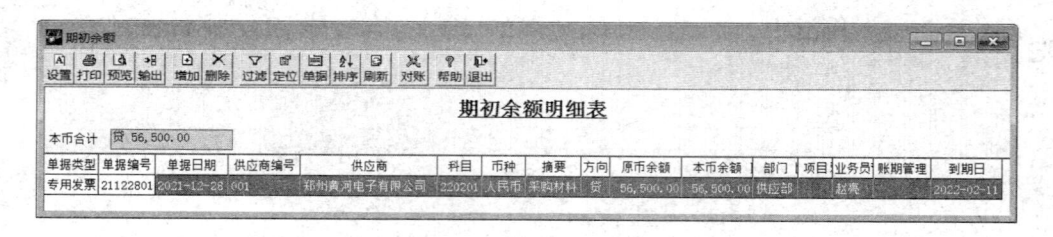

图 7-14

步骤 5：单击"对账"按钮，系统自动完成采购系统应付期初与总账期初余额的核对结果，如图 7-15 所示。

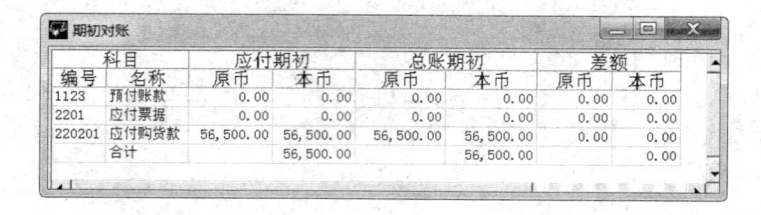

图 7-15

4．采购系统期初记账

任务描述

中原电子科技有限公司 2022 年 1 月份采购系统各项期初数据已录入完毕，以账套主管山清的身份进行采购系统期初记账。

步骤 1：选择"采购"|"期初记账"命令，打开"期初记账"对话框，如图 7-16 所示。

步骤 2：单击"记账"按钮，系统弹出提示框，提示"期初记账完毕！"，如图 7-17 所示。

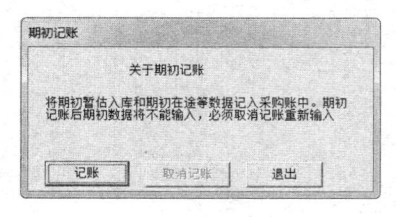

图 7-16　　　　　　　图 7-17

边学边练

若期初数据不慎录错，以账套主管山清的身份进行取消记账的操作，对错误进行更正并重新记账。

小贴士

- 期初记账之前录入的入库单和发票是暂估入库的期初数据和在途物资的期初数据。期初记账之后录入的入库单和发票是当期数据。
- 供应商往来期初数据可以在期初记账之前录入，也可以在期初记账之后录入。
- 只有实行会计电算化的第一期才需要手工录入期初数据，从第二期开始，期初数据由系统自动结转生成。

（二）销售系统期初余额输入

任务描述

中原电子科技有限公司 2022 年 1 月份销售系统客户往来期初数据见表 7-9，以账套主管山清的身份录入客户往来期初余额。

表 7-9　客户往来期初数据

序号	项目	内容	序号	项目	内容
1	单据名称	应收单	7	部门名称	营销部
2	单据类型	其他应收单	8	业务员	刘明
3	方向	正向	9	付款条件编码	03
4	单据日期	2021-12-01	10	金额	33 900.00
5	科目编码	1122	11	摘要	销售产品
6	客户	郑州二七	12	到期日	2022-01-30

基本步骤

步骤1：选择"销售"|"客户往来"|"客户往来期初"命令，打开"期初余额—查询"对话框，如图7-18所示。

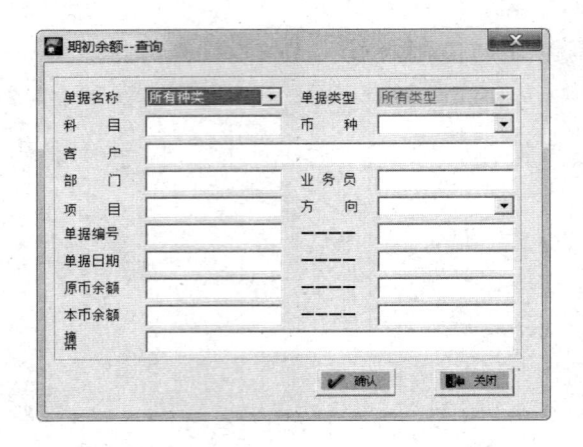

图 7-18

步骤2：单击"确认"按钮，打开"期初余额"窗口，如图7-19所示。单击"增加"按钮，打开"单据类别"对话框，单据名称选择"应收单"项，如图7-20所示。

图 7-19

步骤3：单击"确认"按钮，打开"期初录入"窗口，在该窗口显示的"其他应收单"中录入表7-9所示客户往来期初数据信息，如图7-21所示。

图 7-20 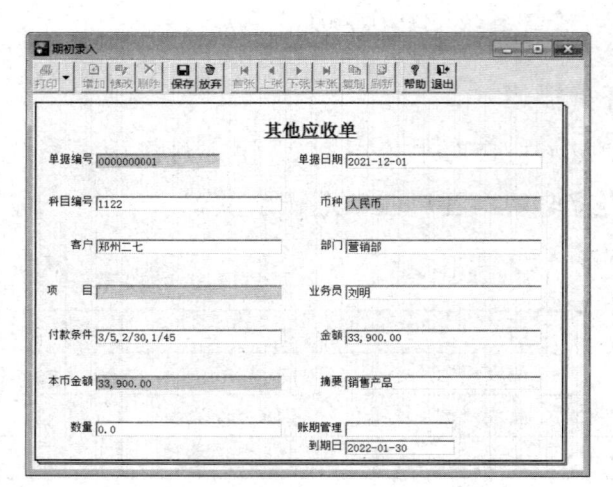　　　　　　　　图 7-21

步骤4：单击"保存"按钮。单击"退出"按钮，主界面返回"期初余额"窗口，如图7-22所示。

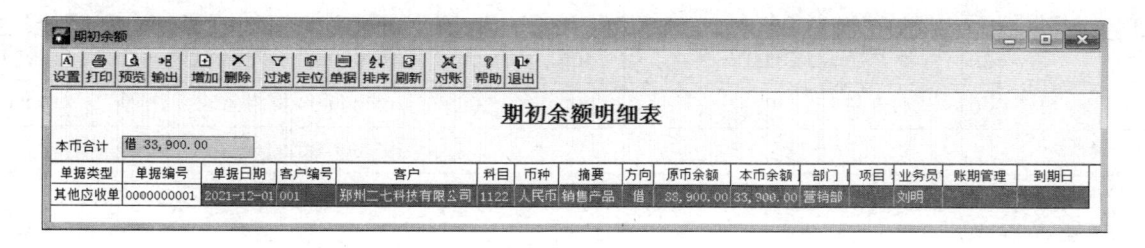

图7-22

步骤5：单击"对账"按钮，打开"期初对账"窗口，系统自动完成销售系统客户期初余额与总账系统客户往来期初余额的对账，如图7-23所示。

图7-23

小贴士

- 只有实行会计电算化的第一期才需要手工录入期初数据，从第二期开始，期初数据由系统自动结转生成。
- 在期初余额主界面，列出的是所有客户、所有科目的期初余额，可以过滤查看某个客户的期初余额，或者查看某个科目的期初余额。

（三）库存系统期初余额输入

任务描述

中原电子科技有限公司2022年1月份原材料库存期初余额见表7-10，产成品库存期初余额见表7-11，以账套主管山清的身份录入库存期初余额。

表7-10 原材料库存期初余额

仓库	存货大类	存货编码	存货名称	规格型号	计量单位	数量	单价	金额（元）	部门	业务员	存货科目
材料库	原材料	101	A材料	A-CL001	千克	540	50.00	27 000.00	供应部	赵亮	140301
		102	B材料	B-CL002	米	400	47.50	19 000.00	供应部	赵亮	140302
合计								46 000.00	——	——	——

表 7-11 产成品库存期初余额

仓库	存货大类	存货编码	存货名称	规格型号	计量单位	数量	单价	金额（元）	部门	业务员	存货科目
成品库	产成品	301	甲产品	J-CP001	件	400	330.00	132 000.00	甲生产线	陈盼	140501
		302	乙产品	Y-CP002	件	200	325.00	65 000.00	乙生产线	林倩	140502
合计								197 000.00	——	——	——

基本步骤

步骤 1：选择"库存"|"期初数据"|"库存期初"命令，打开"期初余额"窗口。

步骤 2：单击仓库右侧下拉列表的下三角按钮，选择"材料库"项，单击存货大类右侧的放大镜按钮，选择"原材料"项，单击"增加"按钮，在窗口出现可编辑行，在该行输入编码为"101"的"A 材料"期初信息。

步骤 3：再单击"增加"按钮，用同样的方法依次录入其余原材料的期初信息，单击"保存"按钮，系统弹出"期初余额"提示框，告知"保存成功！"，单击"确定"。则材料库原材料的期初余额如图 7-24 所示。

图 7-24

步骤 4："原材料"大类的期初信息录入完毕并保存之后，仓库选择"成品库"项，存货大类选择"产成品"项，继续录入产成品的期初信息并保存。

步骤 5：所有存货期初信息正确录入之后，单击"记账"按钮，系统弹出提示框，提示"期初记账成功！"，如图 7-25 所示。单击"确定"按钮，单击"退出"按钮关闭"期初余额"窗口。

图 7-25

边学边练

继续完成产成品库存期初余额的录入；记账后若发现存货期初数据的录入有误，以账套主管山清的身份取消记账的操作并纠错，然后重新记账。

小贴士

- 只有会计电算化的第一期才需要手工录入期初数据，从第二期开始，期初数据由系统自动结转生成。
- 库存系统期初数据也可以在核算系统录入,两个系统共享期初数据。
- 若不需要录入期初差异,输入期初余额后,即可进行期初记账;若需要输入期初差异,则应保存期初余额并退出,进入差异录入界面,输入完差异后,再进入期初余额界面进行期初记账。
- 输入了数量、单价、金额三项中的两项后,系统将自动计算第三项。
- 输入存货编码后,系统自动输入该存货的名称、规格型号、计量单位。

任务二 采购业务处理

采购业务一般涉及采购订单、采购发票、采购入库单等原始单据的填制与审核,采购发票与入库单的结算,单据记账,货款支付结算及凭证处理等。由于取得采购发票与存货验收、存货验收与货款支付等环节在时间上并不完全同步,因而这里把采购业务分为现付业务、应付业务、预付业务、暂估业务等类型。

一、暂估入库业务的回冲处理

任务描述

2022年1月1日,以会计水秀的身份冲销2021年12月30日从北京长城有限公司采购材料的暂估入库业务。

基本步骤

步骤1:由水秀注册T3系统,选择"核算"|"凭证"|"购销单据制单"命令,打开"生成凭证"窗口,单击"选择"按钮,打开"查询条件"对话框,选中"红字回冲单"复选框,如图7-26所示。

步骤2:单击"确认"按钮,打开"选择单据"窗口,单击"全选"按钮,如图7-27所示。

步骤3:单击"确定"按钮,系统回到"生成凭证"窗口,依据存货名称修改第3行科目编码为"140302",如图7-28所示。

步骤4:单击"合成"按钮,打开"填制凭证"窗口,生成1张红字记账凭证。单击"保存"按钮后,系统将显示凭证"已生成",如图7-29所示。

图 7-26

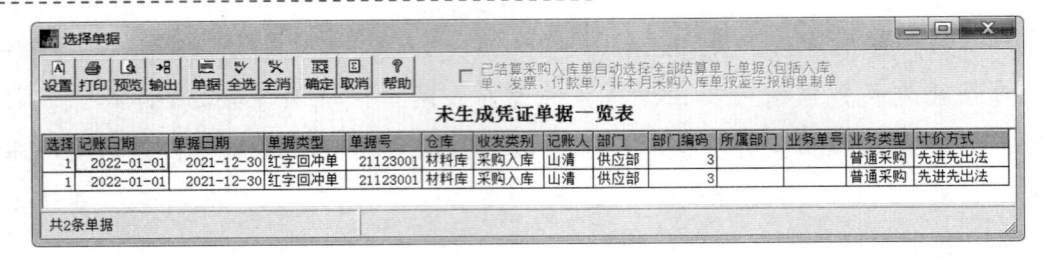

图 7-27

图 7-28

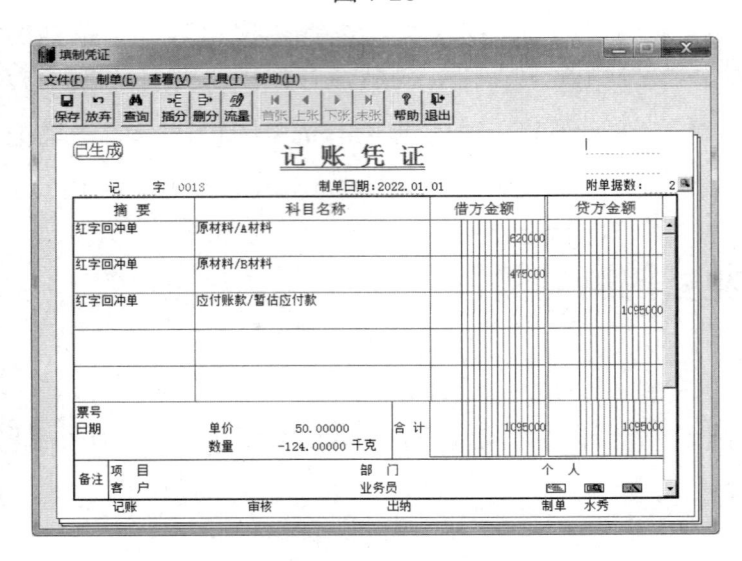

图 7-29

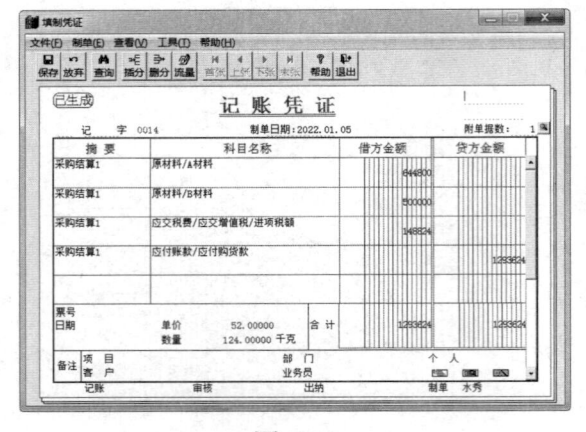

图 7-30

边学边练

2022年1月5日，收到2021年12月30日从北京长城有限公司采购材料的暂估入库材料专用发票（发票号：21123001），其中 A 材料 124 千克，单价为 52 元；B 材料 100 米，单价为 50 元。以会计水秀的身份完成专用发票的录入、审核、结算、暂估处理和制单工作，所填制凭证如图 7-30 所示。

小贴士

- 采购的存货到达企业后，如果到月末仍未收到供货单位的发票，才需要对存货做暂估入库处理。

- 本系统规定凡是没有结算的入库单都是暂估入库。已采购结算的入库单和已审核了的入库单不能修改、删除；在核算系统已记账的入库单不能修改、删除。

二、在途物资验收入库处理

任务描述

2022年1月5日，于2021年12月25日从北京长城有限公司所购各种材料均已到货，验收结果与发票完全相符，入材料库保管。以会计水秀的身份完成材料入库、采购结算及制单等操作。

基本步骤

步骤1：2022年1月5日，以水秀的身份选择"采购"|"采购发票"命令，打开"期初采购专用发票"窗口，单击"流转"按钮右侧的下三角按钮，在下拉列表中选择"生成采购入库单"选项，系统自动生成一张采购入库单，输入"发票号"为"21122501"，"入库单号"为"22010501"，"入库日期"为"2022-01-05"，"仓库"为"材料库"等相关内容。单击"保存"按钮。

步骤2：选择"采购"|"采购结算"|"手工结算"命令，打开"手工结算"窗口和"条件输入"对话框。在"条件输入"对话框中输入日期信息，如图7-31所示。

步骤3：单击"确认"按钮，打开"入库单和发票选择"窗口，选择相关的采购入库单和发票，如图7-32所示。

图 7-31

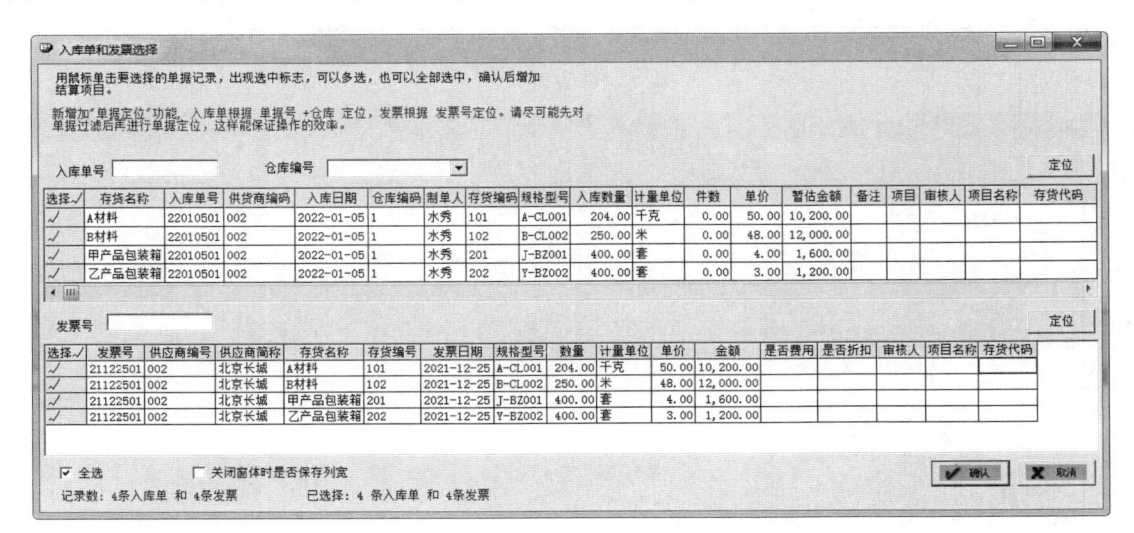

图 7-32

步骤4：单击"确认"按钮，打开"手工结算"窗口，如图7-33所示。

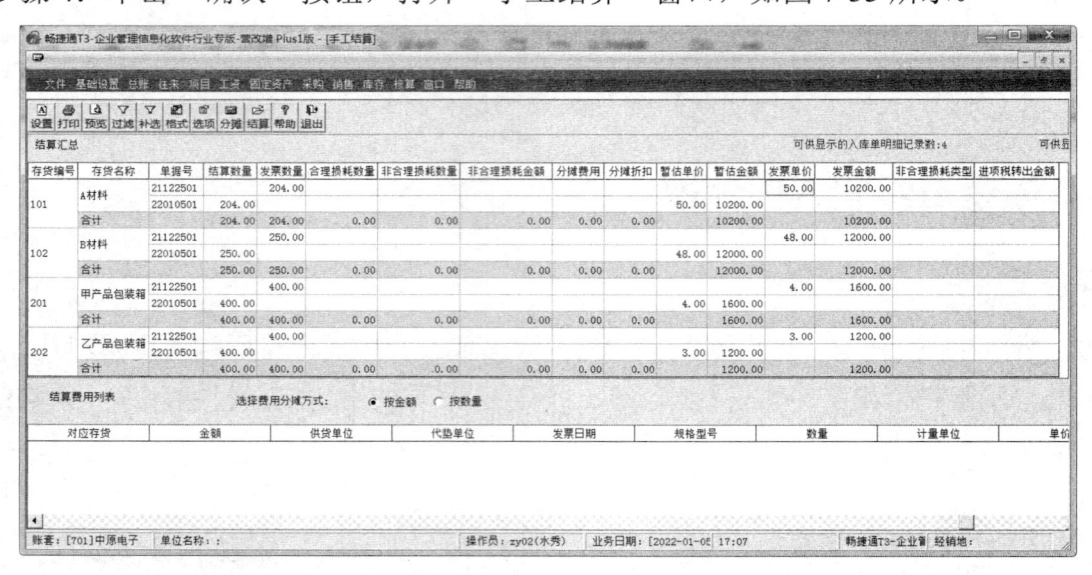

图 7-33

步骤5：单击"结算"按钮，系统弹出提示框，告知"完成结算！"，单击"确定"按钮。此时采购入库单和发票均出现"已结算"印戳，如图7-34和图7-35所示。

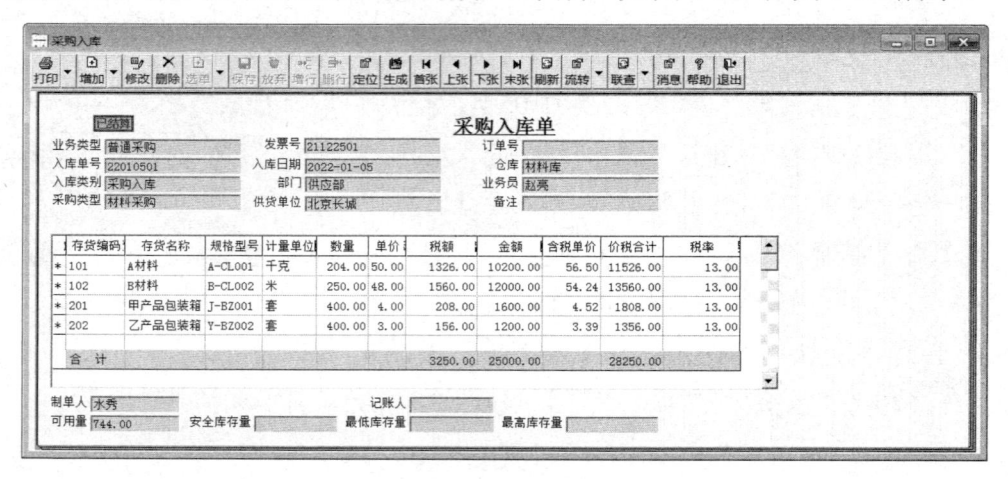

图 7-34

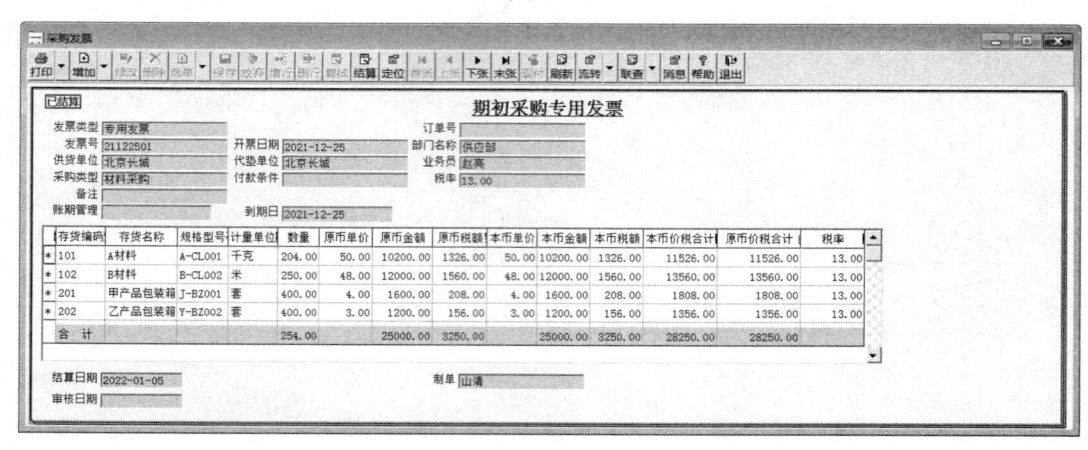

图 7-35

步骤6：选择"库存"|"采购入库单审核"命令，打开"采购入库单"窗口，找到要审核的采购入库单，单击"审核"按钮。

步骤7：选择"核算"|"核算"|"正常单据记账"命令，打开"正常单据记账条件"对话框，仓库选择"材料库"项，单据类型选择"采购入库单"项，如图7-36所示。

步骤8：单击"确定"按钮，打开"正常单据记账"窗口，单击"全选"按钮，选中待记账的单据，如图7-37所示。单击"记账"按钮后再单击"退出"按钮。

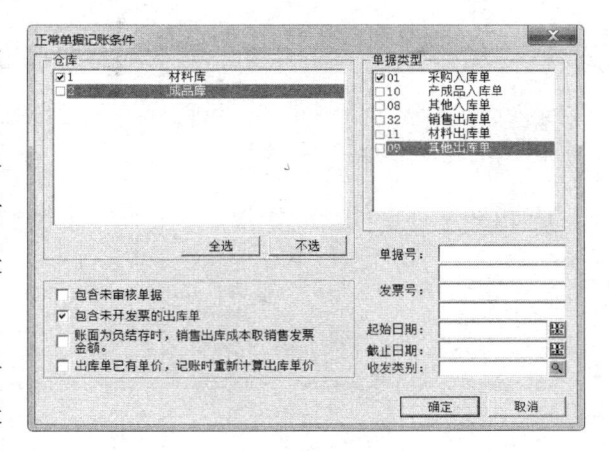

图 7-36

图 7-37

步骤9：选择"核算"|"凭证"|"购销单据制单"命令，打开"生成凭证"窗口，单击"选择"按钮，打开"查询条件"对话框，选择"采购入库单（报销记账）"项，如图7-38所示。

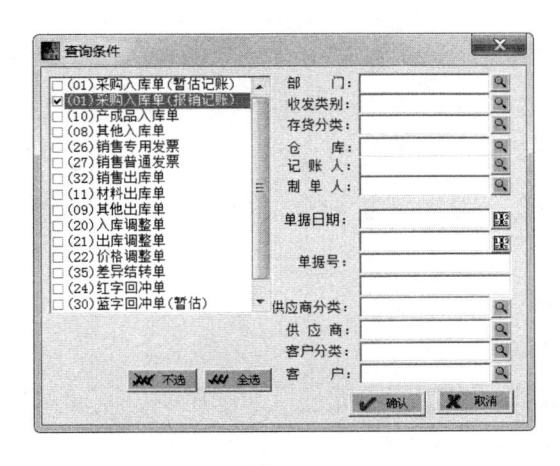

图 7-38

步骤10：单击"确认"按钮，打开"选择单据"窗口，取消"帮助"按钮右侧复选框中的对勾，单击"全选"按钮，选中需要制单的单据。

步骤11：单击"确定"按钮，返回"生成凭证"窗口，依据存货名称修改第3行存货科目编码为"140302"，第7行存货科目编码为"14110102"，如图7-39所示。

图 7-39

步骤12：单击"生成"按钮，打开"填制凭证"窗口，输入相关信息，单击"保存"按钮，凭证显示"已生成"，如图7-40所示。

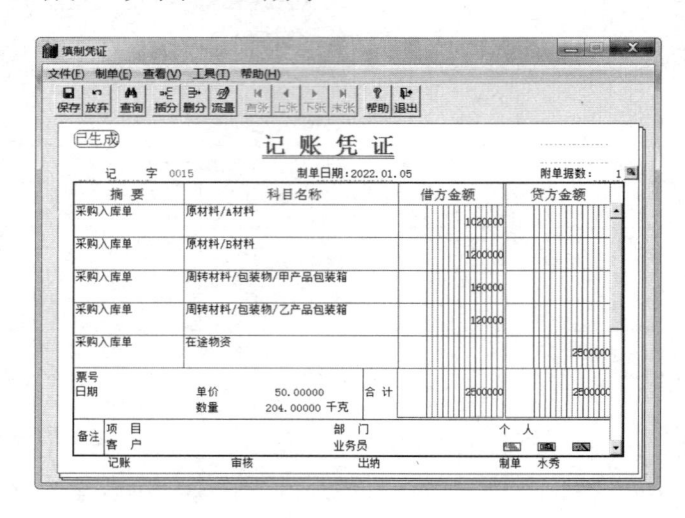

图 7-40

小贴士

- 采购结算也叫采购报账。实务中，是指采购业务员持经主管领导审批过的采购发票和仓库确认的入库单，交会计人员确认采购成本的过程。
- 采购结算按操作处理方法不同分为自动结算和手工结算两种方式。如没有完成期初记账，则不能进行采购结算。

三、现付业务处理

任务描述

2022年1月6日，供应部赵亮与黄河电子有限公司签订购货合同，从该公司购进A材料100千克，单价49元；B材料100米，单价51元，所购材料当天验收入库（入库单编号：22010601），收到增值税专用发票（号码：22010601）及由中原长通物流公司开具的增值税专用发票（号码：22010602）各一张。价税款 11 300.00 元及含税运费 109.00 元当天开出转账支票（票号：22010601）支付。运费事先由黄河电子有限公司垫付，按两材料的买价分配运费。以会计水秀的身份完成采购订单、采购入库单、专用发票、专用运费发票的录入、审核、付款、采购结算、记账和制单工作。

基本步骤

步骤 1：选择"采购"|"采购订单"命令，打开"采购订单"窗口，单击"增加"按钮，打开一张空白采购订单，依照购货合同输入相关内容。单击"保存"按钮，再单击"审核"按钮。如图 7-41 所示。

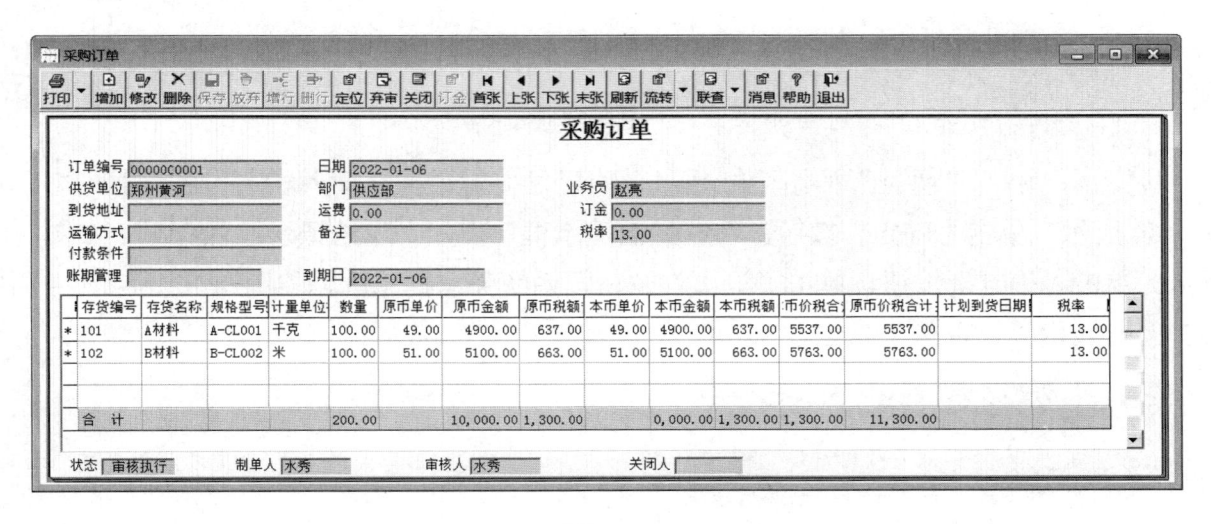

图 7-41

步骤 2：单击"流转"按钮右侧的下三角按钮，展开下拉列表，选择"生成采购入库单"项，打开"采购入库单"窗口，并自动将采购订单内容填入采购入库单，在"仓库"文本框中输入"材料库"，单击"保存"按钮，如图 7-42 所示。

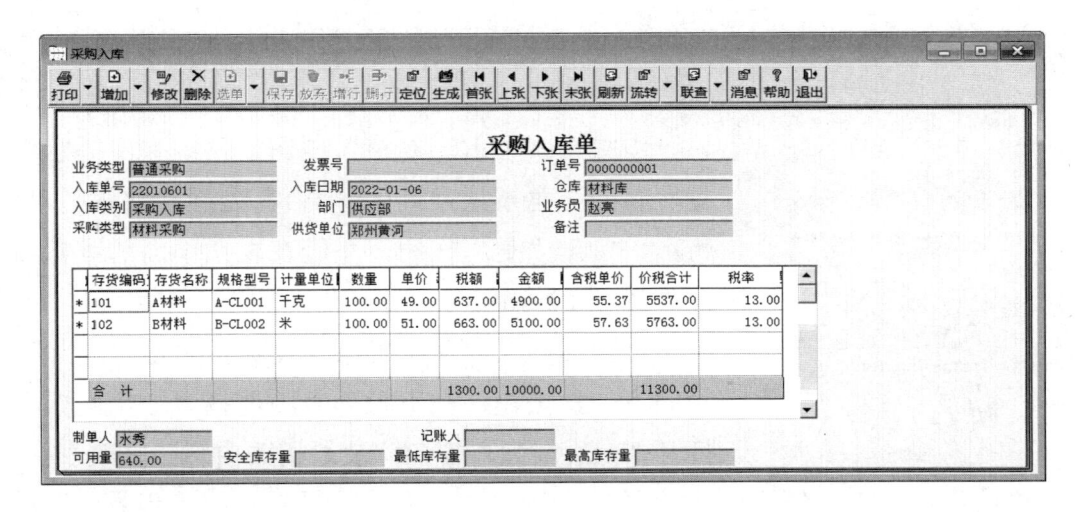

图 7-42

步骤 3：单击"流转"右侧的倒三角，在下拉列表中选择"生成专用发票"项，打开"采购发票"窗口，系统自动生成一张与采购入库单对应的采购专用发票，将发票号、到期日等内容补充完整，并修改表头"税率"为 13.00，单击"保存"按钮，如图 7-43 所示。

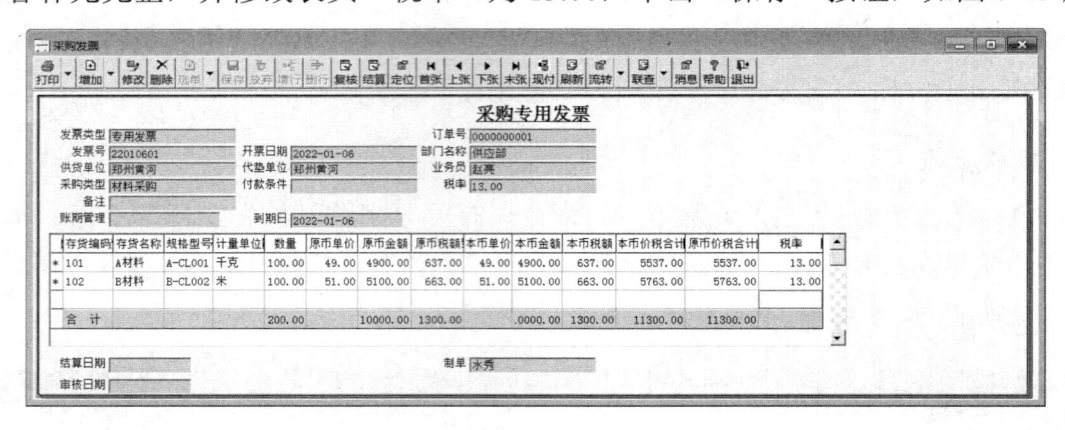

图 7-43

步骤 4：单击"现付"按钮，打开"采购现付"对话框，输入相关付款结算内容，如图 7-44 所示。单击"确定"按钮，系统弹出提示框，告知"现结记录已保存！"，如图 7-45 所示。单击"确定"按钮，单击"退出"按钮，系统弹出提示框，如图 7-46 所示。专用发票左上角显示"已现付"戳记。

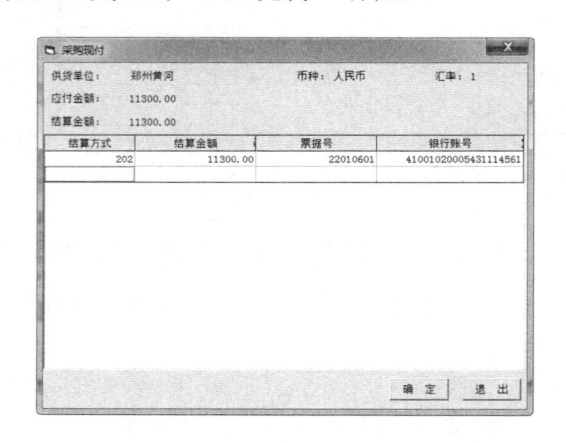

图 7-44 　　　　　　　　图 7-45 　　　　　　　　图 7-46

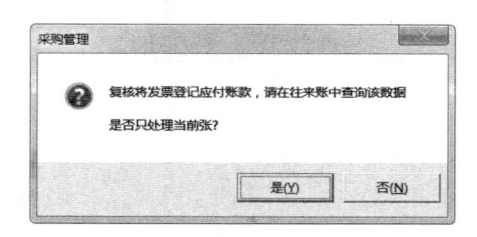

步骤 5：单击"复核"按钮，系统弹出提示框，告知复核时的注意事项及询问"是否只处理当前张？"，如图 7-47 所示。单击"是"按钮，系统在发票下面的审核日期处填上"2022-01-06"。

步骤 6：在"采购发票"窗口，单击"增加"按钮右侧的下三角按钮，在下拉列表中选择"专用发票"选项，打开"专用发票"窗口，录入相关内容，修改表头"税率"为 9.00，单击"保存"按钮。单击"现付"按钮，根据系统提示参照"步骤 4"进行现付操作。并完成发票复核，如图 7-48 所示。

图 7-47

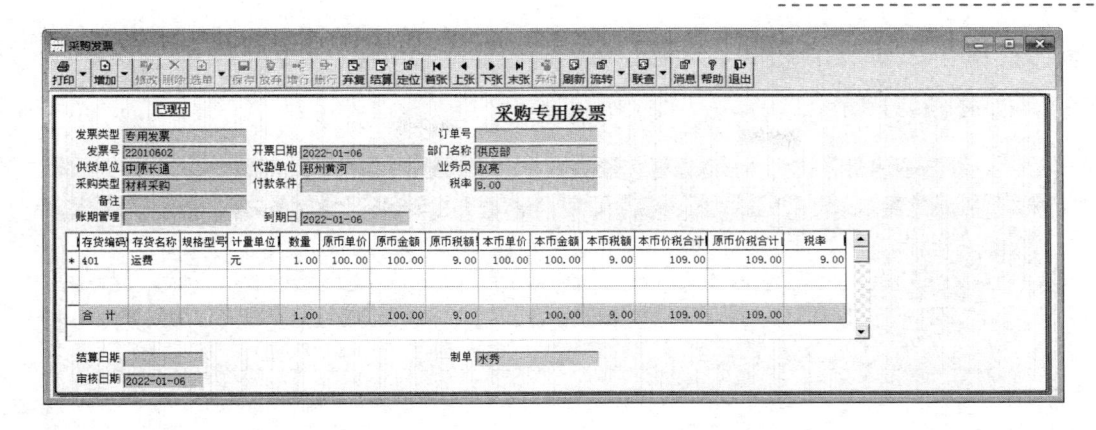

图 7-48

步骤 7：选择"采购"|"采购结算"|"手工结算"命令，打开"手工结算"窗口和"条件输入"对话框，如图 7-49 所示。

图 7-49

步骤 8：单击"确认"按钮，打开"入库单和发票选择"窗口，选择相关的采购入库单和发票，如图 7-50 所示。

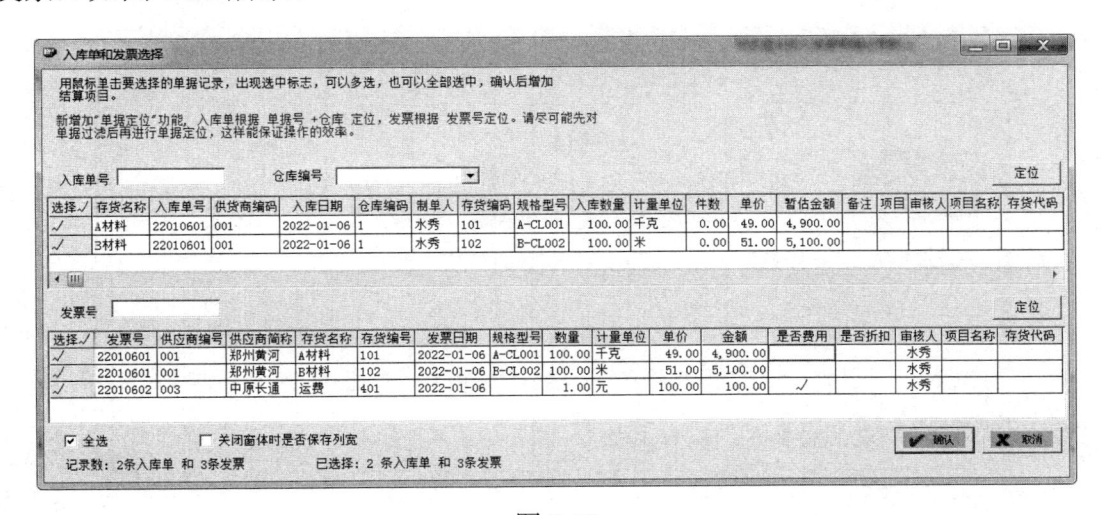

图 7-50

步骤9：单击"确认"按钮，回到"手工结算"窗口，费用分摊方式选中"按金额"单选按钮，如图7-51所示。

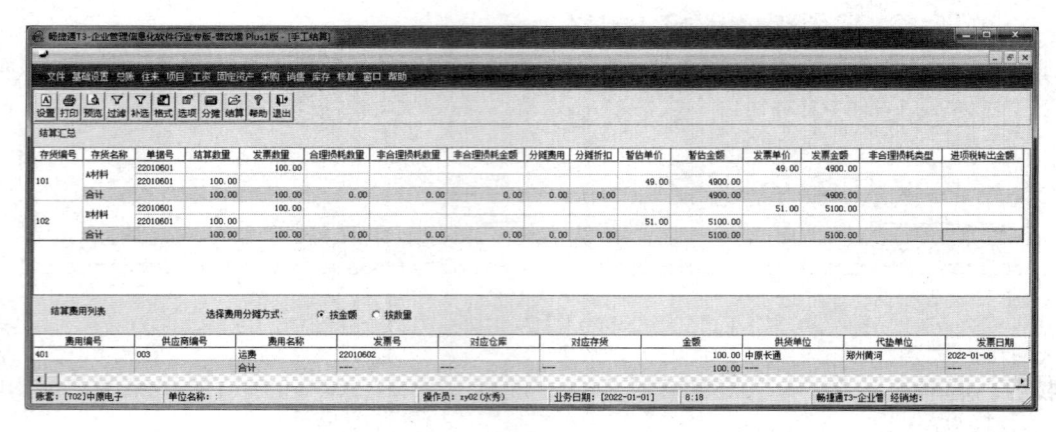

图7-51

步骤10：单击"分摊"按钮，系统弹出提示框，如图7-52所示。单击"是"按钮，系统再次弹出提示框，如图7-53所示，单击"确定"按钮。然后单击窗口的"结算"按钮，系统又弹出提示框，告知"完成结算！"，如图7-54所示，单击"确定"按钮。

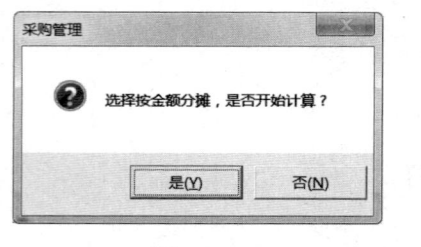

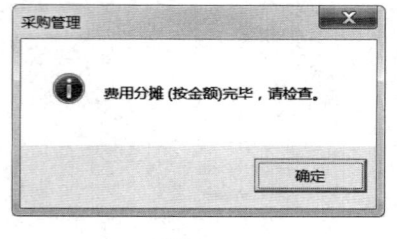

图7-52   图7-53   图7-54

步骤11：选择"库存"|"采购入库单审核"命令，打开"采购入库单"窗口，找到需要审核的采购入库单，单击"审核"按钮，如图7-55所示。单击"退出"按钮关闭"采购入库单"窗口。

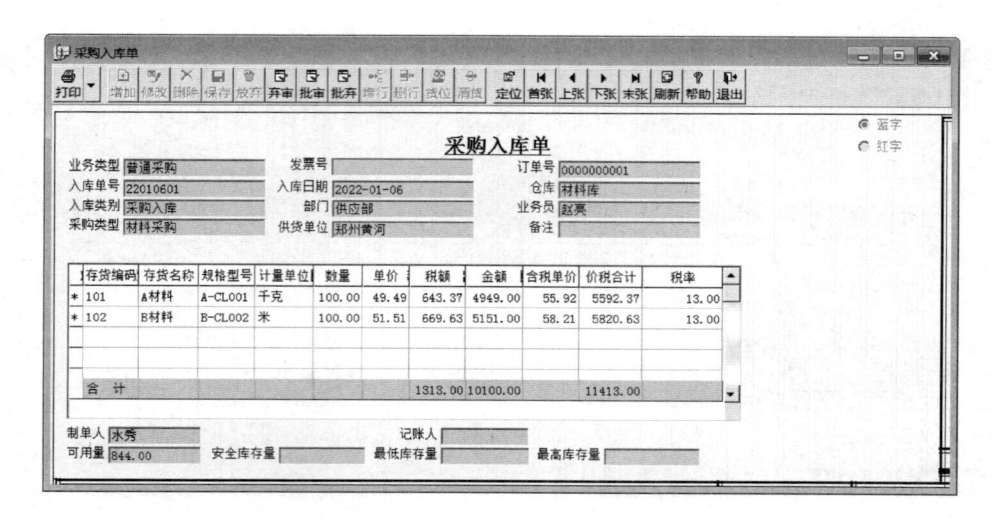

图7-55

步骤12：选择"核算"|"核算"|"正常单据记账"命令，打开"正常单据记账条件"对话框，仓库选择"材料库"项，单据类型选择"采购入库单"项，如图7-56所示。

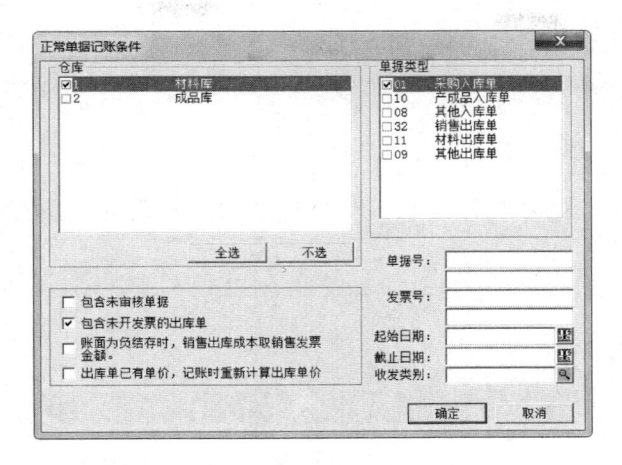

图 7-56

步骤13：单击"确定"按钮，打开"正常单据记账"窗口，单击"全选"按钮，选中待记账的单据，如图7-57所示。单击"记账"按钮。单击"退出"按钮关闭"正常单据记账"窗口。

图 7-57

步骤14：选择"核算"|"凭证"|"购销单据制单"命令，打开"生成凭证"窗口，单击"选择"按钮，打开"查询条件"对话框，选择"(01)采购入库单（报销记账）"项，如图7-58所示。

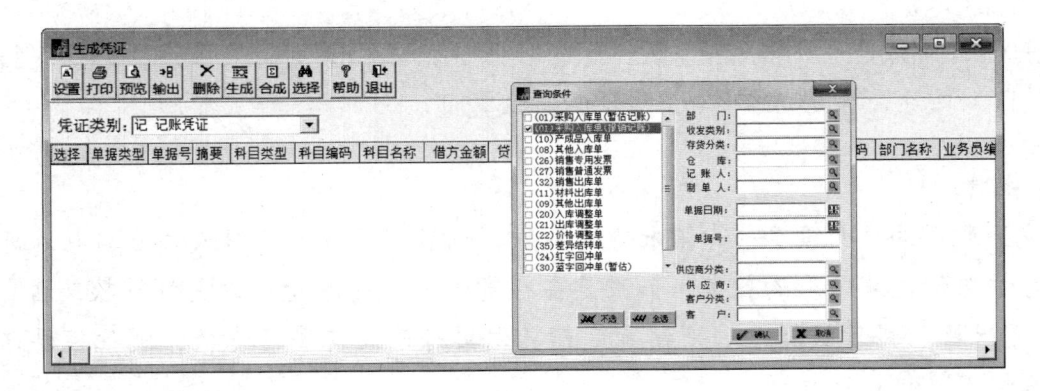

图 7-58

步骤15：单击"确认"按钮，打开"选择单据"窗口，单击"全选"按钮，并选中"帮助"按钮右侧的复选框，如图7-59所示。单击"确定"按钮，系统弹出提示框，提醒制单注意事项，如图7-60所示。

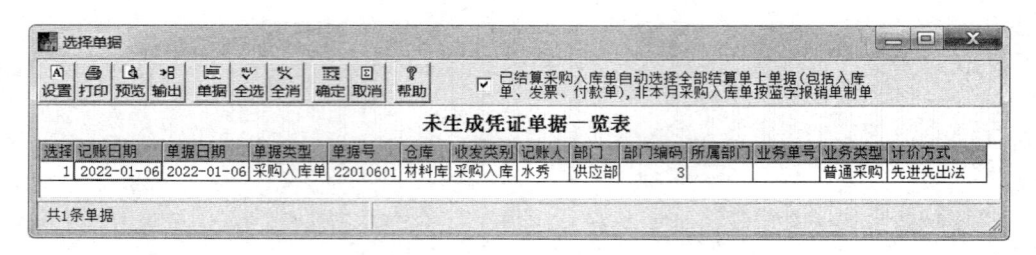

图 7-59

图 7-60

步骤16：单击"确定"按钮，打开"生成凭证"窗口，修改第2行科目编码为"140302"，如图7-61所示。

图 7-61

步骤17：单击"生成"按钮，打开"填制凭证"窗口，"附单据数："改为"5"，将光标放在"银行存款"科目所在的行，双击"制单 水秀"上方最右侧的"小矩形"（辅助项图标），打开"辅助项"对话框，如图7-62所示。输入相关信息，单击"确认"按钮，再单击"保存"按钮，生成如图7-63所示的记账凭证。

小贴士

- 这里所谓的现付业务，是指采购的存货在销货方开具发票时或存货验收入库时即向对方支付现款的采购业务。如果是在存货验收入库时向对方支付货款，则直接通过"原材料"科目核算；如果销货方开具发票时已向其支付货款，则往往要通过"在途物资"科目核算。

- 如果企业在收到发票时，便支付了发票上价税合计的总额，就需要通过现付功能进行付款结算，系统自动生成付款单。
- 采购订单可流转生成发票和入库单。入库单可流转生成普通发票和专用发票。发票也可流转生成入库单。
- 已审核、已采购结算和已记账的入库单不能修改、删除。已审核、已采购结算和已付款结算的发票不能修改、删除。
- 全面"营改增"之后，国家税务总局自2016年7月1日起停止使用"货物运输业增值税专用发票"，增值税一般纳税人提供货物运输服务，使用增值税专用发票和增值税普通发票。因此，本书涉及运费的专用发票也使用统一格式的"增值税专用发票"，不再使用"运费专用发票"。

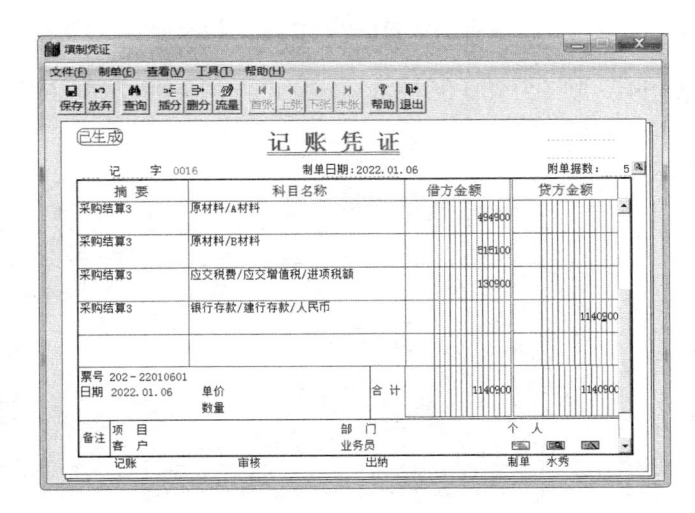

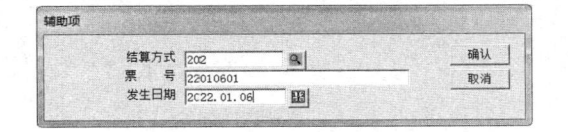

图 7-62

图 7-63

四、应付业务处理

任务描述

2022年1月10日，供应部赵亮向财务部申请领用转账支票（票号：22011001）一张，用以支付上月所欠黄河电子有限公司的货款 55 500.00 元，原欠对方 56 500.00 元，因在折扣期内，享受现金折扣 1 000.00 元（现金折扣只限货款，不包括增值税）。

基本步骤

步骤1：选择"采购"|"供应商往来"|"付款结算"命令，打开"付款单"页面，在"供应商"文本框中输入"001　郑州黄河电子有限公司"，单击"增加"按钮，系统自动检索到欠该供应商的债务信息并输入"付款单"，然后手动输入"结算方式""结算金额""票据号"和"摘要"等信息，如图7-64所示。单击"保存"按钮。

图 7-64

步骤 2：单击"核销"按钮，输入本次折扣金额 1 000.00 元，系统自动计算出本次结算的金额 55 500.00 元，如图 7-65 所示。单击"保存"按钮。单击"退出"按钮关闭"单据结算"窗口。

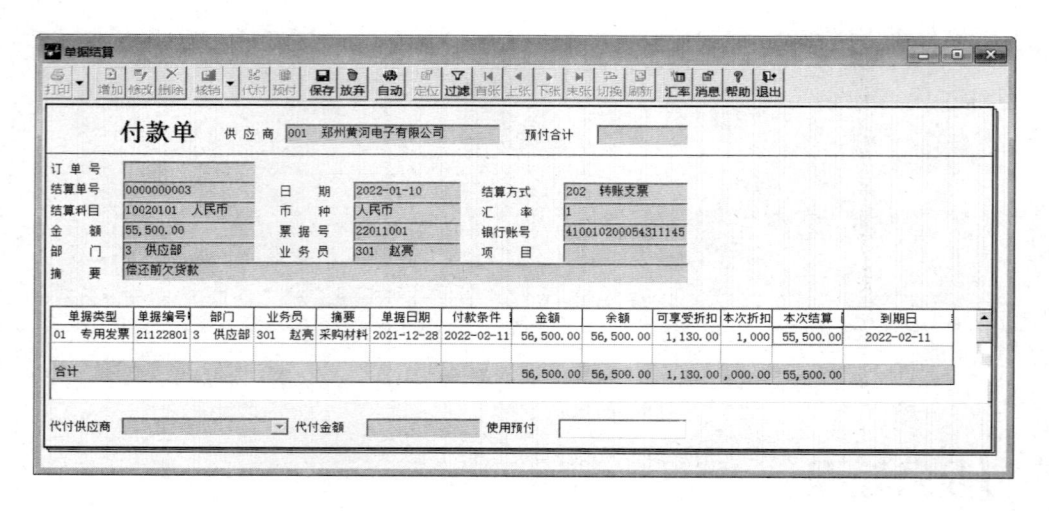

图 7-65

步骤 3：选择"核算"|"凭证"|"供应商往来制单"命令，打开"供应商制单查询"对话框，选中"核销制单"复选框，如图 7-66 所示。

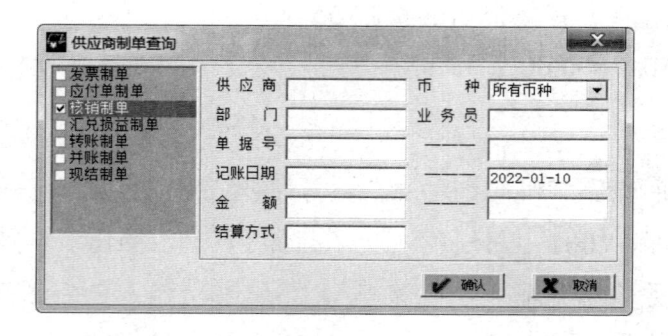

图 7-66

步骤 4：单击"确认"按钮，打开"供应商往来制单"窗口，选中"按科目编码排序"复选框，单击"全选"按钮，如图 7-67 所示。

图 7-67

步骤 5：单击"制单"按钮，打开"填制凭证"窗口，系统自动生成记账凭证，单击"保存"按钮。

步骤 6：将光标放在财务费用科目的金额处，按空格键，将金额移动到借方，再按减号"-"键，使财务费用的金额以红字呈现，如图 7-68 所示。

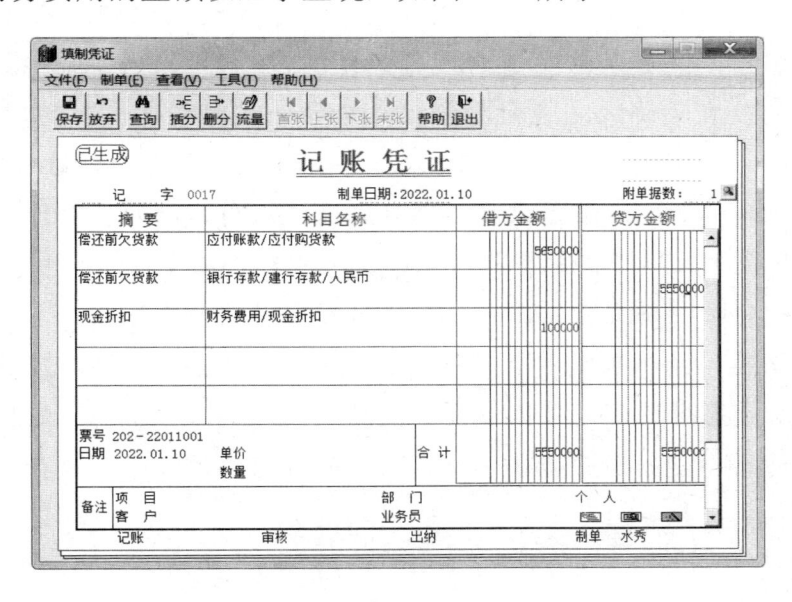

图 7-68

边学边练

2022 年 1 月 15 日，供应部赵亮与黄河电子有限公司签订供货合同，从该公司购进 A 材料 50 千克，单价 53 元；B 材料 50 米，单价 50 元。所采购材料当天验收入库（入库单号：22011501），并收到增值税专用发票（号码：22011501）1 张，货款尚未支付，付款条件为 3/5，2/20，1/35，n/45。以会计水秀的身份完成采购订单、采购入库单、专用发票的录入、审核、结算、记账和制单工作。所填制凭证如图 7-69 所示。

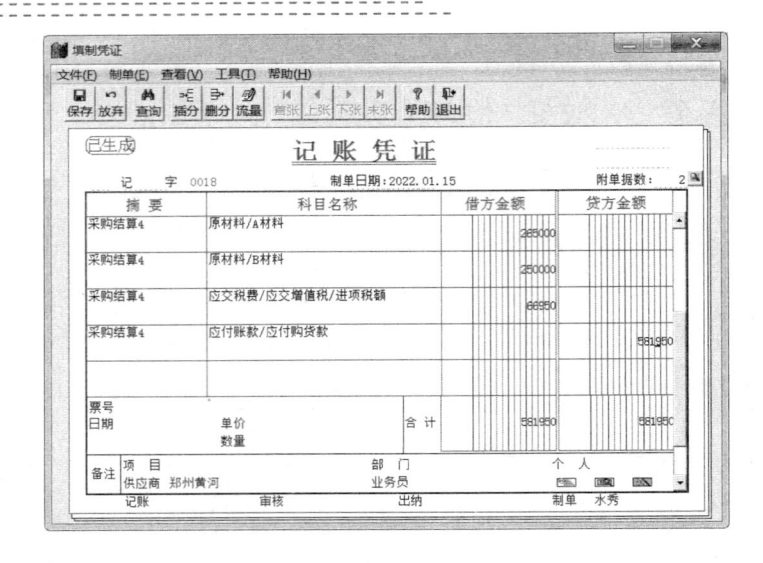

图 7-69

小贴士

- 这里的应付业务是指所采购的存货已验收入库，但货款尚未支付的赊购业务。
- 应付业务的处理过程除暂估业务需要进行红字冲销处理外，其他如采购订单、采购入库单、采购发票、入库单与发票的结算、核算模块记账等操作与现付业务相同，不同之处在于货款是在材料验收之后的一定时间内支付的，支付时需要进行核销操作。
- 如存货验收入库时，发票已收到，则贷方通过应付账款的"应付购货款"等明细核算；如存货验收入库时，发票尚未收到且到月末仍未收到，则贷方通过"应付账款"的暂估应付款明细科目核算，下月再进行红字冲销处理。
- 核销是指结算付款时确定付款单与原始发票、应付单之间的对应关系的操作，即指明本次付款是支付的哪笔采购业务所欠款项。
- 付款结算时所享受的现金折扣、冲减的财务费用使用红字反映在借方，目的是编制利润表时能从财务费用账户中准确地提取数据。

五、预付业务处理

任务描述

2022 年 1 月 20 日，供应部赵亮与北京长城有限公司签订供货合同，订购 A 材料 200 千克，单价 50 元；B 材料 200 米，单价 48 元。同时签发转账支票（票号：22012001）向对方预付货款 5 000.00 元。2022 年 1 月 27 日，上述材料验收入库（入库单号：22012701），并收到专用发票（号码：22012701）和对方代垫的中原长通物流公司的运费专用发票（号码：22012702）各一张，含税运费为 327.00 元。运费按材料金额分配。电汇补付剩余货款（票号：22012701）。以会计水秀的身份完成采购订单、预付货款、采购入库单、专用发票和运费专用发票（运费按材料的买入金额分配）的录入、审核、结算、记账、补付货款和制单（使用"预付冲应付"法）等工作。

基本步骤

（一）填制订单并预付货款

步骤1：2022年1月20日，填制采购订单。

步骤2：选择"采购"|"供应商往来"|"付款结算"命令，打开"付款单"页面，在"供应商"文本框输入"002　北京长城有限公司"，单击"增加"按钮，系统自动检索到欠该供应商的债务信息并输入"付款单"，然后手动输入"结算方式""结算金额""票据编号"和"摘要"等信息，如图7-70所示。单击"保存"按钮。

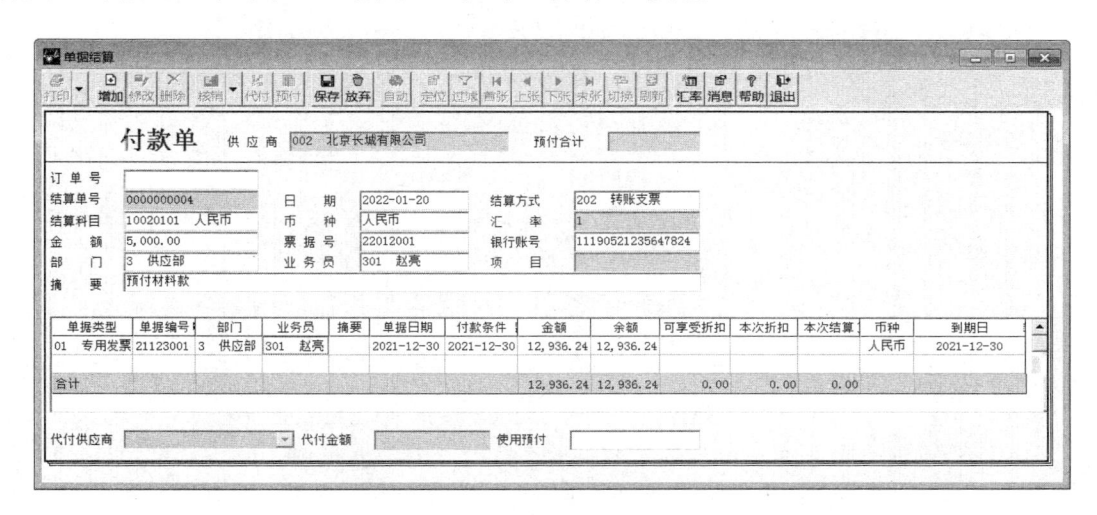

图 7-70

步骤3：单击"预付"按钮，此时付款单"预付合计"显示金额为5 000.00元。单击"退出"按钮关闭"单据结算"窗口。

步骤4：选择"核算"|"凭证"|"供应商往来制单"命令，打开"供应商制单查询"对话框，选中"核销制单"复选框，如图7-71所示。

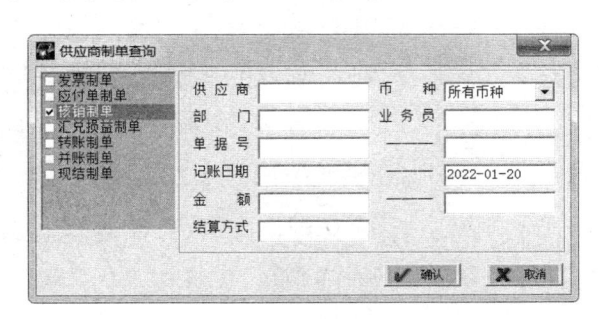

图 7-71

步骤5：单击"确认"按钮，打开"供应商往来制单"窗口，单击"全选"按钮，如图7-72所示。

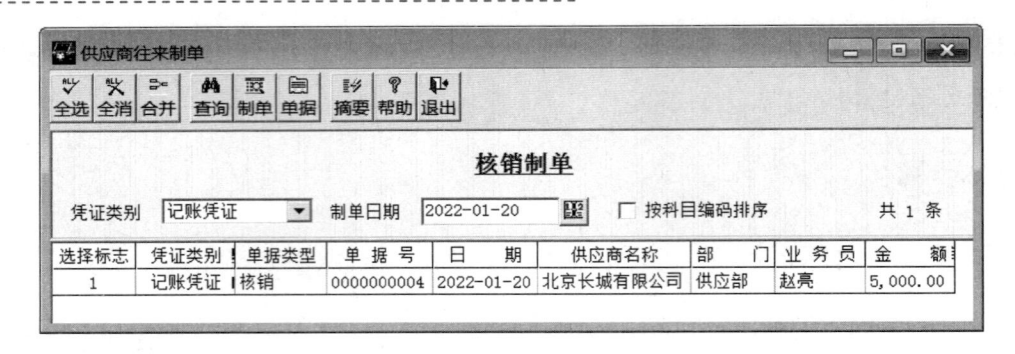

图 7-72

步骤 6：单击"制单"按钮，打开"填制凭证"窗口，系统生成记账凭证，改附单据数为"2"，单击"保存"按钮，如图 7-73 所示。

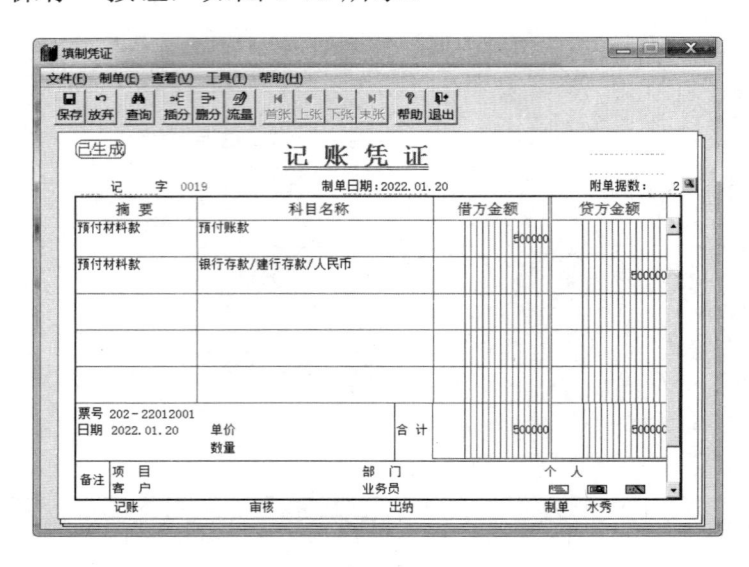

图 7-73

（二）材料验收处理

步骤 1：2022 年 1 月 27 日，根据采购订单流转生成采购入库单，再根据采购入库单流转生成专用发票并填制运费专用发票，按金额分配运费、完成发票与采购入库单的结算，并对采购入库单进行审核、记账。

步骤 2：选择"核算"|"凭证"|"购销单据制单"命令，打开"生成凭证"窗口，单击"选择"按钮，打开"查询条件"对话框，选择"采购入库单（报销记账）"项，如图 7-74 所示。

步骤 3：单击"确认"按钮，打开"选择单据"窗口，单击"全选"按钮，选中"帮助"按钮右侧的复选框，如图 7-75 所示。

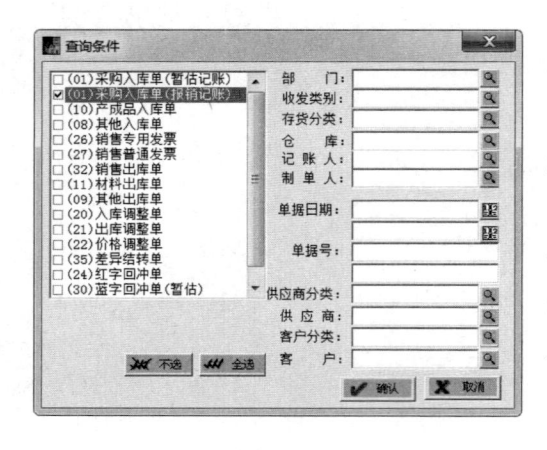

图 7-74

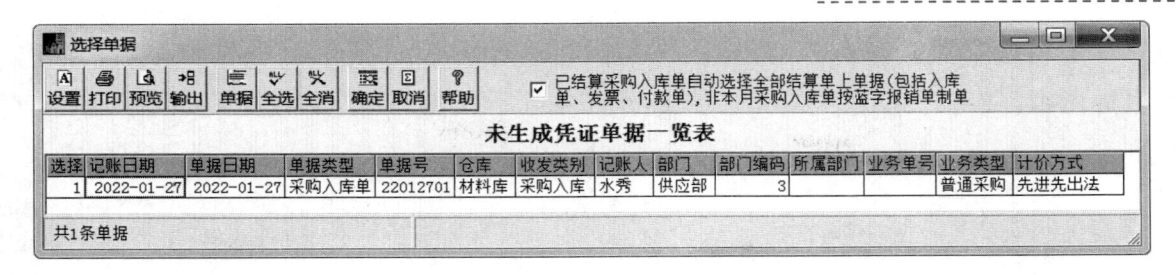

图 7-75

步骤 4：单击"确定"按钮，系统弹出提示框，如图 7-76 所示。单击"确定"按钮，打开"生成凭证"窗口，依据存货名称将第一行的科目编码更改为"140302"，如图 7-77 所示。

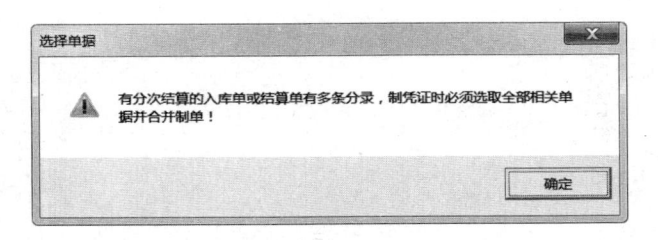

图 7-76

图 7-77

步骤 4：单击"生成"按钮，打开"填制凭证"窗口，改"附单据数"为"3"。单击"保存"按钮，如图 7-78 所示。

（三）预付冲应付

步骤 1：选择"采购"|"供应商往来"|"预付冲应付"命令，打开"预付冲应付"对话框。参照输入供应商为"北京长城"，单击"过滤"按钮，系统检索到预付款相关信息，双击余额"5 000.00"等处，自动输入转账金额，如图 7-79 所示。

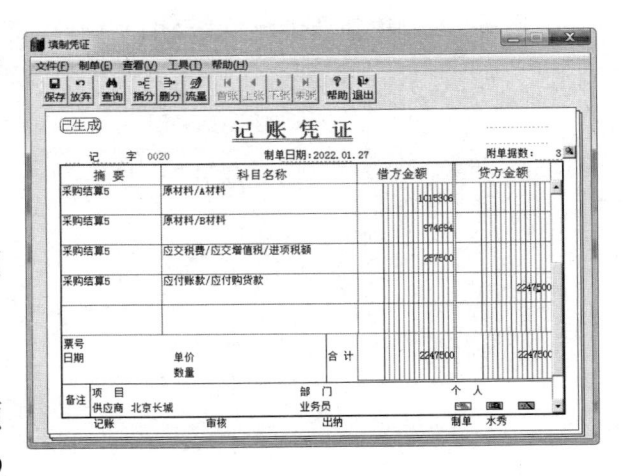

图 7-78

步骤 2：选择"应付款"选项卡，单击"过滤"按钮，系统检索到应付款相关信息，在第二行的转账金额栏输入转账金额"5 000.00",如图 7-80 所示。单击"确认"按钮,系统弹出提示框,告知"操作成功!",如图 7-81 所示。单击"确定"按钮关闭"预付冲应付"对话框。

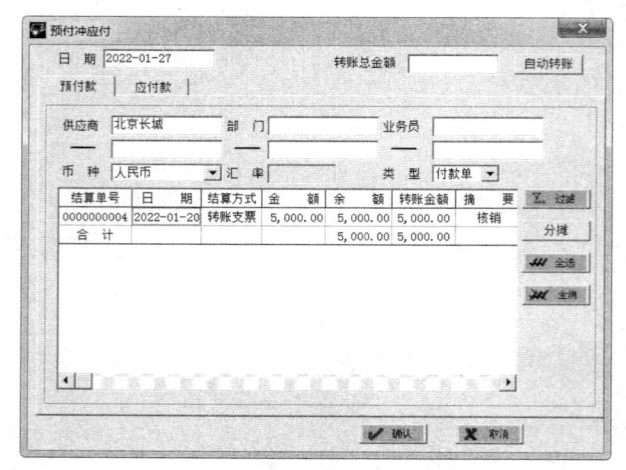

图 7-79 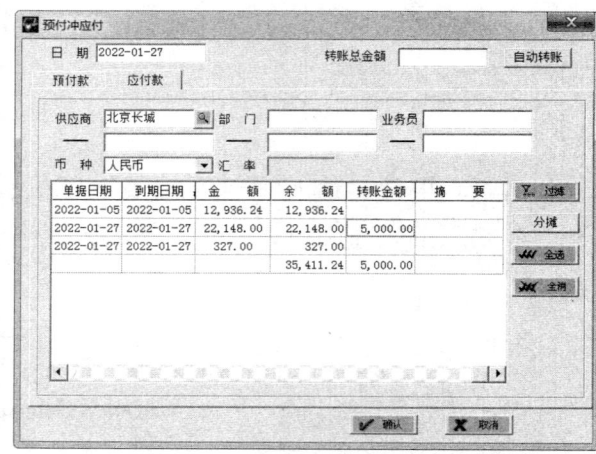　　　　　　　　　　　　图 7-80

步骤 3:选择"核算"|"凭证"|"供应商往来制单"命令,打开"供应商制单查询"对话框,选择"转账制单"复选框,如图 7-82 所示。单击"确认",打开"供应商往来制单"窗口。

图 7-81 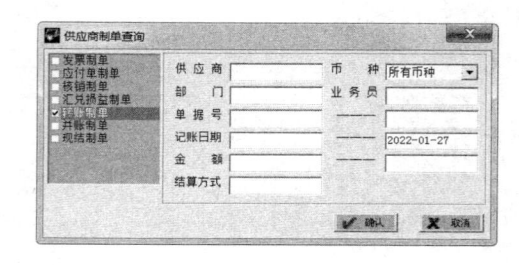　　　　　　　　　　　　图 7-82

步骤 4:单击"全选"按钮,单击"制单"按钮生成凭证,单击"保存"按钮,凭证如图 7-83 所示。

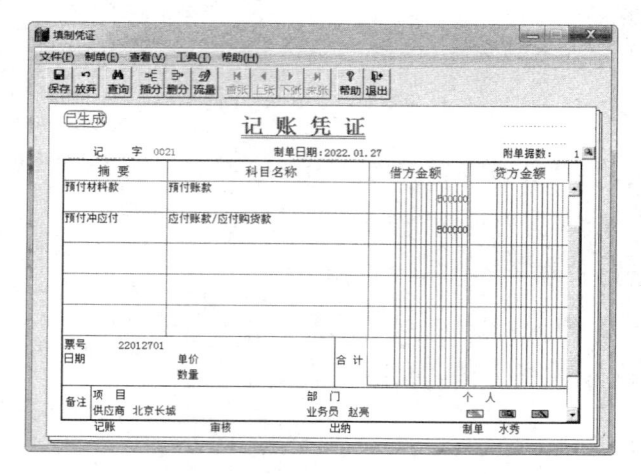

图 7-83

（四）支付剩余货款

步骤 1：选择"采购"|"供应商往来"|"付款结算"命令，打开"付款单"页面，在"供应商"文本框中参照输入"002　北京长城有限公司"，单击"增加"按钮，系统自动检索到欠该供应商的款项信息，手动输入"结算方式""结算金额""票据号"等信息，如图 7-84 所示。单击"保存"按钮。

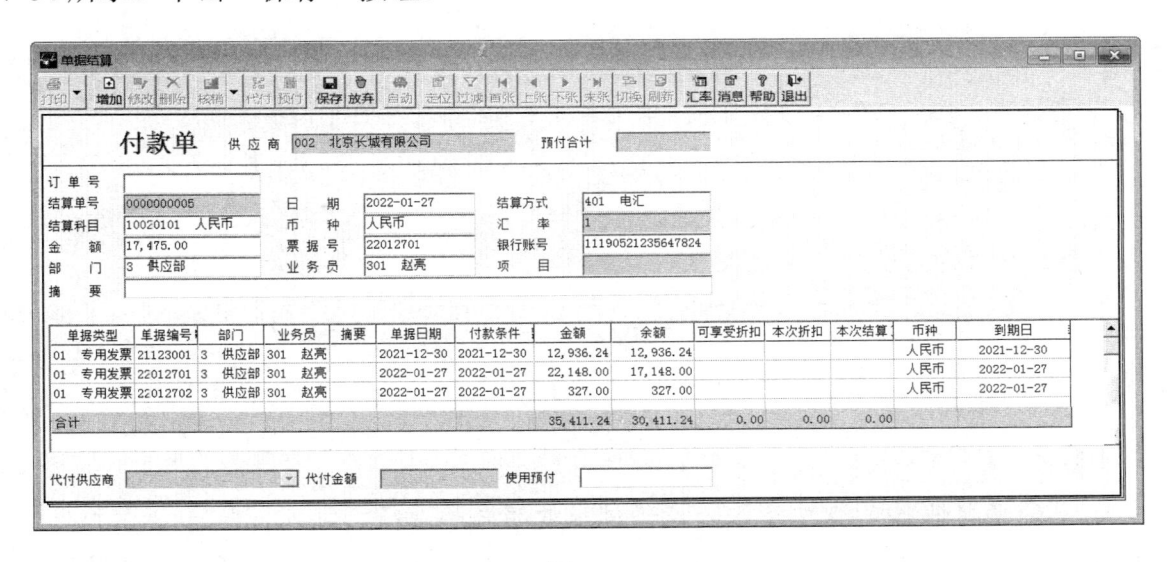

图 7-84

步骤 2：单击"核销"按钮，双击付款单表体中需要核销的第二、三行的余额，系统将其输入"本次结算"栏，两项合计 17 475.00 元，如图 7-85 所示。单击"保存"按钮，单击"退出"按钮关闭"单据结算"窗口。

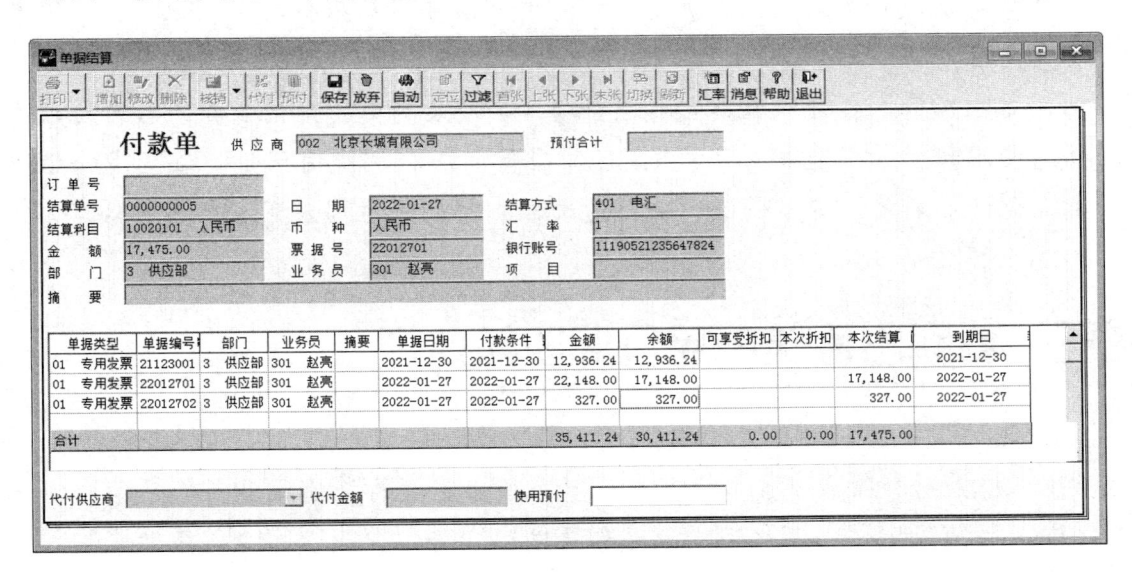

图 7-85

步骤 3：选择"核算"|"凭证"|"供应商往来制单"命令，打开"供应商制单查询"对话框。选中"核销制单"复选框，单击"确认"按钮，打开"供应商往来制单"窗口。

单击"全选"按钮，单击"制单"按钮，打开"填制凭证"窗口，并生成记账凭证，单击"保存"按钮，如图7-86所示。

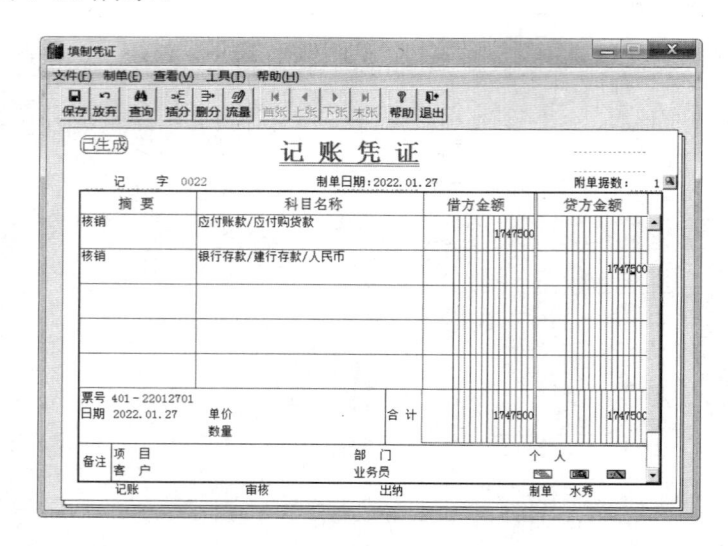

图 7-86

小贴士

- 这里的预付业务是指支付订金或预付账款的采购业务。
- 支付了款项但采购业务尚未发生，就应录入付款单，将该笔款项作为预付款。
- 在预付冲应付操作中，如果预付款和应付款都只有一笔业务，不会发生匹配错误，可在输入供应商之后，直接单击"预付冲应付"对话框的"自动转账"按钮进行快速处理。
- 付款单形成预付款后，在单据结算功能中无法查看该张付款单，但可在单据查询功能中查看。
- 如同本书后面介绍的预收账款销售业务一样，采购中的预付业务的后续处理亦可选择"使用预付"功能去完成；"预付冲应付"法和"使用预付"法生成的记账凭证都与会计准则之规定不一致，但技能大赛训练题库习惯采用这两种方法。

任务三　材料出库与产品入库业务处理

存货出入库业务包括存货出库业务和存货入库业务。存货出库业务包括销售出库、材料领用出库、半成品出库、产品自用出库和其他出库等；存货入库业务包括采购入库、产成品入库、退料入库、半成品入库、委托加工入库和其他入库等。这里介绍材料领用出库和产成品入库业务。

一、材料领用出库业务处理

任务描述

中原电子科技有限公司 2022 年 1 月发生的生产领料业务如下，以会计水秀的身份完成这些业务的处理（材料费用按耗用量在甲乙产品之间进行分配，分配率保留 4 位小数，分配金额保留两位小数，分配尾差由乙产品负担）。

（1）12 日，生产部王聪从材料库领取 A 材料 730 千克，其中 200 千克用于加工甲产品，530 千克用于加工乙产品；B 材料 750 米，其中 240 米用于加工甲产品，510 米用于加工乙产品（出库单号：22011201）。

（2）23 日，生产部王聪从材料库领取甲产品包装 100 套，乙产品包装 200 套（出库单号：22012301）。

（3）27 日，生产部王聪从材料库领取 A 材料 230 千克，其中，100 千克用于加工甲产品，130 千克用于加工乙产品；B 材料 250 米，其中，120 米用于加工甲产品，130 米用于加工乙产品（出库单号：22012701）。

（4）29 日，生产部王聪从材料库领取甲产品包装和乙产品包装各 50 套（出库单号：22012901）。

基本步骤

步骤 1：2022 年 1 月 12 日，选择"库存"|"材料出库单"命令，打开"材料出库单"窗口，单击"增加"按钮，新增一张材料出库单。输入相关信息并进行保存。单击"审核"按钮进行审核，如图 7-87 所示。

步骤 2：选择"核算"|"核算"|"正常单据记账"命令，打开"正常单据记账条件"对话框，"仓库"选择"材料库"项，"单据类型"选择"材料出库单"复选框，如图 7-88 所示。

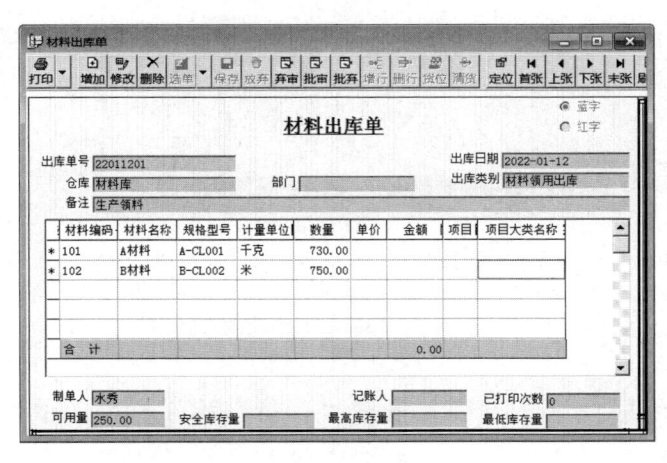

图 7-87 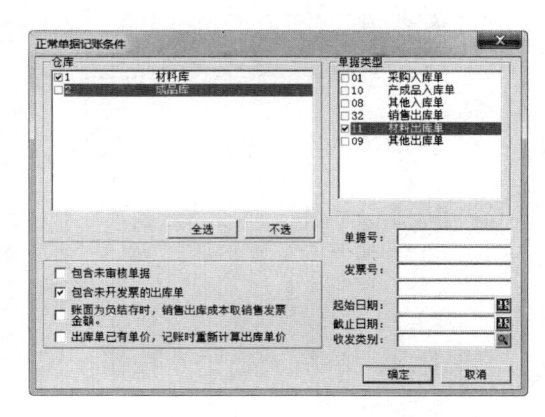　　　　　　　　　　　　图 7-88

步骤 3：单击"确定"按钮，打开"正常单据记账"窗口，单击"全选"按钮，如图 7-89 所示。单击"记账"按钮，完成记账后，单击"退出"按钮关闭窗口。

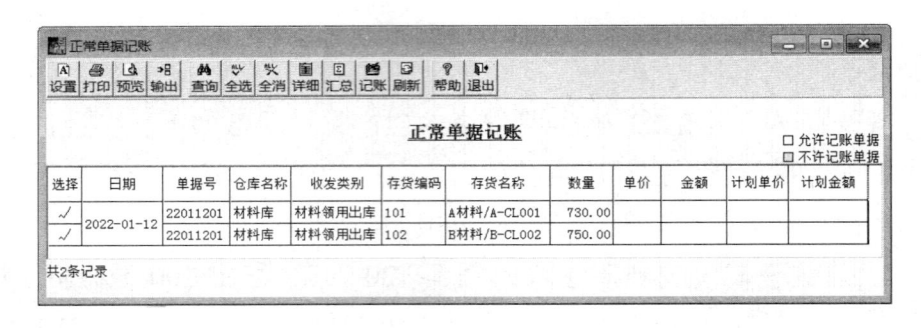

图 7-89

步骤 4：选择"核算"|"凭证"|"购销单据制单"命令，打开"生成凭证"窗口，单击"选择"按钮，打开"查询条件"对话框，选择"材料出库单"复选框，如图 7-90 所示。

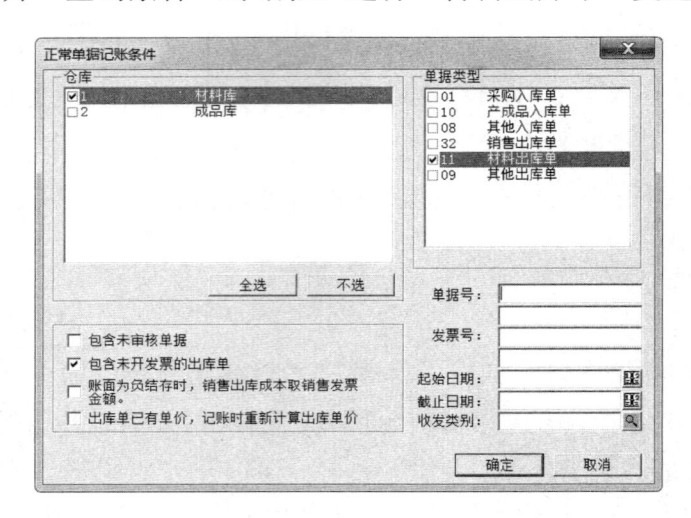

图 7-90

步骤 5：单击"确定"按钮，打开"选择单据"窗口，单击"全选"按钮，如图 7-91 所示。

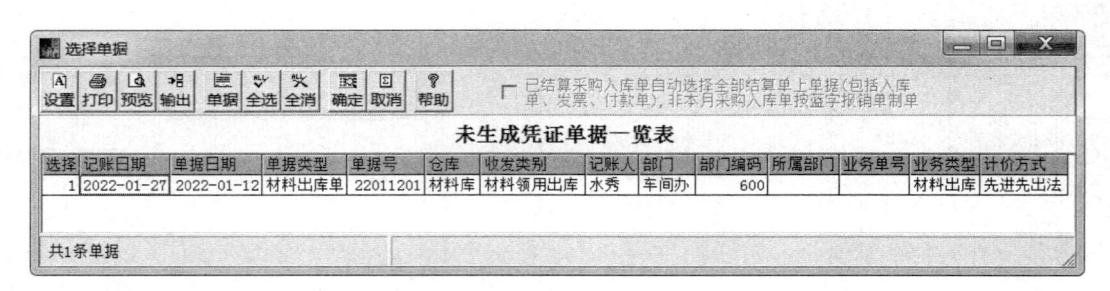

图 7-91

步骤 6：单击"确定"按钮，返回"生成凭证"窗口。依据"存货名称"栏显示的具体存货名称对存货科目进行修改，即将"存货"名称为"B 材料"的同一行的"存货科目编码"修改为"140302"，如图 7-92 所示。

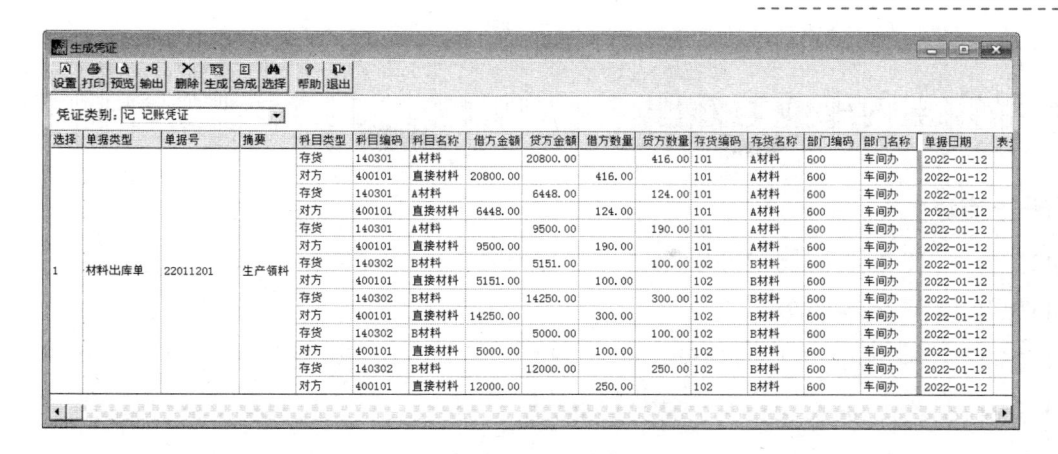

图 7-92

步骤 7：单击"生成"按钮，打开"填制凭证"窗口，单击"插分"按钮，输入科目编码"500101"，在"项目核算"辅助项中输入项目名称，按产品对材料的耗用量分配材料费用，尾差由乙产品负担，单击"保存"按钮，生成如图 7-93 所示的凭证。

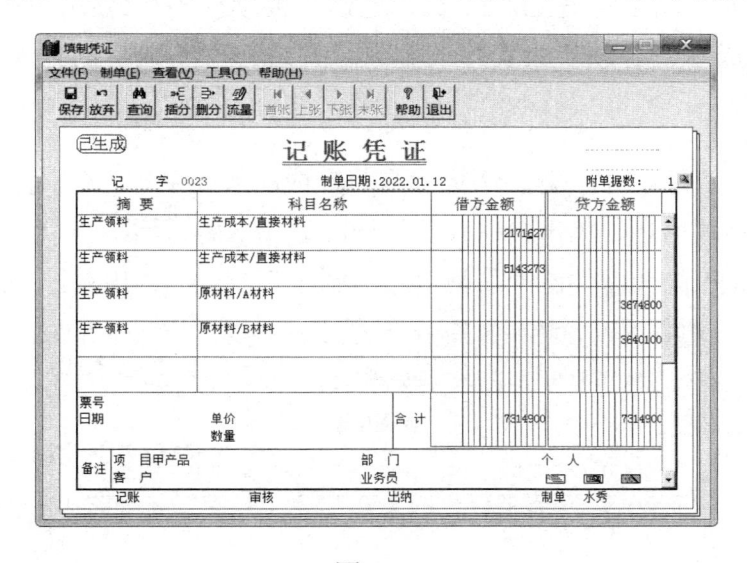

图 7-93

边学边练

以中原电子科技有限公司会计水秀的身份完成其余材料领用出库业务的处理。

小贴士

- 因发出材料与材料费用的分配是两个问题，故材料费用以耗用量为权数在产品成本之间进行分配，并不影响仓库发出材料按先进先出法计价。
- 为了提高单据录入的准确性及速度，应做好存货档案、仓库、部门、职员、收发类别等基础档案设置。
- 如果材料出库单的表体已录入数据，表头的"仓库"就不可修改，已审核或在核算系统已记账的材料出库单不能修改和删除，已结账月份的材料出库单不能修改和删除。

二、产品完工入库业务处理

任务描述

中原电子科技有限公司 2022 年 1 月投产的产品全部完工入库。以会计水秀的身份完成当月的以下相关业务的处理。

（1）25 日，甲产品完工 100 件，乙产品完工 200 件，经验收入成品库（甲产品入库单号：22012501、乙产品入库单号：22012502）。

（2）30 日，甲产品和乙产品各完工 50 件，经验收入成品库（甲产品入库单号：22013001、乙产品入库单号：22013002）。

（3）31 日，在总账系统以生产工人的应付工资（甲产品 7 616.96 元、乙产品 7 749.14 元）为标准，通过自定义转账，分配并结转当月制造费用（分配尾差由乙产品负担）。

（4）当月生产的产品全部完工，31 日，通过查询项目多栏式明细账，获取全月完工的甲、乙产品的生产成本及各项要素费用的金额，并进行生产成本的分配。

基本步骤

步骤 1：2022 年 1 月 25 日，选择"库存"|"产成品入库单"命令，打开"产成品入库单"窗口，输入甲产品相关信息，单击"保存"按钮，如图 7-94 所示。再单击"审核"按钮。单击"增加"按钮，完工的 200 件乙产品另单独填制一张产成品入库单，并进行保存和审核。

图 7-94

步骤 2：2022 年 1 月 30 日，针对当天完工的 50 件甲产品和 50 件乙产品再分别各填制一张产成品入库单，并进行保存和审核。

步骤 3：2022 年 1 月 31 日，在总账系统通过自动转账方式分配结转制造费用，生成如图 7-95 所示的凭证，完成审核和记账。

步骤 4：31 日，通过项目多栏明细账，查询全月完工的甲产品的生产成本为 53 616.11 元，其中，直接材料费用为 33 259.81 元，直接人工费用为 11 021.75 元，制造费用为 9 334.55

元，如图 7-96 所示；乙产品的生产成本为 85 845.18 元，其中，直接材料费用为 65 135.64 元，直接人工费用为 11 213.00 元，制造费用为 9 496.54 元，如图 7-97 所示。

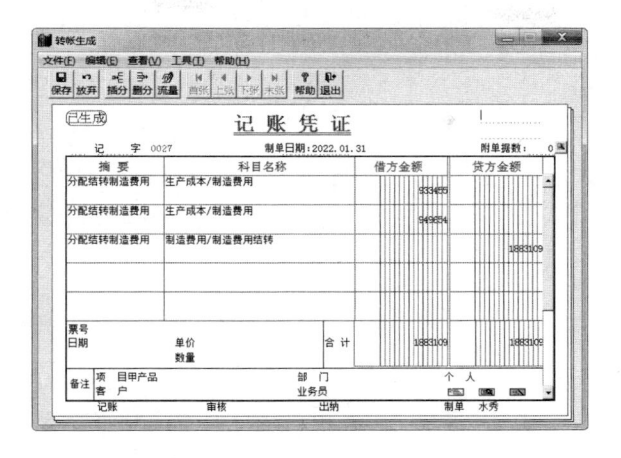

图 7-95

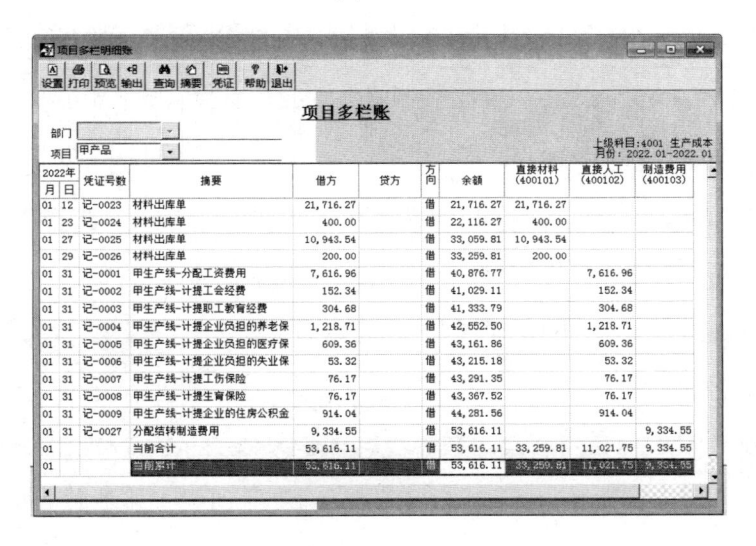

图 7-96

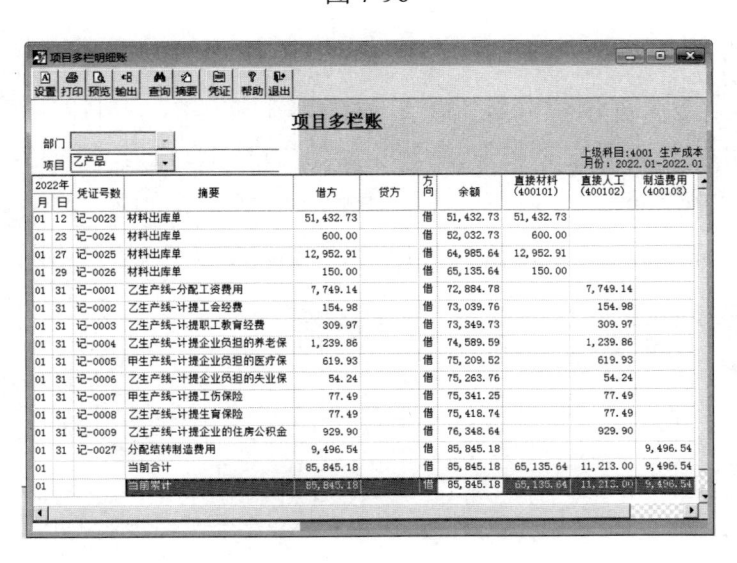

图 7-97

步骤 5：2022 年 1 月 31 日，选择"核算"|"核算"|"产成品成本分配"命令，打开"产成品成本分配表"窗口，如图 7-98 所示。

步骤 6：单击"查询"按钮，打开"产成品成本分配表查询"对话框，选择仓库为"成品库"，如图 7-99 所示。

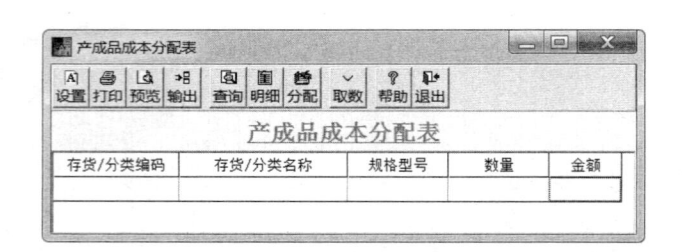

图 7-98

图 7-99

步骤 7：单击"确认"按钮，打开"需要分配的产成品单据选择"窗口，选中所有的"甲产品"，如图 7-100 所示。

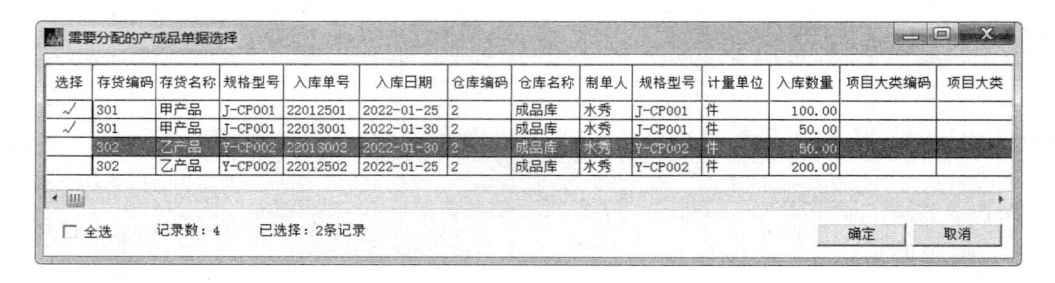

图 7-100

步骤 8：单击"确定"按钮，打开"产成品成本分配表"窗口，在"甲产品"所在行的"金额"栏中，输入之前查询到的生产成本金额"53 616.11"，如图 7-101 所示。单击"分配"按钮，系统弹出提示框，告知"分配操作顺利完成！"，如图 7-102 所示，单击"确定"按钮。返回窗口后单击"退出"按钮，关闭"产成品成本分配表"窗口。

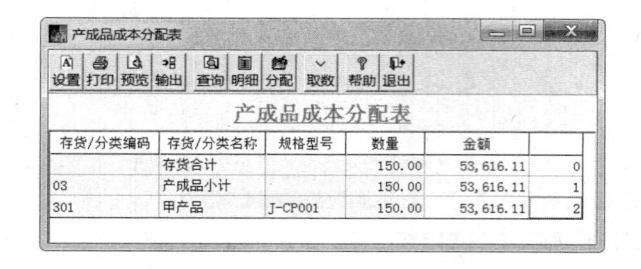

图 7-101

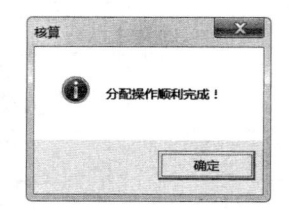

图 7-102

步骤9：选择"核算"|"核算"|"正常单据记账"命令，打开"正常单据记账条件"对话框，仓库选择"成品库"，单据类型选择"产成品入库单"，如图7-103所示。

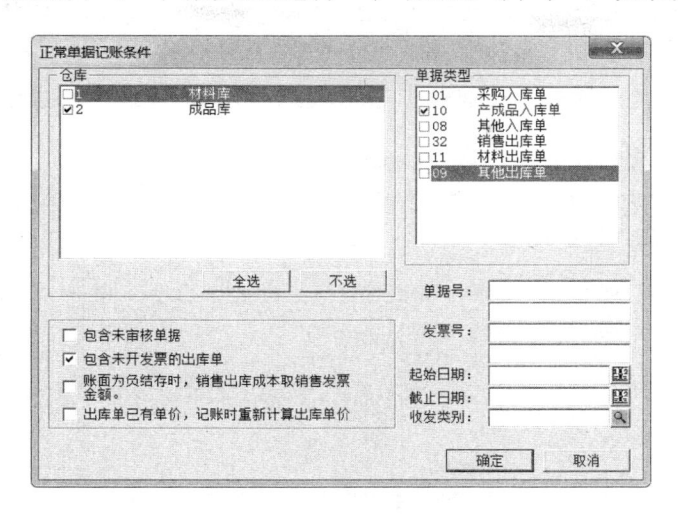

图 7-103

步骤10：单击"确定"按钮，打开"正常单据记账"窗口。选中所有的"甲产品"，如图7-104所示。再单击"记账"按钮，最后单击"退出"按钮，关闭"正常单据记账"窗口。

图 7-104

步骤11：选择"核算"|"凭证"|"购销单据制单"命令，打开"生成凭证"窗口。

步骤12：单击"选择"按钮，打开"查询条件"对话框，选择"产成品入库单"项，如图7-105所示。

步骤13：单击"确认"按钮，打开"选择单据"窗口。单击"全选"按钮，如图7-106所示。

步骤14：单击"确定"按钮，返回"生成凭证"窗口，显示用来制单的业务信息，如图7-107所示。单击"合成"按钮，打开"填制凭证"窗口。

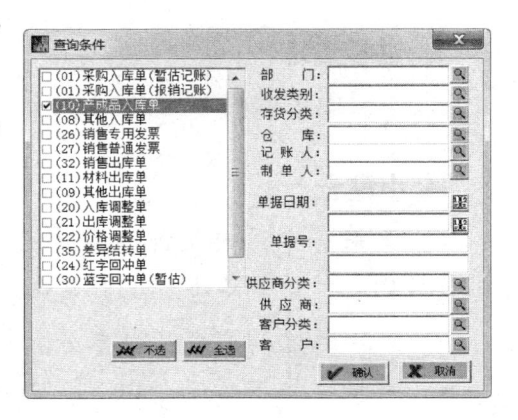

图 7-105

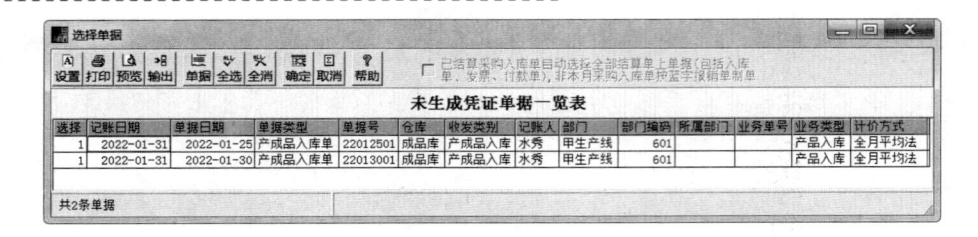

图 7-106

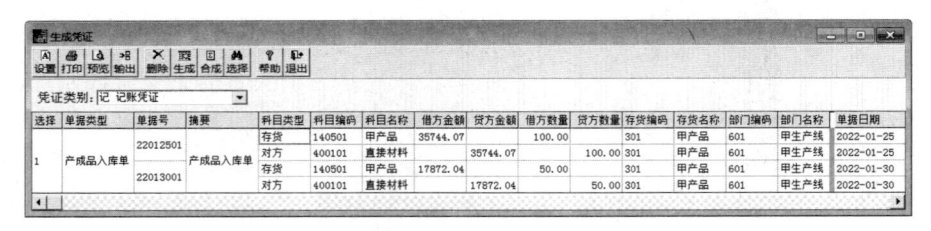

图 7-107

步骤 15：在"填制凭证"窗口中，增加"生产成本/直接人工"和"生产成本/制造费用"两个科目，完成"项目核算"辅助项的信息录入，按之前查询的生产成本项目明细账的金额分别填入生产成本明细科目的贷方金额栏，生成如图 7-108 所示的凭证。单击"退出"按钮返回"生成凭证"窗口，单击"退出"按钮。

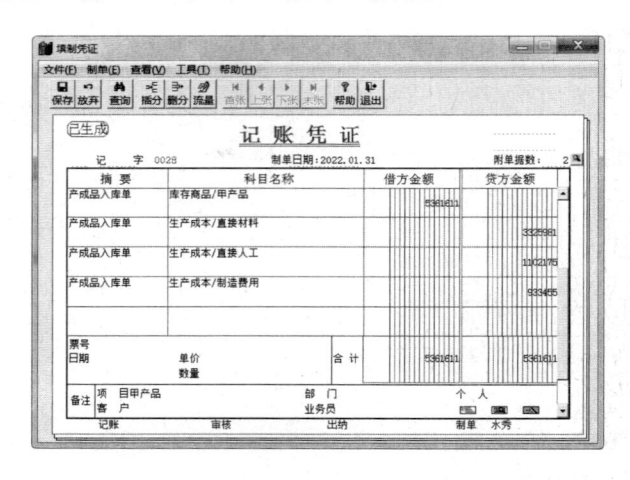

图 7-108

边学边练

以中原电子科技有限公司会计水秀的身份完成乙产品的入库业务处理。

小贴士

- 如果一个月内某种产品只完工验收入库一次，即全月只填制一张该产品的入库单，月末只需要将查询的总成本填入产成品入库单的金额栏，单价即可自动生成，而不必再通过"产成品成本分配"功能进行成本分配。
- 一批完工入库两种以上的产品时，为方便"产成品成本分配"的操作，最好一种产品填制一张入库单。

- 如果定义了产品结构，并通过生产加工单生成产成品入库单，产品成本的计算可通过核算系统的"生产加工成本分配"功能实现。

任务四 销售业务处理

销售业务通常涉及销售订单、销售发票、销售发货单、销售出库单等原始单据的填制与审核，以及单据记账、货款结算、记账凭证处理等。由于开具销售发票与存货发出、存货发出与收款结算等环节在时间上并不完全同步，因而销售业务又可分为现收业务、应收业务、预收业务等类型。

一、现收业务处理

任务描述

2022年1月5日，中原电子科技有限公司营销部刘明与郑州二七科技有限公司签订销货合同一份（订单号：22010501），向该公司销售甲产品200件，每件不含税单价550元，于当日向对方发出商品并开具专用发票（号码：22010501），同时收到对方转账支票一张（支票号：22010501）用于支付价税款124 300.00元，款项已收存银行。

基本步骤

步骤1：选择"销售"|"销售订单"命令，打开"销售订单"窗口，单击"增加"按钮，打开一张空白销售订单，依照销货合同输入相关内容，如图7-109所示，单击"保存"按钮。

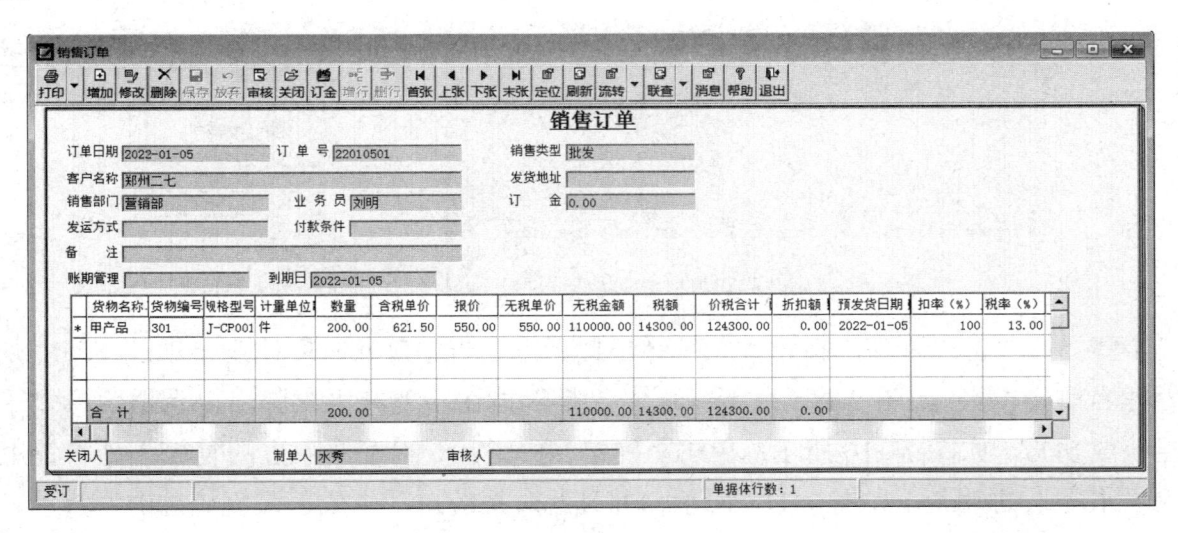

图 7-109

步骤2：单击"审核"按钮，系统弹出提示框，询问"是否只处理当前张？"，如图7-110所示，单击"是"按钮，系统再弹出提示框，告知"22010501号单据审核成功！"，如图7-111所示，单击"确定"按钮。

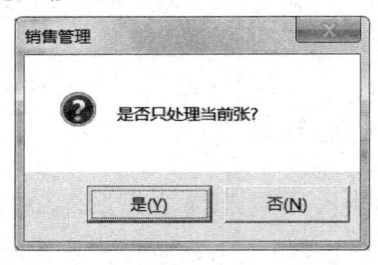

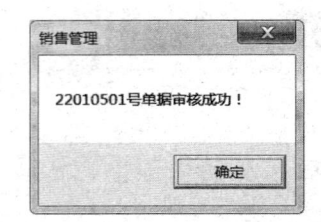

图7-110

图7-111

步骤3：单击"流转"按钮右侧的下三角按钮，展开下拉列表，选择"生成专用发票"按钮，打开"销售发票"窗口，系统自动生成一张销售专用发票，将发票号、到期日、仓库等内容补充完整后单击"保存"按钮。

步骤4：单击"现结"按钮，打开"销售现结"对话框，输入相关收款结算内容，如图7-112所示。单击"确定"按钮，系统弹出提示框，告知"现结记录已保存！"，如图7-113所示。单击"确定"按钮返回对话框后，单击"退出"按钮关闭"销售现结"对话框，系统弹出提示框，告知"现结成功！"，如图7-114所示，单击"确定"按钮，此时专用发票右上角将显示"现结"印章。

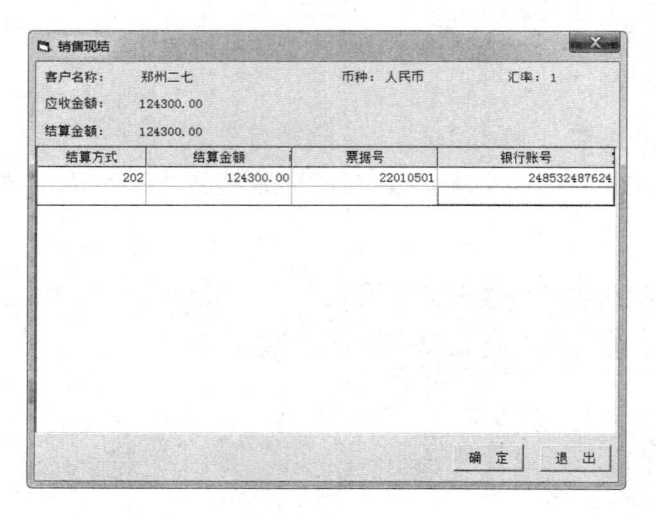

图7-112

图7-113

图7-114

步骤5：单击"复核"按钮，系统弹出提示框，告知复核时的注意事项及询问"是否只处理当前张？"，如图7-115所示；单击"是"按钮，系统再次弹出提示框，告知"单据复核成功！"，如图7-116所示；单击"确定"按钮，专用发票下方的复核人处将签上复核人"水秀"的姓名，如图7-117所示，并且此时系统自动生成一张复核过的发货单，如图7-118所示。

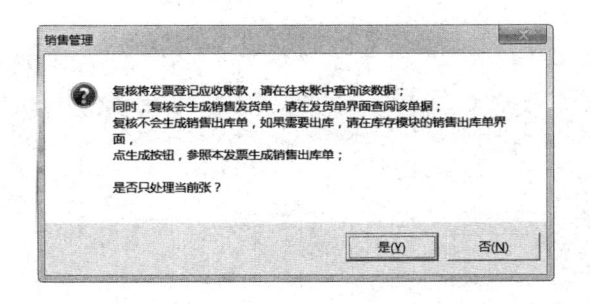

图 7-115　　　　　　　　　　　　图 7-116

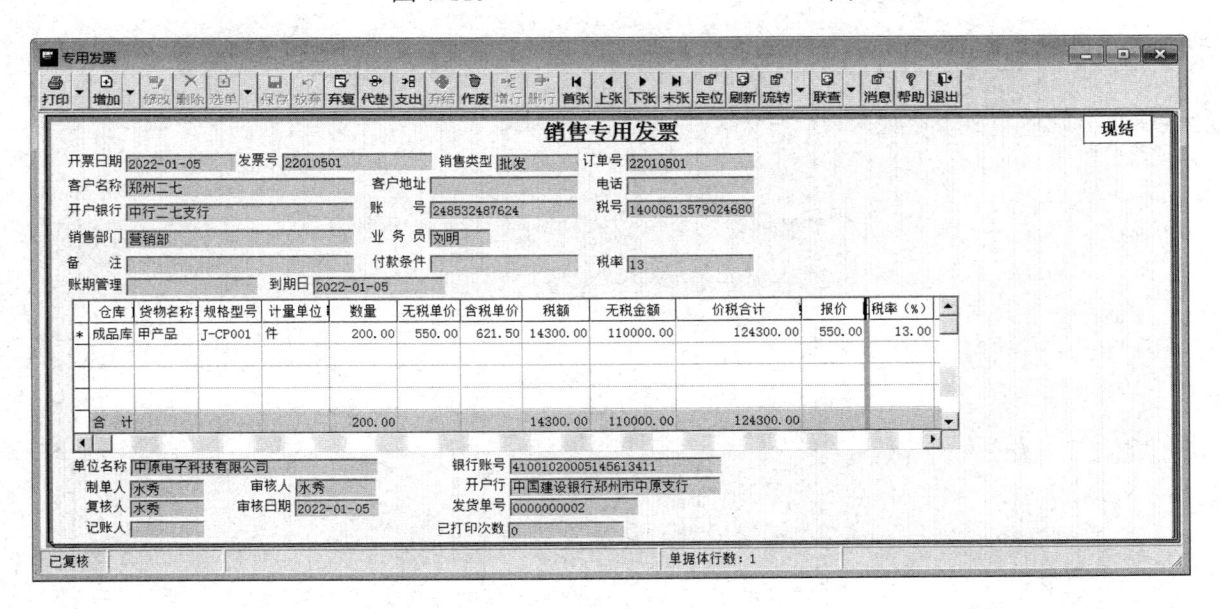

图 7-117

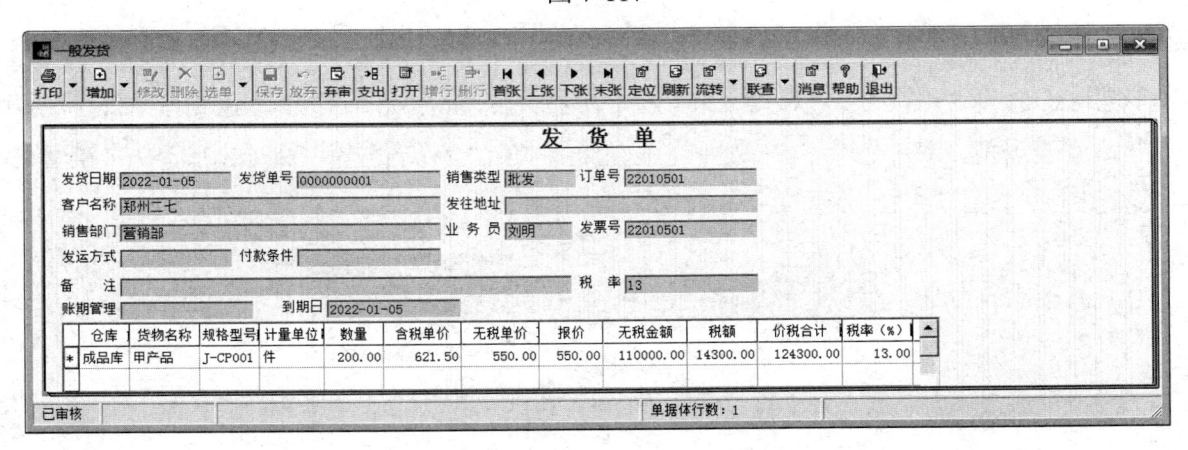

图 7-118

步骤 6：选择"库存"|"销售出库单生成/审核"命令，打开"销售出库单"窗口。单击"生成"按钮，打开"发货单或发票参照"窗口，单击"刷新"按钮，可供参照的发票将出现在表体，单击"全选"按钮，如图 7-119 所示。

步骤 7：单击"确认"按钮，系统弹出提示框，提醒操作完成，如图 7-120 所示。单击"确定"按钮，系统自动打开"销售出库单"窗口，显示所生成的出库单，如图 7-121 所示。单击"审核"按钮，对出库单进行审核。

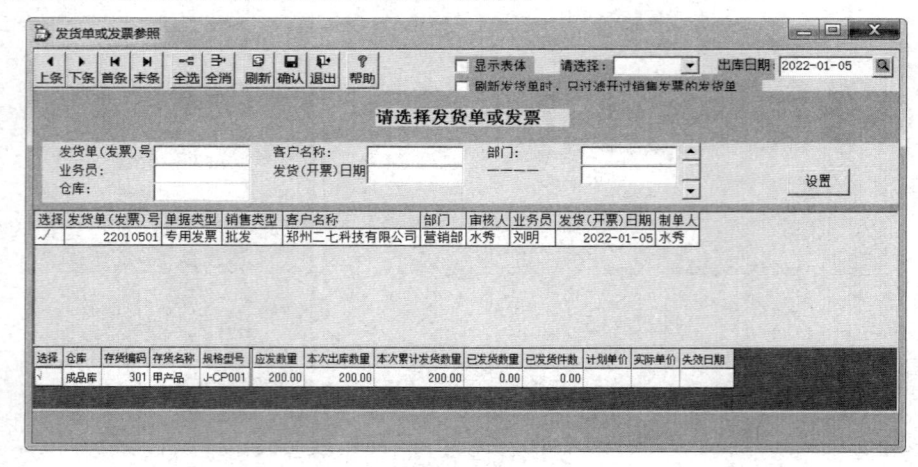

图 7-119

图 7-120

图 7-121

步骤8：选择"核算"|"核算"|"正常单据记账"命令，打开"正常单据记账条件"对话框，在仓库列表中选中"成品库"复选框，在"单据类型"列表中选中"销售出库单"复选框，如图 7-122 所示。

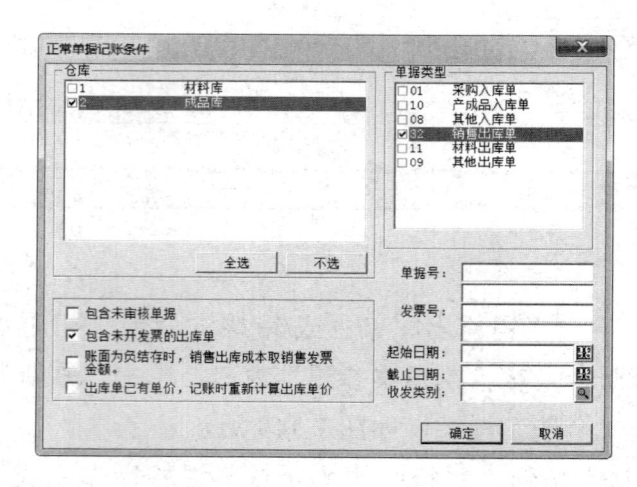

图 7-122

步骤9：单击"确定"按钮，打开"正常单据记账"窗口，单击"全选"按钮，再单击"记账"按钮，最后单击"退出"按钮关闭"正常单据记账"窗口。

步骤10：选择"核算"|"凭证"|"客户往来制单"命令，打开"客户制单查询"对话框，选中"现结制单"复选框，如图7-123所示。

步骤11：单击"确认"按钮，打开"客户往来制单"窗口，如图7-124所示。单击"全选"按钮。

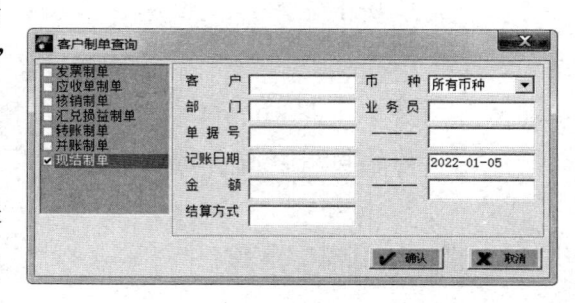

图 7-123

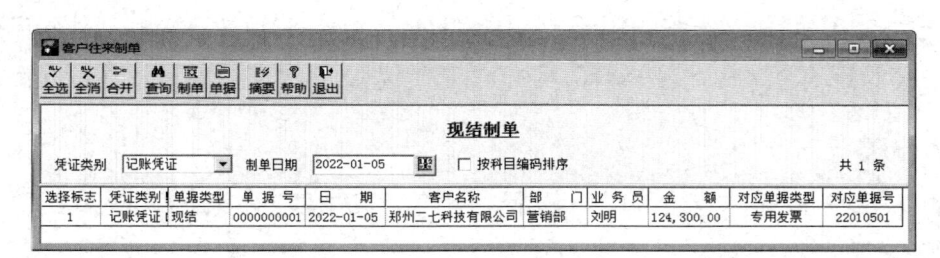

图 7-124

步骤12：单击"制单"按钮，打开"填制凭证"窗口，修改附单据数，单击"保存"按钮，显示凭证已生成，如图7-125所示。

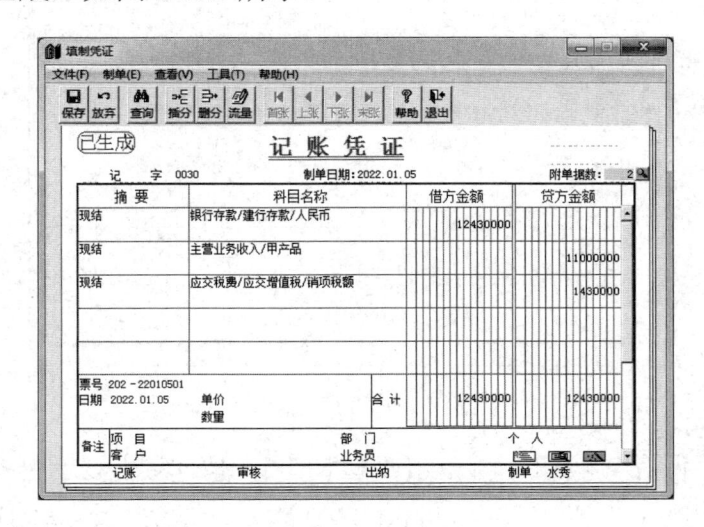

图 7-125

小贴士

- 所谓现收业务，是指向客户发出产品时当即收回货款的现销业务。
- 订单是合同或协议的载体，是发货日期、货物明细、价格、数量等事项的依据。订单执行完毕需要关闭订单。对已关闭的订单，不能再根据它的约定发货。
- 参照订单生成或直接填制的销售发票经复核后自动生成发货单，并根据参数设置生成销售出库单，或由库存系统参照已复核的销售发票生成销售出库单。销售发票经复核后通知财务部门。

- 销售出库单的单价是产品的成本价，是结转销售成本的依据；而发货单是销售发货业务的执行载体，其单价是产品的销售价。

二、应收业务处理

任务描述

2022年1月10日，营销部刘明收到郑州二七科技有限公司交来的金额为33 600.00元的支票（票号：22011001）一张，用于支付上月所欠货款33 900.00元，因客户在折扣期内付款，享受1%的现金折扣，折扣金额300.00元（仅限货款部分享受折扣）记入财务费用。

基本步骤

步骤1：以水秀的身份登录系统，选择"销售"|"客户往来"|"收款结算"命令，打开"收款单"页面，在"客户"文本框中输入"001　郑州二七科技有限公司"，单击"增加"按钮，系统自动检索到该客户的应收账款信息并输入收款单，再手动输入"结算方式""金额""票据号"和"摘要"等信息，如图7-126所示。

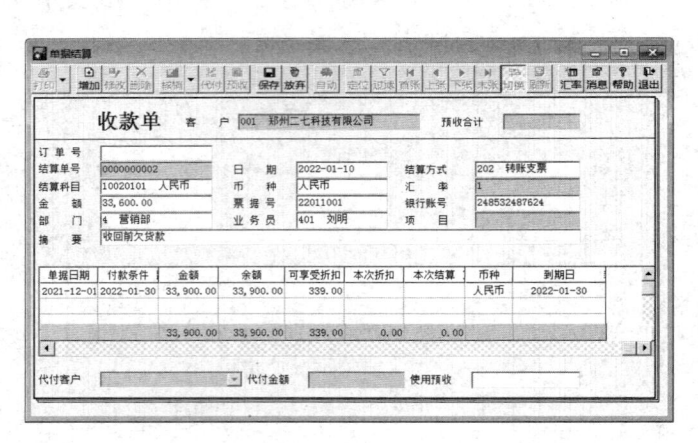

图 7-126

步骤 2：单击"保存"按钮，再单击"核销"按钮，表体显示包括可享受折扣在内的结算信息，在"本次折扣"栏输入"300.00"，则"本次结算"栏自动输入"33 600.00"，如图7-127所示。单击"保存"按钮。

步骤3：选择"核算"|"凭证"|"客户往来制单"命令，打开"客户制单查询"对话框，选中"核销制单"复选框，如图7-128所示。

步骤 4：单击"确认"按钮，打开"客户往来制单"窗口，选中"按科目编码排序"复选框，单击"全选"按钮，如图7-129所示。

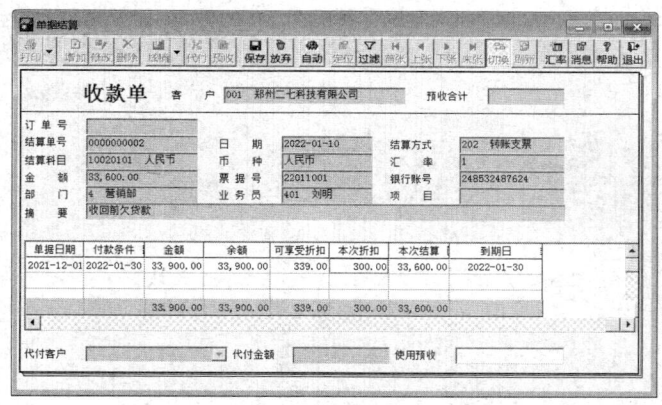

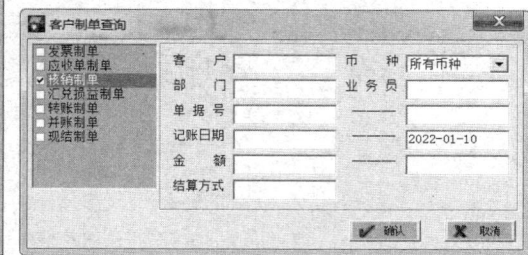

图 7-127

图 7-128

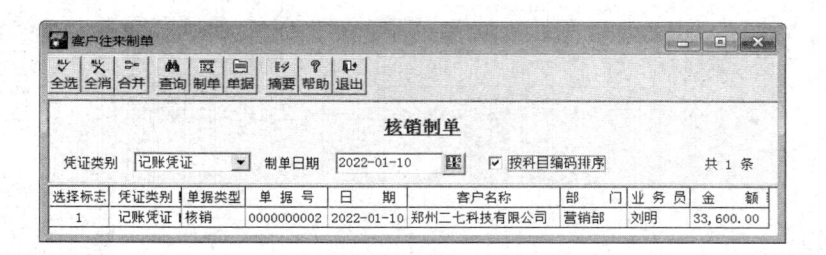

图 7-129

步骤 5：单击"制单"按钮，打开"填制凭证"窗口，系统自动生成记账凭证，单击"保存"按钮，如图 7-130 所示。

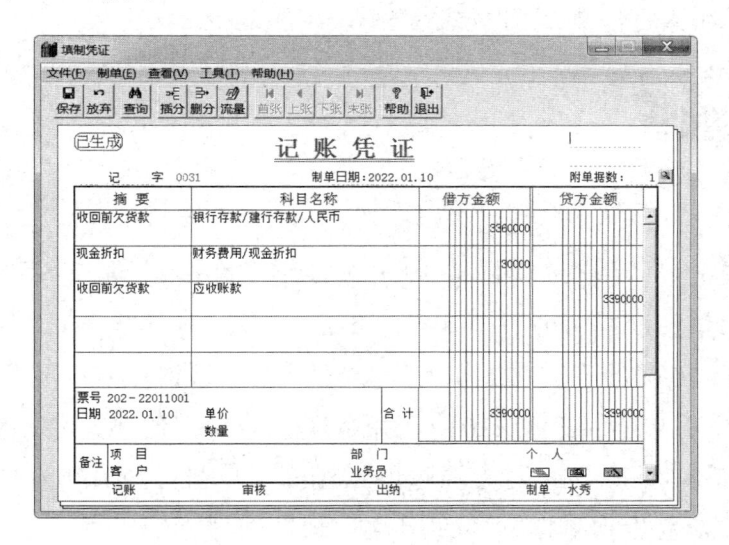

图 7-130

边学边练

2022 年 1 月 16 日，营销部刘明与广州五羊商贸有限公司签订合同（编号：22011601），约定向对方销售甲产品 300 件，单价 550 元；乙产品 200 件，单价 530 元。合同签订当天即向对方发出产品（出库单号：22011601），并开具增值税专用发票（号码：22011601），货款尚未收到。和对方约定的付款条件是"3/5，2/20，1/35，n/45"。以会计水秀的身份完成订单、发票、出库单、记账凭证等相关凭证的填制，以及凭证审核和记账的处理。相关记账凭证如图7-131所示。

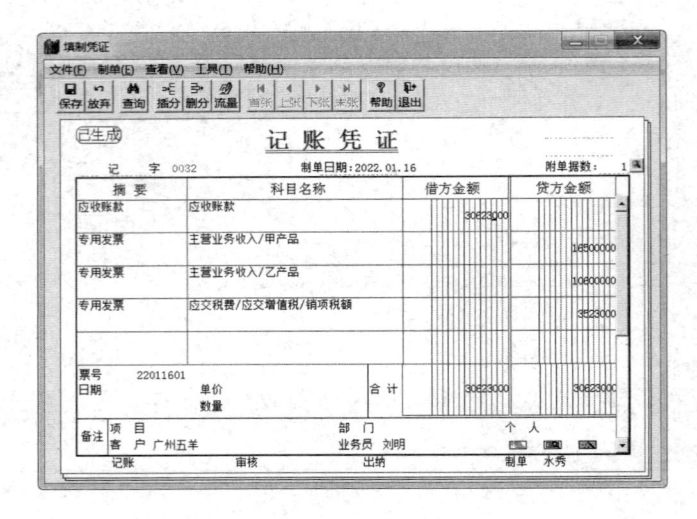

图 7-131

> **小贴士**
> - 应收业务是指已向客户发出产品但尚未收取货款的赊销业务。应收业务的前期处理除销售发票无"现收"环节外，其他与现收业务基本相似。后期收取货款时需要进行核销处理。
> - 已复核但未现结的销售发票，系统会直接登记为应收账款。

三、预收业务处理

任务描述

2022年1月22日，营销部刘明与广州五羊商贸有限公司签订合同（编号：22012201），约定29日向对方销售乙产品200件，单价530元。合同签订当天对方用银行汇票（票号：22012201）预付订金10 000元。2022年1月29日，开具增值税专用发票（号码：22012901）向对方发出产品（出库单号：22012901），并用现金为对方代垫含税运费436元（单号：22012901）。2022年1月30日，对方通过网银结算（单号：22013001）方式补付剩余货款及代垫运费。（收取剩余货款时选择"使用预收法"处理。）

基本步骤

（一）填制订单并预收订金

步骤1：2022年1月22日，以水秀的身份填制销售订单并审核。

步骤2：选择"销售"|"客户往来"|"收款结算"命令，打开"单据结算"窗口，在"客户"文本框中输入"002　广州五羊商贸有限公司"，单击"增加"按钮，系统自动检索

到应收该客户的债权信息，然后手动填入"结算方式""金额""票据号"和"摘要"等信息，如图 7-132 所示，单击"保存"按钮。

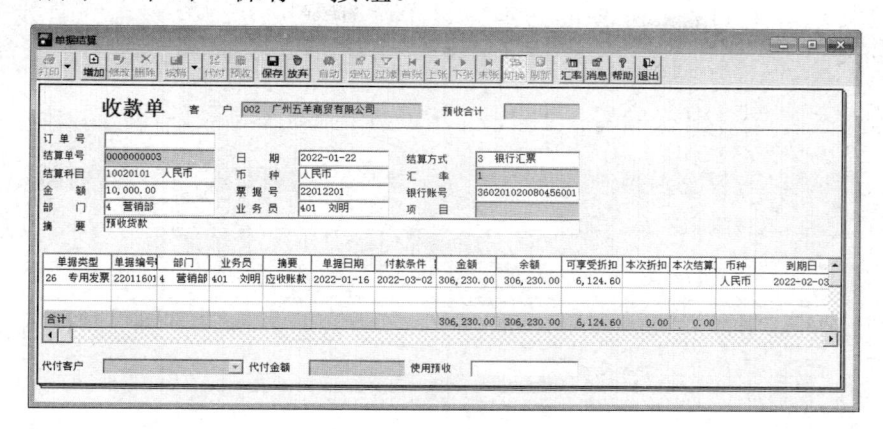

图 7-132

步骤 3：单击"预收"按钮，收款单右上角"预收合计"显示为"10 000.00"。

步骤 4：选择"核算"|"凭证"|"客户往来制单"命令，打开"客户制单查询"对话框，选择"核销制单"，如图 7-133 所示。

步骤 5：单击"确认"按钮，打开"客户往来制单"窗口，单击"全选"按钮，如图 7-134 所示。

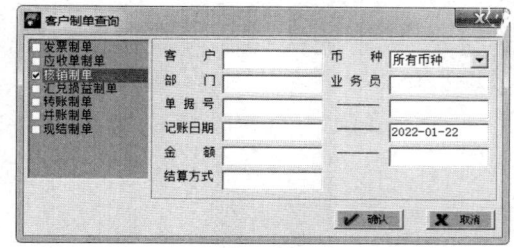

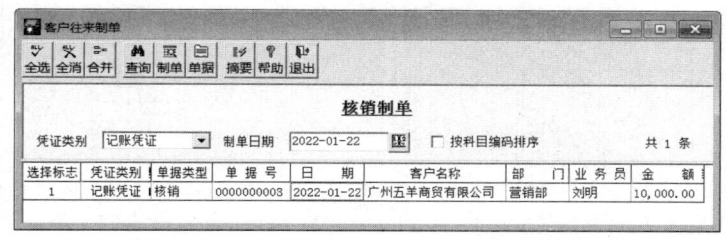

图 7-133

图 7-134

步骤 6：单击"制单"按钮，打开"填制凭证"窗口，系统自动生成记账凭证，附单据数修改为"1"，单击"保存"按钮，如图 7-135 所示。

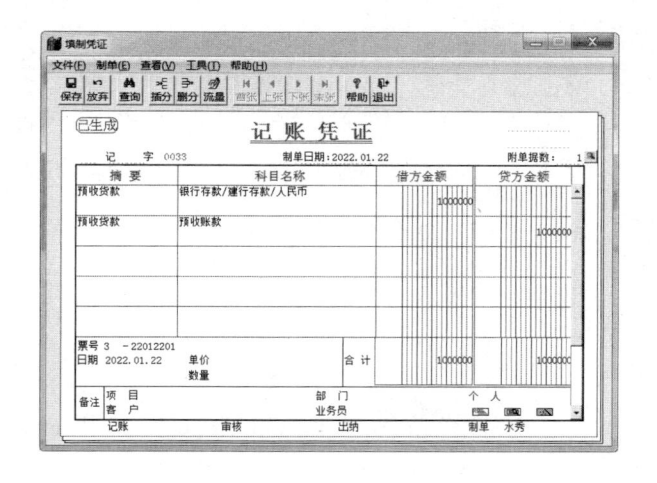

图 7-135

（二）开票并发货

步骤1：2022年1月29日，根据销售订单流转生成专用发票，完善发票号、仓库等内容后保存并复核，如图7-136所示。单击专用发票的"代垫"按钮，打开"代垫费用单"窗口，输入代垫运输费用相关内容后保存，并进行审核，如图7-137所示。

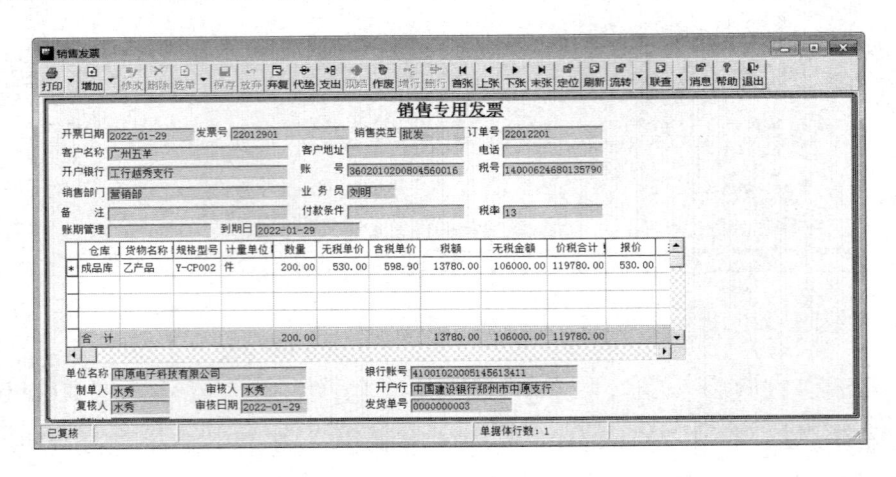

图 7-136

图 7-137

步骤2：选择"库存"|"销售出库单生成/审核"命令，完成销售出库单的生成、审核。

步骤3：选择"核算"|"核算"|"正常单据记账"命令，完成销售出库单记账。

步骤4：选择"核算"|"凭证"|"客户往来制单"命令，打开"客户制单查询"对话框，选择"发票制单"和"应收单制单"，如图7-138所示。

步骤5：单击"确认"按钮，打开"客户往来制单"窗口，单击"全选"按钮，再单击"合并"按钮，如图7-139所示。

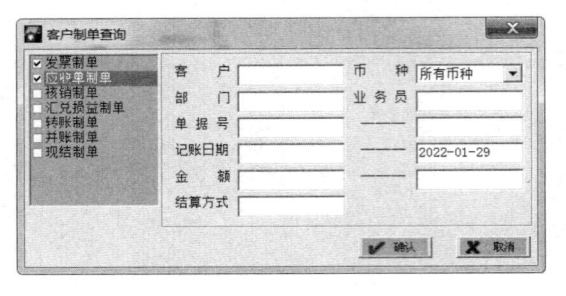

图 7-138

步骤6：单击"制单"按钮，打开"填制凭证"窗口，附单据数为"3"。第2行科目改为"主营业务收入/乙产品"。第4行科目输入"库存现金"，单击"保存"按钮，生成记账凭证，如图7-140所示。

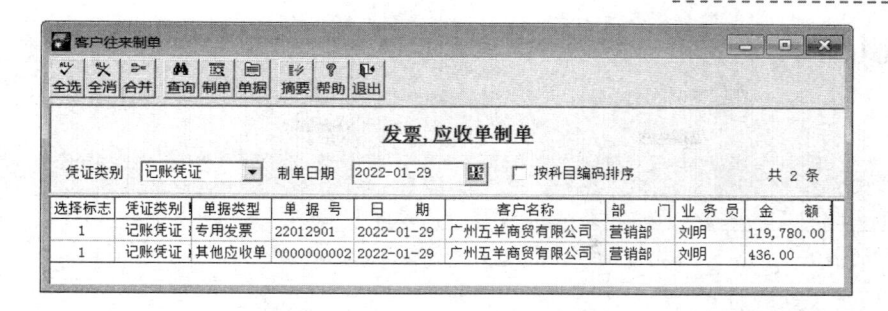

图 7-139

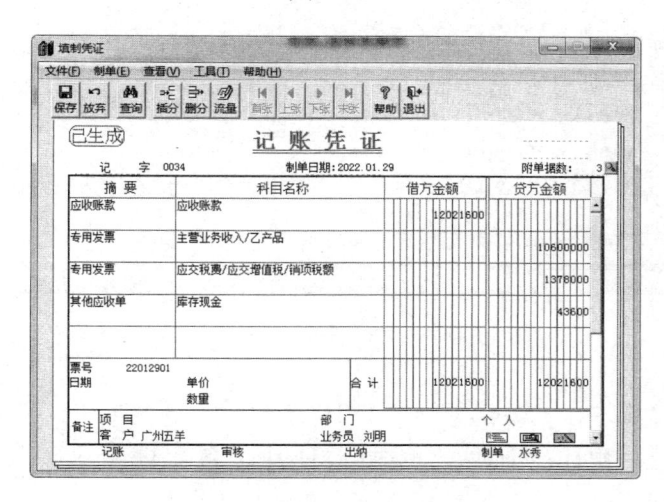

图 7-140

（三）收取剩余货款

步骤 1：2022 年 1 月 30 日，选择"销售"|"客户往来"|"收款结算"命令，打开"单据结算"窗口，参照输入客户为"002　广州五羊商贸有限公司"。单击"增加"按钮，输入结算方式等相关信息，其中结算金额为"110 216.00"，如图 7-141 所示，单击"保存"按钮。

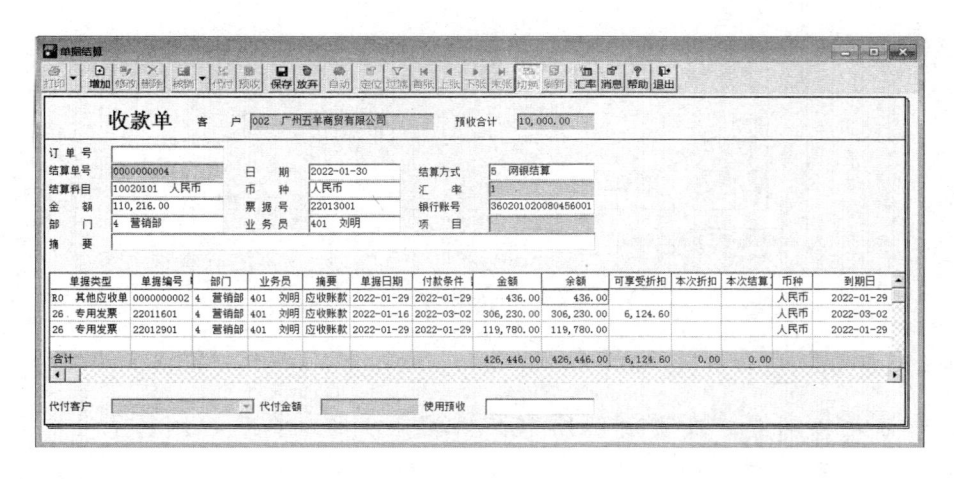

图 7-141

步骤 2：单击"核销"按钮，先在窗口下方的"使用预收"文本编辑框中输入之前预收的货款"10 000.00"，再分别双击 29 日发生的两张单据的余额，填入本次结算栏，如图 7-142 所示。单击"保存"按钮，完成核销。

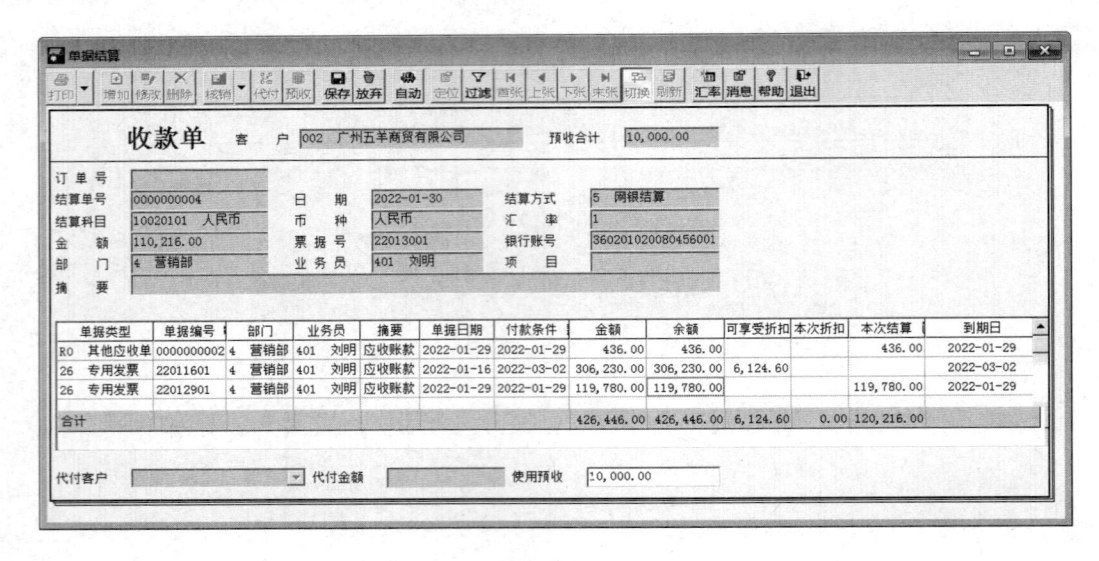

图 7-142

步骤3：选择"核算"|"凭证"|"客户往来制单"命令，打开"客户制单查询"对话框，选择"核销制单"。单击"确认"按钮，打开"客户往来制单"窗口，单击"全选"按钮。单击"制单"按钮，打开"填制凭证"窗口，生成记账凭证，单击"保存"按钮，如图 7-143 所示。

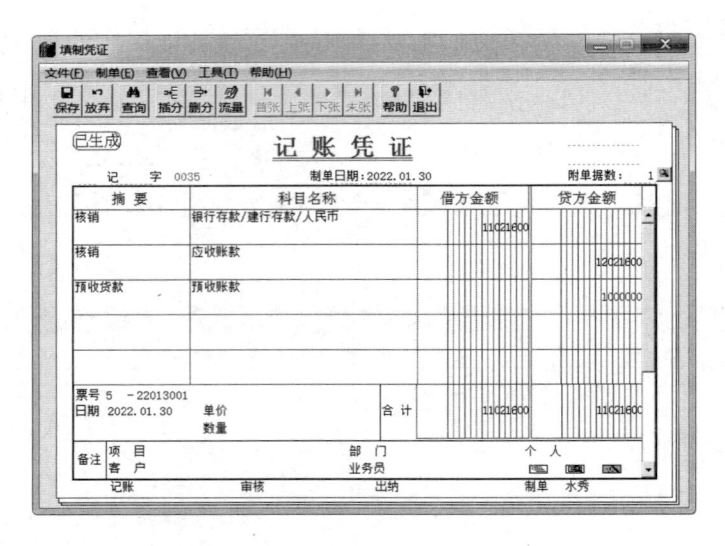

图 7-143

小贴士

- 预收业务是指向客户发货前，预先收取客户订金或货款的销售业务。
- 如同本书前面介绍的预付账款采购业务一样，销售中的预收业务的后续处理亦可使用"预收冲应收"法完成；"预收冲应收"法和"使用预收"法生成的记账凭证都与会计准则之规定不一致，但技能大赛训练题库习惯采用这两种方法。

任务五 购销存管理系统期末处理

一、采购子系统期末结账

任务描述

2022年1月31日,中原电子科技有限公司会计水秀对采购系统进行期末结账处理。

基本步骤

步骤1:选择"采购"|"月末结账"命令,打开"月末结账"对话框。

步骤2:双击1月份所在行的"选择标记"栏,显示"选中",如图7-144所示。

步骤3:单击"月结检测"按钮,系统弹出提示框,告知"没有待处理业务,可以成功月末处理!",如图7-145所示,单击"确定"按钮。

步骤4:单击"结账"按钮,系统弹出提示框,告知"月末结账完毕!",如图7-146所示,单击"确定"按钮。此时"月末结账"对话框中2022年1月份的"是否结账"栏显示"已结账"。

图7-144   图7-145   图7-146

边学边练

以中原电子科技有限公司水秀的身份对采购系统进行期末反结账处理,并重新结账。

小贴士

- 若当期业务没处理完,月结检测通不过,则不能结账。
- 采购和销售系统的期末结账不分先后。
- 取消采购系统的期末结账的前提是先取消库存和核算系统的期末结账。

二、销售子系统期末结账

任务描述

2022年1月31日，中原电子科技有限公司会计水秀对销售系统进行期末结账处理。

基本步骤

步骤1：选择"销售"|"月末结账"命令，打开"月末结账"对话框，如图7-147所示。

步骤2：单击"月结检测"按钮，系统弹出提示框，告知"月末结账必要条件已通过检测！"，如图7-148所示，单击"确定"按钮。

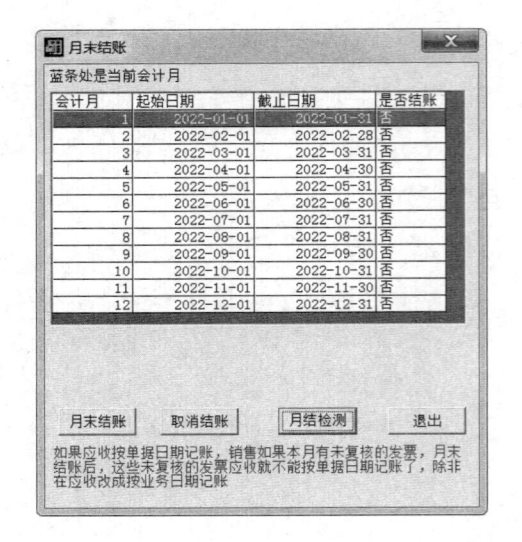

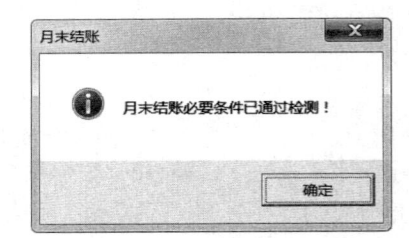

图7-147　　　　　　　　　　图7-148

步骤3：单击"月末结账"按钮，则"月末结账"对话框的1月份所在行的"是否结账"栏将显示"是"，如图7-149所示，单击"退出"按钮。

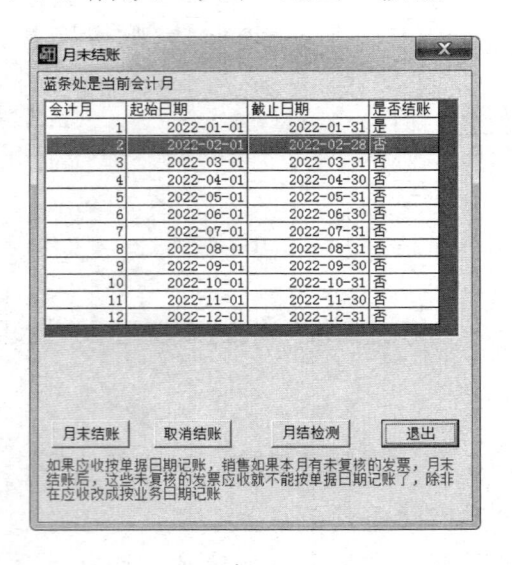

图7-149

边学边练

以中原电子科技有限公司水秀的身份对销售系统进行反结账处理，并重新进行结账。

小贴士

- 若当期业务没处理完，月结检测通不过，则不能结账。
- 取消销售系统的期末结账的前提是先取消库存和核算系统的期末结账。

三、库存子系统期末结账

任务描述

2022年1月31日，中原电子科技有限公司会计水秀对库存系统进行期末结账处理。

基本步骤

步骤1：选择"库存"|"月末结账"命令，打开"结账处理"对话框，如图7-150所示。

步骤2：单击"结账"按钮，则"结账处理"对话框的1月份所在行的"已经结账"栏将显示"是"，如图7-151所示，单击"退出"按钮。

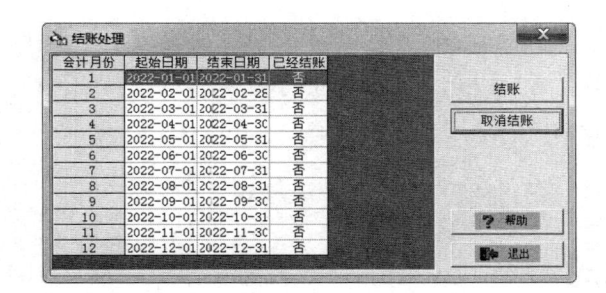

图 7-150 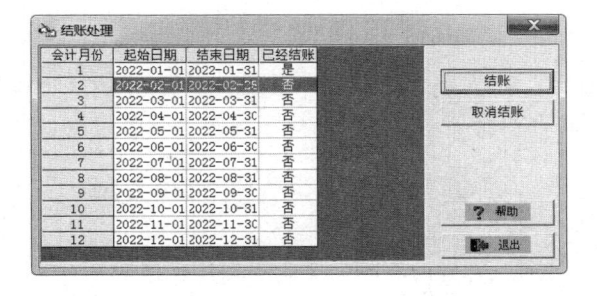   图 7-151

边学边练

以中原电子科技有限公司水秀的身份对库存系统进行反结账处理，并重新进行结账。

小贴士

- 只有采购和销售系统完成结账，库存系统才可结账。
- 取消库存系统结账的前提是核算系统没结账。

四、核算子系统期末处理和结账

（一）核算子系统期末处理

任务描述

2022年1月31日，中原电子科技有限公司会计水秀对仓库进行期末处理，并在此基础上进行当月销售成本的结转。

基本步骤

步骤 1：选择"核算"|"月末处理"命令，打开"期末处理"对话框，单击"全选"按钮，选中所有仓库，并选中"结存数量为零金额不为零自动生成出库调整单"复选框，如图 7-152 所示。

步骤 2：单击"确定"按钮，系统弹出提示框，询问"您将对所选仓库进行期末处理，确认进行吗？"，如图 7-153 所示。

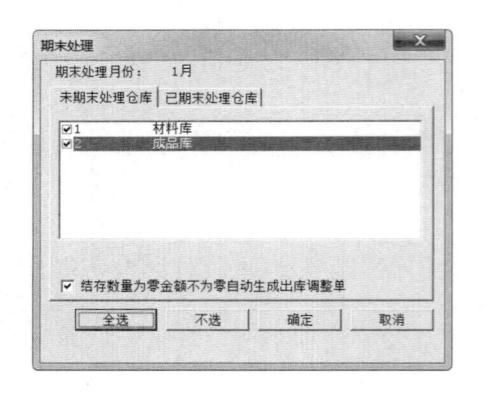

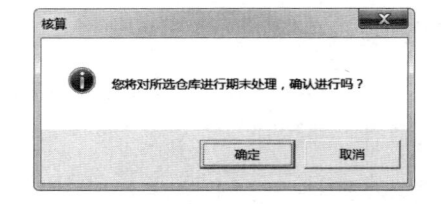

图 7-152　　　　　　　　　　图 7-153

步骤 3：单击"确定"按钮，打开"成本计算表"对话框，单击"显示"按钮，对话框显示"2 仓库成本计算表"详细信息，此时"显示"按钮变为"隐藏"按钮，如图 7-154 所示。

图 7-154

步骤 4：单击"确定"按钮，系统弹出提示框，告知"期末处理完毕！"，如图 7-155 所示，单击"确定"按钮。单击"取消"按钮，关闭"期末处理"对话框。

步骤 5：选择"核算"|"凭证"|"购销单据制单"命令，打开"生成凭证"窗口。单击"选择"按钮，打开"查询条件"对话框，选中"销售出库单"复选框，如图 7-156 所示。

步骤 6：单击"确认"按钮，打开"选择单据"窗口，单击"全选"按钮，选中所有销售出库单，如图 7-157 所示。

步骤 7：单击"确定"按钮，打开"生成凭证"窗口，依据存货名称修改后 4 行的科目编码的最后一位数为"2"，使相应的科目名称改为"乙产品"，如图 7-158 所示。

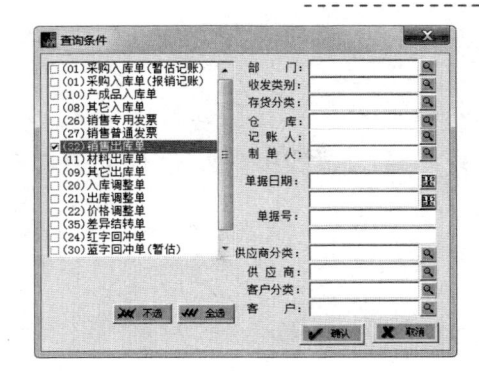

图 7-155   图 7-156

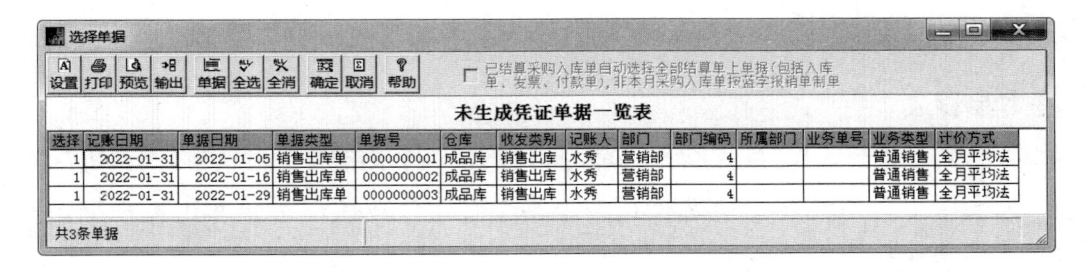

图 7-157

图 7-158

步骤 8：单击"合成"按钮，打开"填制凭证"窗口，系统自动生成结转销售成本的记账凭证，如图 7-159 所示。

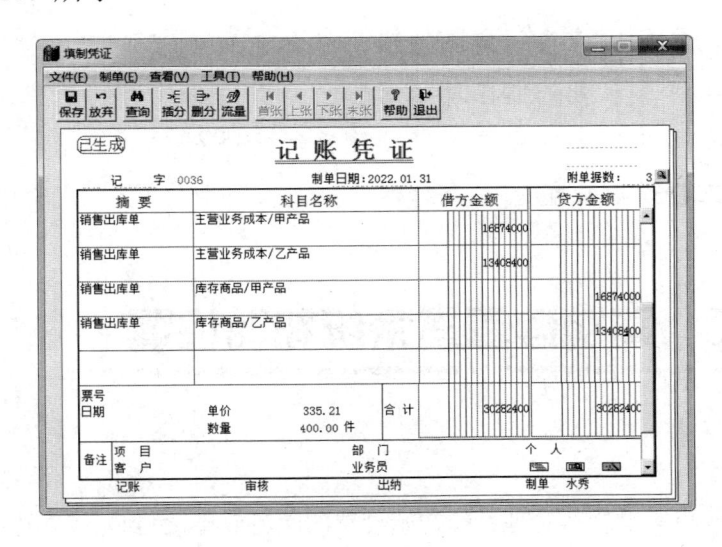

图 7-159

小贴士

- 仓库期末处理前应先对销售出库单完成记账，否则销售出库单无法实现记账。
- 仓库期末处理时，如果出现结存数量为零但金额不为零时，应生成出库调整单和记账凭证进行记账。
- 如果核算系统已结账，则只有先取消结账后才能取消仓库期末处理。

（二）核算子系统期末结账

任务描述

2022年1月31日，中原电子科技有限公司会计水秀对核算系统进行期末结账处理。

基本步骤

步骤1：选择"核算"|"月末结账"命令，打开"月末结账"对话框，如图7-160所示。

步骤2：选中"月末结账"单选按钮，单击"确定"按钮，系统弹出提示框，告知"月末结账完成！"，如图7-161所示。

图 7-160 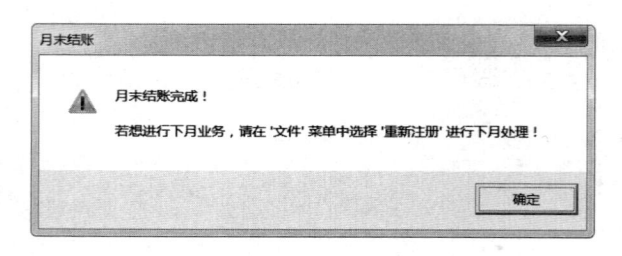   图 7-161

边学边练

以中原电子科技有限公司会计水秀的身份对核算系统进行反结账处理，并重新进行结账。

小贴士

- 只有采购、销售和库存系统完成结账，核算系统才可结账。
- 购销存系统及核算系统必须在总账结账前完成结账，否则总账无法结账。
- 核算系统的取消结账操作应在下月登录系统时进行。
- 取消结账更正错误后应重新完成结账。

上机实训十二　购销存管理系统初始设置

一、实训目的

通过学生上机实训，巩固购销存管理系统初始设置的学习效果，达到能够熟练完成上机操作的目的。

二、实训任务

（1）采购、销售、库存、核算等系统的业务参数设置。

（2）核算系统的存货科目、存货对方科目、客户与供应商往来基本科目、客户与供应商往来结算方式科目设置。

（3）采购系统的期初暂估入库存货数据、期初在途物资数据、期初应付账款数据、销售系统期初应收账款数据、库存系统期初各仓库各种存货的期初数据的录入。

三、实训资料

购销存管理系统业务参数、核算系统科目、购销存管理系统各模块期初余额等资料见本项目任务一中的案例。

四、实训要求

（1）以系统管理员admin的身份从文件夹"上机实训十一　固定资产管理系统业务处理"中恢复学生本人之前所备份的账套。

（2）以账套主管的身份登录系统，完成实训任务。

（3）以系统管理员admin的身份备份账套，保存在学生本人建立的名为"上机实训十二　购销存管理系统初始设置"的文件夹中，以备下次上机时恢复。

五、实训评价

评价主体	评价结果		成绩	
	优　点	不　足	分值比例	得　分
学生本人			10%	
学习小组			30%	
任课教师			60%	
总评			100%	

上机实训十三　采购业务处理

一、实训目的

通过学生上机实训，巩固采购业务处理的学习效果，达到能够熟练完成上机操作的目的。

二、实训任务

（1）暂估入库业务的红字冲销凭证和蓝字凭证处理。

（2）在途物资验收入库业务的入库单和记账凭证处理。

（3）现付业务的采购订单、入库单、增值税专用发票、运费专用发票、支付货款、报销结算、核算模块记账和记账凭证处理。

（4）应付业务的入库单、增值税专用发票、运费专用发票、报销结算、核算模块记账、核销付款和记账凭证处理。

（5）预付业务的预付货款、入库单、增值税专用发票、运费专用发票、报销结算、核算模块记账、补付货款和记账凭证处理。

三、实训资料

需要回冲的暂估入库业务、在途物资验收入库业务、现付业务、应付业务、预付业务等资料见本项目任务二中的案例。

四、实训要求

（1）以系统管理员admin的身份从文件夹"上机实训十二　购销存管理系统初始设置"中恢复学生本人之前所备份的账套。

（2）分别以账套主管、会计和出纳的身份登录系统，完成实训任务。

（3）以系统管理员admin的身份备份账套，保存在学生本人建立的名为"上机实训十三　采购业务处理"的文件夹中，以备下次上机时恢复。

五、实训评价

评价主体	评价结果			
	优　点	不　足	成　绩	
			分值比例	得　分
学生本人			10%	
学习小组			30%	
任课教师			60%	
总评			100%	

上机实训十四　材料出库与产品入库业务处理

一、实训目的

通过学生上机实训，巩固材料出库与产品入库业务处理的学习效果，达到能够熟练完成上机操作的目的。

二、实训任务

（1）材料出库业务的出库单和记账凭证处理。

（2）产品入库业务的入库单和记账凭证处理。

三、实训资料

材料领用出库业务、产成品完工入库业务等资料见本项目任务三中的案例。

四、实训要求

（1）以系统管理员 admin 的身份从文件夹"上机实训十三　采购业务处理"中恢复学生本人之前所备份的账套。

（2）以会计和账套主管的身份分别登录系统，完成实训任务。

（3）以系统管理员 admin 的身份备份账套，保存在学生本人建立的名为"上机实训十四　材料出库与产品入库业务处理"的文件夹中，以备下次上机时恢复。

五、实训评价

评价主体	评价结果			
	优　点	不　足	成　绩	
			分值比例	得　分
学生本人			10%	
学习小组			30%	
任课教师			60%	
总评			100%	

上机实训十五　销售业务处理

一、实训目的

通过学生上机实训，巩固销售业务处理的学习效果，达到能够熟练完成上机操作的目的。

二、实训任务

（1）现收业务的销售订单、销售发票、收取货款、销售发货单、销售出库单、核算模块记账和记账凭证处理。

（2）应收业务的销售发票、销售发货单、销售出库单和记账凭证处理。

（3）预收业务的预收货款、销售发票、销售发货单、销售出库单、补收货款和记账凭证处理。

三、实训资料

现收、应收、预收等各种销售与结算方式下的业务资料见本项目任务四中的案例。

四、实训要求

（1）以系统管理员admin的身份从文件夹"上机实训十四　材料出库与产品入库业务处理"中恢复学生本人之前所备份的账套。

（2）分别以账套主管、会计和出纳的身份登录系统，完成实训任务。

（3）以系统管理员admin的身份备份账套，保存在学生本人建立的名为"上机实训十五　销售业务处理"的文件夹中，以备下次上机时恢复。

五、实训评价

评价主体	评价结果		成绩	
	优　点	不　足	分值比例	得　分
学生本人			10%	
学习小组			30%	
任课教师			60%	
总评			100%	

上机实训十六　购销存管理系统期末处理

一、实训目的

通过学生上机实训,巩固购销存管理系统期末处理的学习效果,达到能够熟练完成上机操作的目的。

二、实训任务

（1）采购系统期末结账。

（2）销售系统期末结账。

（3）库存系统期末结账。

（4）核算系统期末处理和结账。

三、实训资料

购销存管理系统期末处理的资料在文件夹"上机实训十五　销售业务处理"所备份的账套中。

四、实训要求

（1）以系统管理员admin的身份从文件夹"上机实训十五　销售业务处理"中恢复学生本人之前所

备份的账套。

（2）以账套主管的身份登录系统，完成实训任务。

（3）以系统管理员 admin 的身份备份账套，保存在学生本人建立的名为"上机实训十六　购销存管理系统期末处理"的文件夹中，以备下次上机时恢复。

五、实训评价

评价主体	评价结果			
	优　点	不　足	成　绩	
			分值比例	得　分
学生本人			10%	
学习小组			30%	
任课教师			60%	
总评			100%	